Experimente in der Politikwissenschaft

Ina Kubbe

Experimente in der Politikwissenschaft

Eine methodische Einführung

Ina Kubbe
Institut für Politikwissenschaft
Leuphana Universität Lüneburg
Lüneburg
Deutschland

ISBN 978-3-658-09423-2   ISBN 978-3-658-09424-9 (eBook)
DOI 10.1007/978-3-658-09424-9

Die Deutsche Nationalbibliothek verzeichnet diese Publikation in der Deutschen Nationalbibliografie; detaillierte bibliografische Daten sind im Internet über http://dnb.d-nb.de abrufbar.

Springer VS
© Springer Fachmedien Wiesbaden 2016
Das Werk einschließlich aller seiner Teile ist urheberrechtlich geschützt. Jede Verwertung, die nicht ausdrücklich vom Urheberrechtsgesetz zugelassen ist, bedarf der vorherigen Zustimmung des Verlags. Das gilt insbesondere für Vervielfältigungen, Bearbeitungen, Übersetzungen, Mikroverfilmungen und die Einspeicherung und Verarbeitung in elektronischen Systemen.
Die Wiedergabe von Gebrauchsnamen, Handelsnamen, Warenbezeichnungen usw. in diesem Werk berechtigt auch ohne besondere Kennzeichnung nicht zu der Annahme, dass solche Namen im Sinne der Warenzeichen- und Markenschutz-Gesetzgebung als frei zu betrachten wären und daher von jedermann benutzt werden dürften.
Der Verlag, die Autoren und die Herausgeber gehen davon aus, dass die Angaben und Informationen in diesem Werk zum Zeitpunkt der Veröffentlichung vollständig und korrekt sind. Weder der Verlag noch die Autoren oder die Herausgeber übernehmen, ausdrücklich oder implizit, Gewähr für den Inhalt des Werkes, etwaige Fehler oder Äußerungen.

Lektorat: Jan Treibel, Monika Mülhausen

Gedruckt auf säurefreiem und chlorfrei gebleichtem Papier

Springer Fachmedien Wiesbaden ist Teil der Fachverlagsgruppe Springer Science+Business Media
(www.springer.com)

Dieses Buch dankt seiner Entstehung insbesondere Prof. Ferdinand Müller-Rommel. Bedanken möchte ich mich außerdem bei Prof. Bernhard Kittel und seinen hilfreichen inhaltlichen Anmerkungen sowie bei Jamie-Lee Campbell, Tonio Oeftering, Ines Weber und Moritz Reinbach für die graphische Bearbeitung der einzelnen Kapitel.

Inhaltsverzeichnis

1	**Einleitung**	1
	Literatur	6
2	**Geschichtliche Entwicklung experimenteller Forschung**	9
2.1	Experimente in den Naturwissenschaften	9
2.2	Experimente in anderen Disziplinen	11
2.3	Experimentelle Forschung in der angloamerikanischen Politikwissenschaft	15
2.4	Experimentelle Forschung im deutschsprachigen Raum	22
2.5	Zusammenfassung	25
	Literatur	26
3	**Zur Logik experimenteller Forschung**	31
3.1	Ziele experimenteller Forschung	31
3.1.1	Überprüfung und Weiterentwicklung von Kausaltheorien	31
3.1.2	Systematische Gewinnung empirischen Datenmaterials	32
3.1.3	Dialog mit politischen Entscheidungsträgern	33
3.2	Experimentelle Variablen	34
3.3	Kontrolltechniken	37
3.3.1	Randomisierung	37
3.3.2	Weitere Kontrolltechniken	41
3.4	Kausalität	43
3.5	Experimentelle Forschungsdesigns	46
3.5.1	Within-Subjects-Design	47
3.5.2	Between-Subjects-Design	47

		3.5.3 Mischformen beider Designs	48
	3.6	Das Experiment vs. nichtexperimentelle Methoden	50
	3.7	Zusammenfassung	55
	Literatur		56

4 Gütekriterien experimenteller Forschung 61
    4.1 Validität 62
        4.1.1 Interne Validität 63
        4.1.2 Externe Validität 66
        4.1.3 Umgebung 69
    4.2 Reliabilität 71
    4.3 Objektivität 72
    4.4 Zusammenfassung 73
    Literatur 75

5 Grundtypen des Experiments 77
    5.1 Laborexperimente 78
    5.2 Feldexperimente 80
    5.3 Umfrageexperimente 83
    5.4 Weitere Differenzierungsmöglichkeiten der experimentellen Grundtypen 88
    5.5 Mischformen und nichtexperimentelle Untersuchungen 91
        5.5.1 Lab-in-the-field-Experimente 91
        5.5.2 Naturexperimente 93
        5.5.3 Ex-post-facto-Designs 95
        5.5.4 Quasi-Experimente 96
    5.6 Zusammenfassung 98
    Literatur 99

6 Herausforderungen experimenteller Forschung 103
    6.1 Methodische Fragen 103
        6.1.1 Validität 103
        6.1.2 Generalisierbarkeit 113
        6.1.3 Studierende in Experimenten 116
        6.1.4 Bezahlung von Probanden 118
    6.2 Forschungsethische Fragen 121
        6.2.1 Umgang mit Täuschungen 121
    6.3 Zusammenfassung 127
    Literatur 128

Inhaltsverzeichnis

7 Idealtypischer Ablauf experimenteller Untersuchungen 133
   7.1 Planung 135
      7.1.1 Theorie und Festlegung der Fragestellung 135
      7.1.2 Hypothesenformulierung 138
      7.1.3 Literaturanalyse und Konzeptspezifikation 139
      7.1.4 Festlegung des Forschungsdesigns 140
      7.1.5 Operationalisierung der zu erhebenden Variablen 141
      7.1.6 Auswahl der Untersuchungsstichprobe 141
   7.2 Durchführung 144
      7.2.1 Feldphase und Datenerhebung 144
      7.2.2 Datenerfassung und Datenkontrolle 144
   7.3 Datenanalyse und Auswertung der Ergebnisse 145
      7.3.1 (Kontext-)Beschreibung 146
      7.3.2 Hypothesentest 147
      7.3.3 Generalisierung und Prognosefähigkeit 148
   7.4 Interpretation und Dokumentation der Ergebnisse 148
   7.5 Zusammenfassung 151
   Literatur 152

8 Forschungsfelder der experimentellen Politikwissenschaft 155
   8.1 Politische Einstellungen und Wahlverhalten 155
   8.2 Kollektivgüter und kollektives Handeln 157
   8.3 Soziales Vertrauen 158
   8.4 Entscheidungen und Verhandlungen 159
   8.5 Zusammenfassung 160
   Literatur 161

9 Fazit und Ausblick 165
   Literatur 168

Glossar 171

Abbildungsverzeichnis

Abb. 2.1 Experimentelle Artikel in der American Political
Science Review (APSR). (Eigene Darstellung) 20
Abb. 2.2 Vergleich der englisch- und deutschsprachigen
experimentellen Forschung seit 2000. (Eigene Darstellung) 23

Abb. 3.1 Experimentelle Variablen. (Eigene Darstellung) 36
Abb. 3.2 Ablauf eines Experiments 41

Abb. 4.1 Validität 63

Abb. 5.1 Verteilung der Beiträge im AJPS in Bezug auf Labor-,
Feld- und Umfrageexperimente. (Eigene Recherche) 87

Abb. 7.1 Idealtypischer Ablauf einer politikwissenschaftlichen
experimentellen Studie 134

Einleitung 1

Die Anwendung experimenteller Methoden in der deutschsprachigen Politikwissenschaft steigt seit Ende der 1990er Jahre kontinuierlich an. Umso verwunderlicher ist es, dass es zu ihrem Gebrauch bislang kein einführendes deutschsprachiges Werk gibt. Eine Übersicht und Systematisierung steht in dem Methodenfeld der Disziplin noch weitgehend aus, denn anders als in den Naturwissenschaften, der Psychologie, Soziologie oder Kommunikationswissenschaft hat sich das Experiment in der Politikwissenschaft als Methode bisher noch nicht vollständig etabliert. Dennoch zeigt sich in den letzten Jahren eine zunehmende Institutionalisierung eines eigenen experimentellen Forschungsstranges, sodass das Experiment, unter dem allgemein die systematische Untersuchung von Kausalzusammenhängen unter der Verwendung eines spezifischen Forschungsdesigns[1] verstanden wird (McDermott 2002), eine immer stärkere Bedeutung als Methode erlangt (Faas und Huber 2010).

Das Ziel sozialwissenschaftlicher experimenteller Studien besteht darin, Erkenntnisse über Ursache-Wirkungsbeziehungen zu gewinnen und auf dieser Grundlage soziale Phänomene zu erklären. Die Besonderheit des Experiments besteht nach Eifler (2014, S. 195) in der Anwendung des „Prinzips der aktiven Erfahrung". Das heißt, die zu untersuchenden Vorgänge werden vom Forscher absichtlich hergestellt, damit bestimmte Phänomene eindeutig als Wirkungen einer bestimmten Ursache betrachtet werden können.

Insbesondere in der Erforschung individuellen Wahlverhaltens und politischen Einstellungen (Gerber und Green 2000; Green und Gerber 2003; Kam 2005), der Wirkung von Medien und politischer Kommunikation (Ansolabehere et al. 1994;

---

[1] Unabhängig von der Disziplin benötigt jede experimentelle Untersuchung eine Versuchsanordnung. Wenn Versuchspersonen oder andere lebende Objekte am Experiment beteiligt sind, wird von einem Forschungsdesign gesprochen.

© Springer Fachmedien Wiesbaden 2016
I. Kubbe, *Experimente in der Politikwissenschaft,*
DOI 10.1007/978-3-658-09424-9_1

Kahn 1994), des Umgangs mit Kollektivgütern und kollektivem Handeln, der Individual- und Gruppenentscheidungen (Blendin und Schneider 2012; Lorenz et al. 2015) und auch der Policy- und Entwicklungspolitik (Olken 2007; Garcia 2011) konnten inzwischen mithilfe experimenteller Untersuchungen viele wichtige politikwissenschaftliche Fragen beantwortet werden und konnten so zur Empirie, Theoriebildung und -verfeinerung der Disziplin beitragen.

Lange Zeit galt die Politikwissenschaft als beobachtende und nicht als experimentelle Wissenschaft. So behauptete Lowell noch am Anfang des 20. Jahrhunderts: „Politics is an observational, not experimental science", und fügte hinzu, dass sich die Politikwissenschaft gerade durch die Abwesenheit von Experimenten als Methode von anderen Wissenschaften unterscheidet (Lowell 1910, S. 7). Auch noch am Ende des Jahrhunderts wurde die Anwendung von Experimenten von einigen Politikwissenschaftlern mit Skepsis betrachtet: „Most of what political science does in the name of science has nothing to do with experimentation. Too often experiments are regarded as exotic or silly or simply irrelevant; they are what chemists do or, closer to home, what psychologists or wayward economists do, but not what we political scientists do." (Kinder und Palfrey 1993, S. 2)

Auch erschienen Experimente, die in der Regel nur eine begrenzte Anzahl von Variablen untersuchen können, für viele Jahre als eine zu eingeschränkte Methode, um die komplexen Forschungsgegenstände der Politikwissenschaft und die zahlreichen zu beachtenden Variablen erfassen zu können (Green und Gerber 2002; Petersen 2002). Im Gegensatz zur deutschen Politikwissenschaft wurde in der angelsächsischen Disziplin bereits in den 1960er Jahren der Mehrwert von Experimenten erkannt. So sprach Lijphart (1971, S. 648) von „the most nearly ideal method for scientific explanation", und auch Kinder und Palfrey (1993, S. 1) forderten später: „Experimentation should be part of the political scientist's everyday empirical repertoire." Dennoch folgte ein Großteil der Politikwissenschaftler diesen Aufrufen lange Zeit nicht. Erste Versuche, Experimente als gängige Forschungsmethode zu etablieren, scheiterten. So wurde die Fachzeitschrift *Experimental Study of Politics* in den 1980er Jahren schon nach vier Jahrgängen wieder eingestellt und auch in den darauffolgenden Jahren spielten experimentelle Untersuchungen in der internationalen Forschung kaum eine Rolle (Druckman et al. 2006). In den vergangenen zwanzig Jahren kam es allerdings zu einer verstärkten Verbreitung und wachsenden Bedeutung einer experimentellen Politikwissenschaft, sodass von einem „,drift' towards experimentation" gesprochen wird, „which has become dramatic in recent years" (Druckman et al. 2006, S. 627), und inzwischen heißt es sogar: „Politics is an observational and an experimental science" (Kinder 2011, S. 989). Die Gründe, die die zunehmende Entwicklung von experimentellen Forschungsdesigns und deren steigende wissenschaftliche Akzeptanz und Anwendung in der

1 Einleitung

Politikwissenschaft in den letzten Jahrzehnten begünstigt haben, sind vielfältig. Der wichtigste Grund für die verstärkte Anwendung ist, dass Vertreter der Disziplin erkannten, dass etablierte Methoden wie beobachtende Verfahren und Befragungen hinsichtlich des Nachweises von Kausalbeziehungen zwischen Variablen begrenzt sind (Brody und Brownstein 1975; Iyengar und Kinder 1987; Morton und Williams 2010). Dies bedeutet streng genommen, dass mit gängigen Methoden kaum gesicherte Annahmen über Ursache-Wirkungsbeziehungen getroffen werden können. Denn jegliche Interpretation möglicher Kausalzusammenhänge ist stets vom jeweiligen Forscher abhängig und unterliegt somit einer großen Subjektivität. Diese Subjektivität schränkt wiederum die Generalisierungsmöglichkeiten und die Objektivität von Forschungsergebnissen ein. Gut durchgeführte Experimente können diesen Schwächen jedoch entgegenwirken.

Neben der limitierten Aussagekraft nichtexperimenteller Methoden bei der Beantwortung von Forschungsfragen liegen drei weitere wesentliche Faktoren für die wachsende Beliebtheit von Experimenten in der Politikwissenschaft vor: Durch das Aufkommen neuer Fragestellungen auf der Institutionen- (Mesoebene) und der Individualebene (Mikroebene) haben sich die Forschungsschwerpunkte der Politikwissenschaft zunehmend verlagert. So zeigt sich innerhalb der Disziplin in den letzten Dekaden eine Interessenverschiebung weg von der Analyse der Länderebene (Makroebene) und Fragen wie „Was zeichnet einen Staat aus?" oder „Wie können wir das internationale System genauer beschreiben und erklären?" hin zur Ebene des individuellen Verhaltens. Hierzu zählen etwa das ansteigende Interesse an Entscheidungen von Wählern oder auch am Verhalten von Kleingruppen, beispielsweise im Umgang mit Kollektivgütern (Ostrom 1990). Auch die verstärkte Nutzung und Überprüfung sogenannter formaler Modelle in der Politikwissenschaft ist ein Grund für die zunehmende Verbreitung experimenteller Methoden (Morton und Williams 2012; Lorenz 2012).

Darüber hinaus haben neue technologische und strukturelle Möglichkeiten die Entwicklung experimenteller Forschung vereinfacht. Beispiele hierfür sind das Aufkommen des Internets, die Möglichkeit, mit leistungsstarken Computern zu arbeiten, und die damit verbundene verbesserte Kosten-Nutzen-Struktur bei der Durchführung experimenteller Studien. Dank der Zugangsmöglichkeiten des Internets können Forscher nun auf größere und vor allem heterogenere Teilnehmerpools zurückgreifen und dadurch die Robustheit experimenteller Befunde erhöhen (Green und Gerber 2002; Iyengar 2011).

Auch die große Anzahl von Umfrage- und Online-Experimenten, die es ermöglichen, Menschen in unterschiedlichen kulturellen Kontexten simultan über große Distanzen miteinander in experimentellen Settings in Verbindung zu bringen, unterstreicht die Bedeutung der technischen Entwicklung (Eckel und Wilson 2005;

Sniderman 2011). Darüber hinaus wird verstärkt spezielle Computersoftware für die experimentelle Forschung entwickelt, die die Arbeit der Forscher bei der Planung und Durchführung, beispielsweise bei der Rekrutierung von Teilnehmern, erleichtert (Morton und Williams 2010). Ein Beispiel dafür ist die „Zurich's Toolbox for ready-made economic experiments" (z-Tree), die von dem Ökonomen Urs Fischbacher entwickelt wurde und die computergestützte Durchführung von Laborexperimenten in individuellen Programmierungen erleichtert (Fischbacher 2007).[2]

Besonders hervorzuheben sind nochmals die Kostenvorteile experimenteller Untersuchungen. Da Einigkeit darüber besteht, dass belastbare Aussagen bereits ab einer Gruppengröße von 21 Teilnehmern zustande kommen, kann ein Experiment mitunter weitaus preiswerter sein als eine Befragung (Hamenstädt 2012). Gleichzeitig bleibt der komplementäre Charakter experimenteller Studien in Forschungszusammenhängen bestehen. Daher werden Experimente in größeren Forschungsprojekten meist mit anderen Methoden gemeinsam genutzt und bilden zudem die interdisziplinäre Brücke der Politikwissenschaft zur Psychologie, Ökonomie oder Kommunikationswissenschaft. Hamenstädt (2015) formuliert zusammenfassend, dass der Einsatz und die zunehmende Bedeutung von Experimenten in der politikwissenschaftlichen Forschung ein multikausales Zusammenspiel unterschiedlicher Faktoren darstellt.

Insgesamt zeigt sich, dass nach dem Vorbild der Naturwissenschaften – als den „exakten" Wissenschaften – das Experiment bislang die zentrale und sicherste Methode zur empirischen Untersuchung von kausalen Zusammenhängen im Bereich sozialwissenschaftlicher Phänomene darstellt (McDermott 2002). Auch wenn Experimente kein Allheilmittel zur Beantwortung von Kausalitätsfragen darstellen, bieten sie doch als eine ergänzende Methode bzw. als Bestandteil einer Methodentriangulation einen vielversprechenden Weg für wissenschaftliche Erkenntnisprozesse in der Disziplin (Kittel 2009; Faas und Huber 2010). So greift mittlerweile auch die deutschsprachige Politikwissenschaft in verschiedenen Teilgebieten und bei sehr unterschiedlichen Fragestellungen verstärkt auf experimentelle Forschungsdesigns zurück (Faas und Huber 2010). Bislang erfolgt dies etwa in Forschungsfeldern wie der Wahlverhaltens- und Einstellungsforschung (Gschwend und Hooghe 2008; Huber 2008; Klein und Rosar 2009; Brunner 2012; Kittel et al. 2014; Linhart und Tepe 2015) oder der Erforschung von Verhandlungs- und Entscheidungsprozessen (Kittel und Luhan 2013). Auch in Policy-Bereichen wie der Umwelt- und Bildungspolitik (Hamenstädt 2012; Liebe 2015) wird zunehmend auf

---

[2] Siehe dazu ausführlicher Fischbacher (2007) sowie http://www.iew.uzh.ch/ztree/index.php. Weitere Beispiele sind hroot (Hamburg Registration and Organization Online Tool) und SoPHIE (Software Platform for Human Interaction Experiments).

experimentelle Methoden zurückgegriffen. An einigen deutschen Hochschulen, etwa an den Universitäten in Hamburg, Oldenburg und Bamberg, gibt es inzwischen eigene Labore, die verstärkt für die Durchführung politikwissenschaftlicher Experimente genutzt werden.[3]

Das vorliegende Buch verfolgt die folgenden grundlegenden Ziele: Zunächst soll es das Potenzial von Experimenten für die Politikwissenschaft aufzeigen, eine erste Orientierung für und Übersicht über den Bereich der experimentellen Politikwissenschaft geben sowie in deren sichere Anwendung einführen. Insgesamt geht es darum, Kenntnisse zu vermitteln, die grundlegend für eine experimentelle Erforschung politikwissenschaftlicher Phänomene sind, sowie Experimente als eine Methode zu verstehen, die als komplementäre Ergänzung zu anderen Methoden und zur Überprüfung zugrunde liegender theoretischer Grundannahmen, sogenannter Axiome, geeignet ist (Green und Gerber 2002; Druckman et al. 2006). Dazu skizziert Kapitel 2 zunächst die geschichtliche Entwicklung der experimentellen Forschung und zeigt die unterschiedlichen Entwicklungen in der angloamerikanischen und deutschsprachigen Politikwissenschaft auf. Kapitel 3 geht zunächst auf den Mehrwert bzw. die Ziele der experimentellen Forschung innerhalb der Politikwissenschaft ein, beschreibt deren Logik und führt die zentralen Grundbegriffe ein. Kapitel 4 diskutiert die Gütekriterien experimenteller Forschung wie die der Validität, Generalisierbarkeit und Repräsentativität und damit die Aussagekraft experimenteller Befunde. Anschließend werden in Kapitel 5 die unterschiedlichen Grundtypen des Experiments, ihre Mischformen sowie die Vor- und Nachteile in der Anwendung erläutert. In Kapitel 6 werden die Herausforderungen experimenteller Forschung aufgezeigt und gleichzeitig auch ihre Lösungsmöglichkeiten diskutiert. In Kapitel 7 erfolgt die Beschreibung eines idealtypischen Ablaufs experimenteller Studien im Bereich der Politikwissenschaft. Der Schwerpunkt liegt dabei stets auf der Anwendung von Experimenten zur Beantwortung politikwissenschaftlicher Fragestellungen. Beispielhaft werden in Kapitel 8 politikwissenschaftliche Forschungsfelder vorgestellt, die sich vermehrt experimenteller Studien bedienen. Das Buch schließt mit einem Fazit und einem Ausblick auf die zukünftige experimentelle Forschung im Bereich der Politikwissenschaft.

Darüber hinaus verfügt jedes Kapitel über Wiederholungen, Memoboxen, die die wichtigsten Begriffe und Inhalte aufgreifen und zusammenfassen, sowie über einen Überblick zu empfehlenswerter Literatur. Am Ende des Buches findet sich ein Glossar mit relevanten Definitionen.

---

[3] Ausführlichere Informationen zu den Laboren finden sich unter http://www.wiso.uni-hamburg.de/forschung/forschungslabor/experimentallabor/(Hamburg), http://orsee.uni-oldenburg.de/public/(Oldenburg) und http://lab.vwl-io.uni-bamberg.de/rs/public/rules.php (Bamberg).

Literatur

Ansolabehere, S., Iyengar, S., Simon, A., & Valentino, N. (1994). Does attack advertising demobilize the electorate? *American Political Science Review, 88*(4), 829–838.
Blendin, H., & Schneider, G. (2012). Nicht jede Form von Stress mindert die Entscheidungsqualität. Ein Laborexperiment zur Groupthink-Theorie. In T. Bräuninger, A. Bächtiger, & S. Shikano (Hrsg.), *Jahrbuch für Handlungs- und Entscheidungstheorie, Bd. 7: Experiment und simulation* (S. 61–80). Wiesbaden: VS Verlag für Sozialwissenschaften.
Brody, R. A., & Brownstein, C. N. (1975). Experimentation and simulation. In F. I. Greenstein & N. W. Polsby (Hrsg.), *Handbook of political science* (S. 211–263). Reading: Addison-Wesley.
Brunner, M. (2012). Der Einfluss strategischen Wahlverhaltens auf den Parteienwettbewerb in Mehrparteiensystemen mit Koalitionsregierungen. Eine Computersimulation. In T. Bräuninger, A. Bächtiger, & S. Shikano (Hrsg.), *Jahrbuch für Handlungs- und Entscheidungstheorie, Bd. 7: Experiment und simulation* (S. 125–162). Wiesbaden: VS Verlag für Sozialwissenschaften.
Druckman, J. N., Green, D. P., Kurklinski, J. H., & Lupai, A. (2006). The growth and development of experimental research in political science. *American Political Science Review, 100*(4), 627–635.
Eckel, C., & Wilson, R. K. (2005). Internet cautions. Experimental games with internet partners. *Experimental Economics, 9*, 53–66.
Eifler, S. (2014). Experiment. In N. Baur (Hrsg.), *Handbuch Methoden der empirischen Sozialforschung* (S. 195–210). Wiesbaden: Springer VS.
Faas, T., & Huber, S. (2010). Experimente in der Politikwissenschaft. Vom Mauerblümchen zum Mainstream. *Politische Vierteljahresschrift, 51*(4), 721–749.
Fischbacher, U. (2007). z-Tree. Zurich toolbox for ready-made economic experiments. *Experimental Economics, 10*(2), 171–178.
Garcia, M. (2011). *Micro-methods in evaluating governance interventions*. Bonn: Deutschen Institut für Entwicklungspolitik (Hg. v.).
Gerber, A. S., & Green, D. P. (2000). The effects of canvassing, direct mail, and telephone contact on voter turnout. A field experiment. *American Political Science Review, 94*, 653–663.
Green, D. P., & Gerber, A. S. (2002). Reclaiming the experimental tradition in political science. In I. Katznelson & H. V. Milner (Hrsg.), *Political science. State of the discipline* (S. 805–832). New York: W. W. Norton.
Green, D. P., & Gerber, A. S. (2003). The underprovision of experiments in political science. *The Annals of the American Academy of Political and Social Science, 589*(1), 94–112.
Gschwend, T., & Hooghe, M. (2008). Should I stay or should I go? An experimental study on voter responses to pre-electoral coalitions. *European Journal of Political Research, 7*, 556–577.
Hamenstädt, U. (2012). *Die Logik des politikwissenschaftlichen Experiments. Methodenentwicklung und Praxisbeispiel*. Wiesbaden: VS Verlag für Sozialwissenschaften.
Hamenstädt, U. (2015). Experimentelle Politikwissenschaft. Über die Untersuchung von Entscheidungen in der experimentellen Forschung. In A. Glatzmeier & H. Hilgert (Hrsg.), *Entscheidungen: Geistes- und sozialwissenschaftliche Beiträge zu Theorie und Praxis* (S. 43–54). Wiesbaden: Springer VS.

Huber, S. (2008). Personalisierung der Politik, Informationsverarbeitung und institutioneller Kontext. Eine experimentelle Studie. In J. Pollack (Hrsg.), *Politik und Persönlichkeit* (S. 139–154). Wien: Facultas.

Iyengar, S. (2011). Laboratory experiments in political science. In J. N. Druckman (Hrsg.), *Cambridge handbook of experimental political science* (S. 126–155). Cambridge: Cambridge University Press.

Iyengar, S., & Kinder, D. R. (1987). *News that matters. Television and American opinion.* Chicago: University of Chicago Press.

Kahn, K. (1994). Does gender make a difference? An experimental examination of sex stereotypes and press patterns in state wide campaigns. *American Journal of Political Science, 38*(1), 162–195.

Kam, C. D. (2005). Who toes the party line? Cues, values, and individual differences. *Political Behavior, 27,* 163–182.

Kinder, D. R. (2011). Campbell's ghost. In J. N. Druckman (Hrsg.), *Cambridge handbook of experimental political science* (S. 981–992). Cambridge: Cambridge University Press.

Kinder, D. R., & Palfrey, T. R. (1991). An experimental political science? Yes, an experimental political science. *The Political Methodologist, 4,* 2–8.

Kinder, D. R., & Palfrey, T. R. (1993). On behalf of an experimental political science. In D. R. Kinder & T. R. Palfrey (Hrsg.), *Experimental foundations of political science* (S. 1–39). Ann Arbor: The University of Michigan Press.

Kittel, B. (2009). Eine Disziplin auf der Suche nach Wissenschaftlichkeit. Entwicklung und Stand der Methoden in der deutschen Politikwissenschaft. *Politische Vierteljahresschrift, 50*(3), 577–603.

Kittel, B., & Luhan, W. (2013). Decision making in networks. An experiment on structure effects in a group dictator game. *Social Choice and Welfare, 40*(1), 141–154.

Kittel, B., Luhan, W., & Morton, R. (2014). Communication and voting in multi-party elections: An experimental study. *The Economic Journal, 124*(574), F196–F225.

Klein, M., & Rosar, U. (2009). Sie, Sie, Sie oder Er? Die Kanzlerkandidatur von Angela Merkel im Spiegel der Daten einer experimentellen Befragung. In O. W. Gabriel, B. Wessels, & J. W. Falter (Hrsg.), *Wahlen und Wähler. Analysen aus Anlass der Bundestagswahl 2005* (S. 346–357). Wiesbaden: VS Verlag für Sozialwissenschaften.

Liebe, U. (2015). Experimentelle Ansätze in der sozialwissenschaftlichen Umweltforschung. In M. Keuschnigg & T. Wolbring (Hrsg.), *Experimente in den Sozialwissenschaften. Sonderband der Sozialen Welt* (S. 132–152). Baden-Baden: Nomos.

Lijphart, A. (1971). Comparative politics and the comparative method. *American Political Science Review, 65*(3), 682–693.

Linhart, E., & Tepe, M. (2015). Rationales Wählen in Mehrparteiensystemen mit Koalitionsregierungen. Eine laborexperimentelle Untersuchung. *Politische Vierteljahresschrift, 56*(1), 44–76.

Lorenz, J. (2012). Zur Methode der agentenbasierten Simulation in der Politikwissenschaft am Beispiel von Meinungsdynamik und Parteienwettstreit. In T. Bräuninger, A. Bächtiger, & S. Shikano (Hrsg.), *Jahrbuch für Handlungs- und Entscheidungstheorie, Bd. 7: Experiment und simulation* (S. 31–58). Wiesbaden: VS Verlag für Sozialwissenschaften.

Lorenz, J., Rauhut, H., & Kittel, B. (2015). Majoritarian democracy undermines truth-finding in deliberative committees. *Research and Politics, 2*(2), 1–10.

Lowell, A. L. (1910). The physiology of politics. *American Political Science Review, 4,* 1–15.

McDermott, R. (2002). Experimental methods in political science. *Annual Review of Political Science, 5*(1), 31–61.
Morton, R. B., & Williams, K. C. (Hrsg.). (2010). *Experimental political science and study of causality. From nature to the lab*. Cambridge: Cambridge University Press.
Morton, R. B., & Williams, K. C. (2012). Experimente in der Politischen Ökonomie. In T. Bräuninger, A. Bächtiger, & S. Shikano (Hrsg.), *Jahrbuch für Handlungs- und Entscheidungstheorie, Bd. 7: Experiment und simulation* (S. 13–30). Wiesbaden: VS Verlag für Sozialwissenschaften.
Olken, B. (2007). Monitoring corruption. Evidence from a field experiment in Indonesia. *Journal of Political Economy, 115*(2), 200–249.
Ostrom, E. (1990). *Governing the commons. The evolution of institutions for collective action*. Cambridge: Cambridge University Press.
Petersen, T. (2002). *Das Feldexperiment in der Umfrageforschung*. Frankfurt a. M.: Campus.
Sniderman, P. (2011). The logic and design of the survey experiment. An autobiography of a methodological innovation. In J. N. Druckman (Hrsg.), *Cambridge handbook of experimental political science* (S. 182–205). Cambridge: Cambridge University Press.

Geschichtliche Entwicklung experimenteller Forschung

2.1 Experimente in den Naturwissenschaften

Das Experiment war schon immer wesentlicher Bestandteil des wissenschaftlichen Erkenntnis- und Fortschrittsprozesses (Heller 2012). Etymologisch ist der Begriff im 16. Jahrhundert in medizinischen Schriften aus dem lateinischen Nomen „experimentum" (=Versuch, Erfahrungsbeispiel) ins Deutsche übersetzt worden. Es wurde hierunter eine erprobte Arznei verstanden. Unter dem Einfluss von Francis Bacon hat das Experiment im 17. Jahrhundert zunächst Eingang in die Naturwissenschaften gefunden und bezeichnete einen Versuch, einen Beweis, eine Prüfung oder eine Probe insbesondere im Rahmen der Experimentalphysik. Dort weist das Experiment anfänglich eine vergleichsweise einfache Form auf. Es besteht darin, dass der Forscher intentional den zu untersuchenden Gegenstand manipuliert, um eine bestimmte Wirkung zu erzielen. Wird die zu erwartende Wirkung tatsächlich beobachtet, so wird sie ursächlich auf die Eingriffe des Forschers zurückgeführt. Wenn beispielsweise ein Metallstück unter dem Einfluss von Hitze seine Form verändert, ist diese Verformung als Wirkung des Erhitzens zu interpretieren, da das Metall unter normalen Bedingungen bestimmte konstante Eigenschaften aufweist, die sich durch die Erhitzung verändern (Eifler 2014, S. 197).

Experimente haben demnach ihre Ursprünge in den Naturwissenschaften, zu denen die klassischen Fächer Physik, Chemie und Biologie zählen und die durch eine sogenannte nomothetische Vorgehensweise gekennzeichnet sind. Nomothetisch (von griech. „nomos"=„Gesetz" und „thesis"=„aufbauen") bezeichnet eine Forschungsrichtung, deren Ziel die Aufstellung allgemeingültiger Gesetzmäßigkeiten ist, die von den bei einzelnen Forschungsobjekten auftretenden Phänomenen abstrahieren. Das heißt, das Experiment ermöglicht es, in kontrollierten Versuchen theoretisch generierte Hypothesen zu überprüfen und Ableitungen zu formulieren, die Aufschluss über Kausalzusammenhänge und die Richtigkeit von

Interpretationen geben (Bortz und Döring 2009).[1] Es ist bekannt, dass Experimente bereits von Astrologen im alten Ägypten verwendet wurden, um Zusammenhänge und Gesetzmäßigkeiten, etwa Zyklen von Überschwemmungen, zu bestimmen. Spätestens seit Galileo Galilei, der im 17. Jahrhundert das bisherige Weltbild mit der Erde als Mittelpunkt der Welt gegen die damalige Wissenschaft und die katholische Kirche infrage stellte, ist das Experiment eine der wichtigsten Methoden, um kausale Annahmen zu prüfen und Erkenntnisse zu gewinnen (Bortz und Döring 2009). Nach naturwissenschaftlicher Ansicht stellt das Experiment demnach die Urform bzw. den Prototyp wissenschaftlicher Forschung dar, aus dem sich andere wissenschaftliche Methoden wie die der Beobachtung oder Befragung ableiten lassen (Behnke et al. 2006). In den Naturwissenschaften ist dieses Verständnis bis heute präsent. Hier wird die Anwendung von Experimenten sogar als die methodische Krönung des wissenschaftlichen Entwicklungsprozesses gesehen. Mit der Entwicklung des Selbstverständnisses der (Natur-)Wissenschaft, ihrer Methodik und Analyseinstrumente erlangten Experimente im Laufe der letzten Jahrhunderte so eine immer größere Bedeutung für den wissenschaftlichen Fortschritt und die gesellschaftliche Entwicklung (Petersen 2002; Hamenstädt 2012).

Bekannte experimentelle Beispiele aus den Naturwissenschaften sind neben den Versuchen zum freien Fall von Galileo Galilei (1623) und seiner Erkenntnis, dass die Bewegung im freien Fall unabhängig von Material und Größe des jeweiligen Körpers ist, etwa Heinrich Hertz' Nachweis der Übertragung elektromagnetischer Wellen (1886) oder die Entdeckung der Kernspaltung durch Otto Hahn und Lise Meitner (1938). Im 18. Jahrhundert wurden bereits die ersten Versuchsreihen zur Erprobung der Wirksamkeit von Medikamenten an Tieren durchgeführt. Da Erkenntnisse von Tierversuchen jedoch nur begrenzt auf Menschen übertragbar sind, gewann das Experiment am Menschen seit Anfang des 19. Jahrhunderts für die Neuzulassung von Medikamenten in klinischen Studien eine neue Bedeutung. Die sogenannten Humanexperimente werden bis dato als für den medizinischen Fortschritt notwendig erachtet und werden in der heutigen Zeit an freiwilligen Teilnehmern, wenn auch eingeschränkt, durchgeführt. Medizinische Versuche, die die Wirkung von Medikamenten prüfen, sind beispielsweise dadurch bekannt geworden, dass der sogenannte Placeboeffekt entdeckt wurde. Dieser beinhaltet, dass sich das subjektive Schmerzgefühl bei Patienten nicht aufgrund eines verabreichten Schmerzmittels verringert, sondern aufgrund der Annahme, dass sie eine

---

[1] Der nomothetischen Vorgehensweise steht das idiografische Vorgehen gegenüber, das hauptsächlich von Geisteswissenschaftlern angewandt wird. Idiografisch (von griech. „idios"=„eigen" und „graphein"=„beschreiben") ist eine Forschungsrichtung, bei der das Ziel die umfassende Analyse konkreter, also zeitlich und räumlich einzigartiger Gegenstände ist (Pickel et al. 2015).

Schmerzsubstanz bekommen hätten, während sie tatsächlich Scheinarzneimittel zu sich genommen haben. Ein Blick in die Medizin ermöglicht darüber hinaus eine gute Vorstellung davon, wie ein gutes Experiment auszusehen hat. So wurde bei der Entdeckung des Placeboeffekts eine Patientengruppe von Menschen, die alle an derselben Krankheit litten, nach dem Zufallsprinzip in zwei Gruppen aufgeteilt. Dabei erhielt eine Gruppe das neue Medikament, während die andere ein Placebo bekam. Anschließend wurde der Unterschied zwischen dem Effekt des Medikaments und dem des Placebos berechnet und diese Differenz als Wirkung des Medikaments bestimmt. Dennoch sind viele Experimente mit Menschen oder Tieren aus ethischer Sicht oder wegen nicht genügend berücksichtigter Gefahren unzulässig oder zumindest umstritten. Dies gilt beispielsweise für Kernwaffentests oder Versuche in der Gentechnik (Roelcke 2004). In der Geschichte gibt es zahlreiche Beispiele für experimentelle Versuche gegen den Willen von Menschen oder ohne deren Wissen bzw. nach bewusst unzureichender Information. Humanexperimente wurden bereits in der Antike durchgeführt und waren nach dem Mittelalter Begleiter des neuzeitlichen Wandels in der Medizin. Vor allem in den Euthanasie- und Rassenhygieneprogrammen während der Zeit des Nationalsozialismus kam es zu einer Vielzahl staatlich organisierter Versuchsreihen an Menschen, deren Leben als „unwert" betrachtet wurde (Roelcke 2004). Diese Verbrechen waren Gegenstand des Nürnberger Ärzteprozesses und führten zur Verabschiedung des Nürnberger Kodex medizinischer Ethik. Dieser ist eine ethische Richtlinie zur Vorbereitung und Durchführung von Experimenten am Menschen und gehört seit der Urteilsverkündung im Nürnberger Ärzteprozess zu den medizinethischen Grundsätzen in der Medizinerausbildung.[2]

2.2 Experimente in anderen Disziplinen

Angeregt von naturwissenschaftlichen Experimenten wurde das Experiment Mitte des 19. Jahrhunderts in die Psychologie eingeführt. Als ein bekannter deutscher Psychologe, der die experimentelle Psychologie maßgeblich prägte, ist Wilhelm Wundt zu nennen. Wundt sah im naturwissenschaftlichen Experiment ein we-

---

[2] Dieser besagt, dass „die freiwillige Zustimmung der Versuchsperson unbedingt erforderlich [ist]. Das heißt, dass die betreffende Person im juristischen Sinne fähig sein muss, ihre Einwilligung zu geben; dass sie in der Lage sein muss, unbeeinflusst durch Gewalt, Betrug, List, Druck, Vortäuschung oder irgendeine andere Form der Überredung oder des Zwanges, von ihrem Urteilsvermögen Gebrauch zu machen; dass sie das betreffende Gebiet in seinen Einzelheiten hinreichend kennen und verstehen muss, um eine verständige und informierte Entscheidung treffen zu können" (Nürnberger Kodex 1997).

sentliches Vorbild und gründete 1879 in Leipzig das erste psychologische Labor mit einem experimentalpsychologischen Forschungsparadigma (Reiß und Sarris 2012). Im Vergleich zum Vorbild des naturwissenschaftlichen Experiments besteht der wesentliche Unterschied von (sozial-)psychologischen Experimenten darin, dass kein „Objekt", sondern ein „erlebendes Subjekt", das heißt ein freiwillig teilnehmender und selbstbewusster Mensch, in der Rolle als Versuchsperson auftritt und bestimmte Aufgaben unter den künstlichen Bedingungen eines Labors oder in einer anderen standardisierten Situation erfüllt (Wundt 2004). Bekannte, aber auch sehr umstrittene Untersuchungen aus der Psychologie und der späteren Verhaltensforschung, die wichtige Befunde für zukünftige Forschungen hervorbrachten, stammen etwa von Stanley Milgram, der die Bereitschaft eines Menschen, einer (Pseudo-)Autorität zu folgen, untersuchte. Diese als „Milgram-Experimente" (1963) bekannten Studien werden in Kapitel 6.2 („Forschungsethische Fragen") ausführlicher behandelt. Daneben führte Benjamin Libet psychologische Experimente zum sogenannten freien Willen (1979) durch. Als Libet-Experimente wurden die Messungen des zeitlichen Abstands bekannt, der zwischen der Nervenaktivität im Gehirn, die einer bestimmten Handbewegung einleitend vorausgeht, und dem erst danach erfolgenden Bewusstwerden der dazu gehörenden Handlungsentscheidung liegt. Libet löste mit seinen Untersuchungen eine kontroverse Diskussion über mögliche Schlussfolgerungen für die Freiheit des menschlichen Willens aus. Als ein weiteres Beispiel sind die Experimente zur Unaufmerksamkeitsblindheit von Simons und Chabris aus dem Jahr 1998 zu nennen. Unaufmerksamkeitsblindheit bezeichnet die Nichtwahrnehmung von Objekten, die durch die begrenzte Verarbeitungsfähigkeit des menschlichen Gehirns bedingt ist. In ihrer Studie *Gorillas in unserer Mitte* zeigten die beiden Forscher, dass urbane Menschen selbst einen vorbeigehenden Menschen im Gorillakostüm übersehen können. Ihre Studien verdeutlichen, dass nur Gegenstände und Details wahrgenommen oder registriert werden, auf die die Aufmerksamkeit gerichtet wird, da das Gehirn selektieren muss, das heißt welche Informationen relevant sind und welche nicht (Simons und Chabris 1999). In der Soziologie, die zahlreiche thematische Überschneidungen mit der (Sozial-)Psychologie aufzeigt, wurden Experimente insbesondere im 19./20. Jahrhundert angewandt. Beispielhaft ist hier das „Tauzieh-Experiment" von Ringelmann zu nennen. Der in diesem Zusammenhang gefundene „Ringelmann-Effekt" bezeichnet die Tatsache, dass – entgegen der Erwartung – die Zugleistung von unterschiedlichen großen Gruppen beim Tauziehen stets geringer ist als die Summe der einzelnen Leistungen der Versuchsteilnehmer. Dieser Effekt wird auch „Soziales Faulenzen" („Social Loafing") genannt, da dieser aufgrund der geringeren Motivation bzw. fehlenden Koordination der Teilnehmer in der Gruppe auftritt. Ähnliche Experimente wurden in den 1970er Jahren durchgeführt, die insbesondere nach den Gründen für die Motivationsverluste der Probanden suchten (Ingham et al. 1974).

Ein weiteres bekanntes Experiment aus der Soziologie stammt von Zimbardo (1969). Der Forscher stellte dabei zunächst ein älteres Auto ohne Kennzeichnen und mit geöffneter Motorhaube im New Yorker Stadtteil Bronx ab. Nach kurzer Zeit begannen Menschen die noch nützliche Teile des Wagens abzumontieren, bis schließlich das Auto nach drei Tagen vollständig zerstört war. Zimbardo wiederholte das Experiment in der wohlhabenderen kalifornischen Stadt Palo Alto. Hier stand der Pkw über eine Woche lang unverändert, bis schließlich der Forscher selbst mit der Zerstörung des Fahrzeugs begann und Passanten es ihm danach gleich taten. Dieses Experiment begründete die sogenannte Broken-Windows-Theorie, nach der Anzeichen fehlender öffentlicher Ordnung wie zerbrochene Glasscheiben, Graffitis an den Wänden oder Müll auf den Straßen die Hemmschwelle von Menschen senken, gesellschaftliche Normen zu verletzen, wie etwa Ordnungswidrigkeiten oder Straftaten zu begehen und innerhalb von kurzer Zeit sogar zur Verwahrlosung von Stadtvierteln führen (siehe hierzu Wilson und Kelling 1982). Das „zerbrochene Fenster" symbolisiert demnach den Verfall von Stadtvierteln oder sogar ganzer Städte. Die Broken-Windows-Theorie wurde inzwischen durch zahlreiche weitere Experimente untersucht (Keizer et al. 2008; Keuschnigg und Wolbring 2015). Auch der umgekehrte Fall zeigte sich anhand eines Beispiels aus New York. In den 1990er Jahren berief sich der damalige Polizeichef der Stadt auf die Broken-Windows-Theorie und entwickelte erfolgreich Maßnahmen wie das schnelle Entfernen von Graffitis in New Yorks Straßen, um die damals sehr hohe Kriminalitätsrate zu senken.

Weitere Untersuchungen aus der Soziologie sind die Hawthorne-Experimente von Roethlisberger und Dickson (1939), die an späterer Stelle ausführlicher behandelt werden, die Konformitätsexperimente von Asch (1951) zum Einfluss von Gruppenzwang, das Ferienlager-Experiment von Sherif et al. (1954) oder Studien zur Theorie der sozialen Identität (Tajfel 1981; Tajfel und Turner 1986). Dennoch sind experimentelle Untersuchungen in der Soziologie bis heute selten zu finden (siehe Jackson und Cox 2013)[3].

Seit Beginn des 20. Jahrhunderts existiert auch in der Ökonomie ein experimenteller Forschungsstrang, der sich verstärkt mit der experimentellen Bewertung

---

[3] Sie hierzu auch ausführlicher den Überblicksartikel von Zimmermann (2015): „Das Experiment in den Sozialwissenschaften".

ökonomischer Theorien beschäftigt und in der Regel psychologische Grundlagen individuellen Handelns in ökonomisch relevanten Entscheidungssituationen überprüft. Mittlerweile werden Experimente in fast jedem ökonomischen Forschungsgebiet durchgeführt, so etwa in der Industrie-, Arbeitsmarkt-, Finanzmarkt- und Umweltökonomie. Mithilfe mathematischer Überlegungen wird hier die Komplexität von Wirtschaftssystemen in formalen Modellen nachgebildet und abstrahiert. Dies erfolgt vor allem unter Rückgriff auf Modelle der Entscheidungs- und Spieltheorie. Beispiele hierfür sind die Überprüfung der Theorie des vollkommenen Marktes, der Theorie der öffentlichen Güter oder die Gestaltung von Auktionen (Guala 2005). Besonders einflussreich ist die experimentelle Ökonomie bei der mathematischen Modellierung von Entscheidungsregeln für verschiedene Alternativen, insbesondere bei Entscheidungen unter Unsicherheit und/oder Risiko (Friedman und Sunder 1994).

Eine wichtige Rolle spielt die experimentelle Wirtschaftsforschung in der Verhaltensökonomie, die die konventionellen Annahmen des Homo oeconomicus infrage stellt. Diese Annahmen beinhalten das Menschenbild eines rationalen Agenten, der stets eigennützig handelt, um unter Kosten-Nutzen-Abwägungen seine Gewinne möglichst zu maximieren. Die experimentelle Wirtschaftsforschung entwickelt hingegen unter Einbeziehung psychologischer Erkenntnisse und experimenteller Methoden realistischere Modelle menschlichen Verhaltens. Eine zentrale Einsicht dieser Forschungsrichtung ist die Bedeutung von Fairnesserwägungen. Entgegen der Annahme eines stets eigennützigen, rational handelnden Akteurs verhalten sich viele Teilnehmer in Experimenten kooperativ und belohnen faires bzw. bestrafen unfaires Verhalten, selbst wenn dies mit Kosten verbunden ist (Ostrom 1990; Raub et al. 2015).

Auch in der Kommunikationswissenschaft ist das Experiment eine etablierte Methode und gehört seit ihrem Import aus der Psychologie zu den zentralen Varianten der empirischen Untersuchungsanlage in den Feldern, in denen die Medienrezeption und/oder die Wirkung von Medien auf das Individuum erforscht werden. So werden Experimente bei der Werbewirkungs-, der Gewaltforschung oder der Erforschung der Wirkung von Fernsehnachrichten eingesetzt. In den folgenden Ausführungen werden immer wieder Beispiele aus der Medienwirkungsforschung aufgegriffen, da diese oft im engen Zusammenhang mit politikwissenschaftlichen Fragestellungen stehen. So beschäftigt sich die Medienwirkungsforschung etwa mit der Frage, was Medien, genauer: ihre Eigenschaften, bei Menschen bewirken, das heißt kausal verursachen, beispielsweise im Zusammenhang mit Wahlentscheidungen von Medienkonsumenten (Klimmt und Weber 2013, S. 126).

2.3 Experimentelle Forschung in der angloamerikanischen Politikwissenschaft

Die ersten sozialwissenschaftlichen experimentellen Untersuchungen mit politikwissenschaftlichen Bezügen wurden in den 1920er und 1930er in den USA durchgeführt und in Fachzeitschriften der Soziologie und Sozialpsychologie publiziert. Bei diesen Experimenten, die weitestgehend von Psychologen und Kommunikationswissenschaftlern durchgeführt wurden, handelte es sich vornehmlich um Feldexperimente, das heißt Experimente, die in einer realen Umgebung und nicht im Labor durchgeführt worden sind. Diese setzten sich im Bereich der Medienwirkungsforschung mit der Mobilisierung von Wählern bzw. Fragen auseinander, wie sich politische Einstellungen bilden und letztendlich Entscheidungen zur Wahlteilnahme getroffen werden (Green und Gerber 2003).

Eines der bekanntesten Experimente aus dieser Zeit stammt von Gosnell (1927), der die Mobilisierung von Wahlberechtigten in Chicago analysierte. In seiner Felduntersuchung wurden in einigen Bezirken einige Tausend Bürger durch einen Brief aufgefordert, sich für die Wahlen 1924 und 1925 registrieren zu lassen, während Bürger in anderen Stadtteilen diese Aufforderung nicht bekamen. Durch den Vergleich der Experimental- (=erhielten einen Brief) mit der Kontrollgruppe (=erhielten keinen Brief) und die anschließende Überprüfung amtlicher Statistiken konnte Gosnell einen Anstieg der Wählerregistrierung und Wahlbeteiligung in den Bezirken feststellen, in denen Briefe zugestellt worden waren. Gosnells Studie wird als eines der frühesten kontrollierten Feldexperimente in der Politikwissenschaft bezeichnet (Gerber und Green 2000), jedoch nicht als „wirkliches" Experiment klassifiziert, da die Empfänger der Briefe nicht zufällig ausgesucht wurden, also keine Randomisierung erfolgte, sondern durch den Versuchsleiter anhand von Wohnblöcken bestimmt wurden (Morton und Williams 2010). Aus diesem Grund schlägt Gerber (2011, S. 247) vor, eher von einer „controlled intervention" als von einem Experiment zu sprechen.

Ein weiteres viel beachtetes Feldexperiment war die an Gosnells (1927) Untersuchung anschließende Studie von Eldersveld (1956). Auch Eldersveld ging der Frage nach, wodurch und inwieweit sich Bürger in ihrem Wahlverhalten beeinflussen lassen. Er veränderte Gosnells Design der Wählermobilisierung, indem er die wahlberechtigte Bevölkerung während der Wahlen in Ann Arbor, Michigan, nicht selbst auswählte, sondern zufällig in Experimental- und Kontrollgruppe einteilte. Dabei suchte er Antworten auf die folgenden Fragen: „1) What type of personalized canvassing is most effective, and when; and what is the extent and nature of the advantage of personal contact over propaganda efforts of an impersonal type? 2) Does the impact vary in different election contexts and types of campaigns? 3)

Can the point of diminishing returns be established? 4) Is the substantive content of the appeal relevant to the effect?" (Eldersveld 1956, S. 155). Im Gegensatz zu den Bezirken Gosnells griff Eldersveld in seinem Experiment auf Individualdaten zurück. Seine Probanden verteilte er dabei zufällig auf sieben Gruppen: Neben der Kontrollgruppe erhielten einige Befragte einen „rationalen" Wahlaufruf per Post, andere erhielten einen „emotionalen" Wahlaufruf, ohne dass diese Unterscheidung allerdings Wirkung zeigte. Die anderen vier Experimentalgruppen wurden persönlich kontaktiert. Dies erfolgte entweder durch Studierende, durch Parteimitglieder, telefonisch oder mit einer Kombination aus Brief und (studentischem) Hausbesuch. Wenn auch auf der Grundlage einer sehr kleinen Fallzahl konnte Eldersveld mit diesem Design zumindest einige seiner Fragen beantworten. Er demonstrierte die Bedeutung des Häuserwahlkampfs und konnte zeigen, dass durch die persönliche Stimmenwerbung der Parteiaktivisten, etwa durch Telefonanrufe und persönliche Besuche, erheblich mehr Bürger zur Wahl mobilisiert werden konnten, als dies in der Kontrollgruppe der Fall war bzw. bei den Menschen, die nur per Post kontaktiert wurden. Auch wenn diese Forschung lange Zeit ohne Anknüpfung blieb, ist dies bis heute ein klassischer Befund der Medienwirkungsforschung.

Andere politikwissenschaftliche Experimente, die in der ersten Hälfte des 20. Jahrhunderts veröffentlicht wurden, sind die von Lund (1925), Hartmann (1936), Moore und Callhan (1943), Hovland et al. (1949) oder Stouffer et al. (1949). So manipulierte Lund (1925) Argumente in politischen Debatten, um herauszufinden, inwieweit diese die politischen Einstellungen von Bürgern beeinflussen. In Hartmanns Experiment (1936) in Allentown, Pennsylvania, hingegen wurden für die Wahl 1935 zehntausend Faltblätter mit einem emotionalen und einem rationalen Wahlaufruf der Sozialisten in unterschiedlichen Wahlbezirken verteilt. Auf Grundlage der Wahlergebnisse in den einzelnen Stadtbezirken konnte Hartmann eine stärkere Wirkung der emotionalen Wahlbotschaften als der rationalen Argumente feststellen. Hovland et al. (1949) sowie Stouffer et al. (1949) erforschten die Wirkung von Propagandafilmen auf Soldaten.

Diese experimentellen Studien bildeten jedoch eher die methodische Ausnahme als die gängige Praxis für die folgenden Jahrzehnte. Experimentelle Forschungsdesigns verschwanden nach Ende des Zweiten Weltkriegs fast vollkommen aus dem Methodenrepertoire der Disziplin und die Politikwissenschaft arbeitete zu dieser Zeit vor allem qualitativ (Green und Gerber 2002; Green und Gerber 2003). Dies steht auch im Zusammenhang mit einem Paradigmenwechsel in der Politikwissenschaft ab den 1950er Jahren und der Etablierung der Umfrageforschung (Zimbardo et al. 2008; Gerber 2011). Denn die sogenannte behavioristische Revolution in der Politikwissenschaft, abgeleitet vom englischen Wort „behavior" für „Verhalten", führte zur Übernahme von Forschungsinhalten und Methoden aus sozialwissen-

2.3 Experimentelle Forschung in der angloamerikanischen Politikwissenschaft

schaftlichen Nachbardisziplinen, primär aus der Psychologie. Daraus entwickelte sich etwa die Politikfeldanalyse, die sich jedoch an „avancierten Methoden der Beobachtung und Befragung unter Hinzuziehung elaborierter Auswertungsverfahren" (Schneider und Janning 2006, S. 11) orientierte. Mit der verstärkten Anwendung von Umfragedaten in den 1950er/1960er Jahren und der damit verbundenen Möglichkeit, eine kostengünstige Methode zur Erhebung größerer, repräsentativer Daten nutzen zu können, wurden die Ansätze experimenteller Forschung in der Politikwissenschaft verdrängt und eher stiefmütterlich behandelt bzw. als ein unterstützendes Instrument der Befragungsforschung betrachtet (Hamenstädt 2012, S. 53–54). Das heißt, neue technologische Möglichkeiten waren in Bereichen der experimentellen Forschung nur dort von Bedeutung, wo Experimente dazu genutzt werden konnten, die Umfrageforschung zu verbessern (Morton und Williams 2010). So bestand das empirische Material der Politikwissenschaft zu dieser Zeit eher aus Statistiken, Experteninterviews, standardisierten Umfragen oder qualitativen Fallstudien. Klassische Experimente zur Generierung von empirischen Daten wurden hingegen ausgeklammert, auch wenn es vereinzelt Publikationen gab, die die Potenziale experimenteller Untersuchungen diskutierten und einen verstärkten Einsatz von Experimenten in der Politikwissenschaft forderten (Bositis und Steinel 1987).

In den 1950er Jahren wurden dann zunehmend Experimente auf der Grundlage spieltheoretischer Annahmen, insbesondere in der Politischen Ökonomie, durchgeführt. So führten Flood und Dresher das erste Experiment zum Gefangenendilemma durch, das die Probleme nichtkooperativen Verhaltens verdeutlicht. Das Gefangenendilemma ist ein zentraler Bestandteil der Spieltheorie aus der Wirtschafts- und Verhaltensforschung und stellt ein Spiel mit zwei Teilnehmern dar. Ursprünglich geht es auf das Dilemma von zwei Inhaftierten zurück, die getrennt voneinander verhört werden und als Strafen und Belohnungen Folgendes zu erwarten haben: 1) bei beiderseitigem Geständnis eine Strafe mittlerer Größenordnung, 2) bei beiderseitigem Nichtgeständnis eine – mangels an Beweisen für die Straftat – milde Strafe für eine andere Straftat, 3) bei Geständnis eines Beteiligten und Nichtgeständnis des anderen die Freilassung des Ersteren und die strenge Bestrafung des Letzteren. In diesem Dilemma der Entscheidungen zwischen Gestehen und Nichtgestehen ist bei Zugrundelegung des Rationalitätsprinzips das Geständnis für jede Streitpartei die rationale Wahl im Sinne einer dominanten Strategie (Schmidt 2004).

Flood und Dresher untersuchten in ihrem Experiment zum Gefangenendilemma, welche Mechanismen Kooperation fördern können, wenn die experimentelle Situation nichtkooperatives Verhalten belohnt. Ihre Ergebnisse widerlegten die spieltheoretischen Annahmen zum größten Teil und zeigten, dass unter bestimmten Bedingungen wie mehrfachen Spielwiederholungen kooperatives Verhalten der

Teilnehmer möglich ist (Herdt 2003). Dieses frühe Experiment regte weitere intensive Studien zum Gefangenendilemma an. Eine weitere praktische Anwendung der Spieltheorie stellt das sogenannte Ultimatumsspiel dar, das meist als Laborexperiment zur Erforschung des individuellen Altruismus bzw. Egoismus eingesetzt wird (Güth et al. 1982). In verschiedenen Spielsituationen wird untersucht, in welchem Maß der Mensch nur den sich aus dem Spielgegenstand ergebenden Nutzen maximiert und in welchem Umfang er bei seinen Entscheidungen auch andere Interessen berücksichtigt. Bei dem Spiel wird einem der beiden Spielern eine bestimmte Geldsumme, beispielsweise 20 €, gegeben. Der erste Spieler bestimmt dann, wie viel er von diesem Geld dem zweiten Spieler überlässt. Dieser kann das Angebot dann entweder annehmen und beide erhalten die angebotenen Beträge oder er kann es ablehnen und keiner von beiden bekommt die Summe. Aus der Theorie ist eigentlich zu erwarten, dass der erste Spieler eine sehr geringe Summe anbietet und der zweite Spieler jeden noch so kleinen positiven Betrag annimmt. Güth et al. (1982) zeigten durch ihr Experiment jedoch auf, dass unfaire Angebote meist abgelehnt wurden, wenn die Versuchspersonen anonym handelten. Dieses Ergebnis führte zu einer hohen Anzahl weiterer experimenteller Untersuchungen, die weitere Varianten dieses Spiels testeten. Mit der Durchführung dieser Experimente wurde das Fundament für die heutige Bedeutung experimenteller Methoden in der Politikwissenschaft weiter gestärkt (Edwards et al. 2007; Morton und Williams 2012).

Von noch größerer Bedeutung für die Politikwissenschaft war das etwa gleichzeitige Aufkommen experimenteller Untersuchungen zu räumlichen Theorien über Wahlen und Ausschussverhandlungen (Ordeshook 1986). Beide Theorien beschäftigten sich damit, wie Gleichgewichte zustande kommen, wenn Spieler sich in einem ein- oder mehrdimensionalen Politikraum, beispielsweise in einem fiktiven Parteiensystem, befinden. Zentrales Ergebnis dieser Untersuchungen ist die Bedeutung, die dem Medianwähler in diesen Situationen zukommt (Downs 1957; Morton und Williams 2012). Da die meisten theoretischen Schlussfolgerungen auf diesem Gebiet auf der Annahme vollständig informierter Spieler basierten, florierte die experimentelle Forschung in diesem Bereich, die bis dahin schwächere Bedingungen annahm (Aldrich und Lupia 2011). Das Medianwählermodell, das der Veranschaulichung des strategischen Handelns von Parteien dient, sagt aus, dass sich die Positionen der Parteien letztendlich zur politischen Mitte hin angleichen, da im Wahlkampf die Positionen der politischen Mitte besonders umkämpft sind. Das Modell geht zur Vereinfachung von einem Zweiparteiensystem aus, bei dem die eine Partei als eher links und die andere als eher rechts eingestuft wird. Auch wird angenommen, dass sich die Wähler entweder in das linke oder das rechte

2.3 Experimentelle Forschung in der angloamerikanischen Politikwissenschaft

Spektrum einordnen lassen. Wenn die linke Partei programmatisch näher an die rechte Partei heranrückt, kann sie dieser Wählerstimmen abnehmen. Auch wird die rechte Partei umgekehrt bestrebt sein, weiter nach links zu rücken. Der für den Wahlausgang entscheidende Wähler der Mitte heißt daher Medianwähler. Dies gilt nicht nur für Zwei-, sondern auch für Mehrparteiensysteme (Rowley und Schneider 2004). Trotz der vereinfachten Annahmen lassen sich auf der Grundlage des Modells wichtige Erklärungen für das Verhalten von Parteien in einem politischen System gewinnen. Mithilfe experimenteller Studien konnte dieses Modell schon mehrfach überprüft werden.

In den 1960er und 1970er Jahren entstanden an der Schnittstelle von psychologischer und politikwissenschaftlicher Forschung die ersten Kooperationen zwischen beiden Disziplinen. Dadurch ergab sich erstmalig die Möglichkeit, dass Politikwissenschaftler über materielle Ressourcen für Laborforschungen wie die notwendigen Räumlichkeiten mit Spiegelwänden, Mikrofonen und Kameras verfügten. Ein bekanntes Feldexperiment, das aus dieser Kooperation entstand, wurde zu dieser Zeit im *Midwest Journal of Political Science* (später *American Journal of Political Science* [AJPS]) veröffentlicht. Blydenburghs Experiment (1971) zu Wahlkampagnen in Monroe County, New York, replizierte die Ergebnisse zum positiven Einfluss von persönlichem Wählerkontakt auf die Wahlbeteiligung – Ergebnisse, die für die heutige Politikwissenschaft kaum noch zu hinterfragen sind. In den 1980er Jahren führten etwa Iyengar und Kinder (1987) Experimente zu den Effekten von Medien auf die öffentliche Meinung durch. In ihrem Buch *News that matters: Television and American opinion* beschreiben sie den sogenannten Medien-Priming-Effekt. Dieser Effekt erklärt die durch medial vermittelte Informationen ausgelösten Veränderungen von Bewertungsmustern und damit von Entscheidungen der Medienkonsumenten. Die Studie zeigte, dass Medienkonsumenten bestimmte politische Akteure vor allem nach denjenigen Kriterien beurteilen, die in der Berichterstattung vordergründig thematisiert wurden. Damit konnten die Autoren wichtige Erkenntnisse für die politische Kommunikationsforschung liefern, wie beispielsweise zu den Interaktionsformen politischer Akteure zur Erreichung spezifischer Ziele.

Durch den aufkommenden Institutionalismus in den 1970er und 1980er Jahren als eine theoretische Strömung der Internationalen Beziehungen beschäftigte sich die Politikwissenschaft schließlich verstärkt mit dem Einfluss von Institutionen auf individuelles Verhalten und Handeln sowie auf individuelle Werte, Normen und Einstellungen. Auch die experimentelle politikwissenschaftliche Forschung setzte hier an und führte vergleichende Untersuchungen zum Einfluss von Institutionen auf Akteure durch (McDermott 2004; Tomz 2007).

Schließlich wurden im Laufe der 1980er und 1990er Jahre Experimente auch innerhalb der gesamten Politikwissenschaft zunehmend wahrgenommen, sodass experimentell arbeitenden Politikwissenschaftlern durch erste Konferenzen und Publikationen in Fachzeitschriften eine wissenschaftliche Karriere ermöglicht wurde (Morton und Williams 2010; Iyengar 2011; Hamenstädt 2012). Anfang der 1980er Jahre wurde, wie bereits in der Einleitung erwähnt, eine eigene Zeitschrift für experimentelle Politikwissenschaft herausgegeben, die sich damals jedoch nicht etablieren konnte und bereits 1981 wieder eingestellt wurde. Die Zeitschrift *Experimental Study of Politics* wurde deshalb gegründet, weil experimentell forschende Politikwissenschaftler kritisierten, dass ihre Artikel von den etablierten Fachzeitschriften nicht angenommen wurden (Iyengar 2011). Das Journal beinhaltete insbesondere Experimente zum Wahlverhalten, zur Präsidentenpopularität, zur Massenkommunikation und zu Kampagnen sowie zum Entscheidungsverhalten von Gruppen.

Sprunghaft angestiegen ist dann der Einsatz von Experimenten im Bereich der Politikwissenschaft in den späten 1990er Jahren, wie dies an der Zeitschrift *American Political Science Review* (APSR) illustriert wird (siehe Abb. 2.1). Die Zahl der auf experimentellen Designs beruhenden Veröffentlichungen in renommierten Zeitschriften steigt seitdem kontinuierlich an (Horiuchi et al. 2007; Morton und

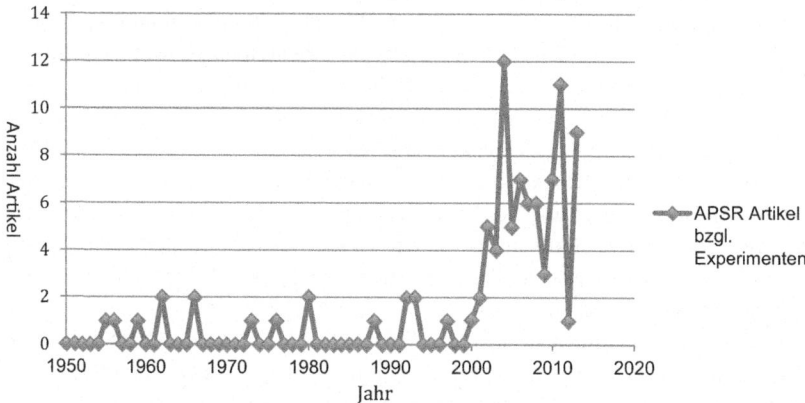

Abb. 2.1 Experimentelle Artikel in der American Political Science Review (APSR). (Eigene Darstellung)

2.3 Experimentelle Forschung in der angloamerikanischen Politikwissenschaft 21

Williams 2010).[4] In der 100. Ausgabe der APSR im Jahr 2006 wurde ein Aufsatz veröffentlicht, der sich mit der steigenden Bedeutung von Experimenten als Methode in der Politikwissenschaft auseinandersetzt. Eine Zeitreihe der publizierten Artikel in der Zeitschrift zeigt, dass seit den 1990er Jahren Experimente immer stärker vertreten sind (Druckman et al. 2006). Zu dem gleichen Ergebnis gelangen alle Überblicksaufsätze zu dem Thema, die sich international etablierte Publikationen anschauen.

Eine ähnliche Entwicklung zeigt sich auch in der Herausgabe verschiedener Sonderausgaben führender internationaler Fachzeitschriften im Bereich der Politikwissenschaft, die experimentelle Untersuchungen in den Mittelpunkt stellten, sowie in einigen Monografien und Sammelbänden seit den 1990er Jahren. Zu den bekanntesten Buchveröffentlichungen zählen Kinders und Palfreys (1993) *Experimental Foundations of Political Science*, das Lehrbuch *Experimental Political Science and the Study of Causality. From Nature to the Lab* von Morton und Williams (2010), das eher für fortgeschrittene Anwender geeignet ist, und das von Druckman (2011) herausgegebene *Cambridge Handbook of Experimental Political Science*, das einen guten Überblick bietet und in die politikwissenschaftliche Anwendung von Experimenten einführt.

Zu den Zeitschriften und jeweiligen Sonderheften zählen die *Political Analysis* (2002) mit dem Thema „Experimental Methods in Political Science" und die *Political Analysis* (2009) mit dem Thema „Natural Experiments in Political Science", die *American Behavioral Scientist* (2004), die sich insbesondere auf Feldexperimente fokussierte, und die *American Politics Research* (2009) mit dem Thema „Quasi-Experiments and Field Experiments in Political Science". Das Journal *Political Psychology* (2006) beschäftigte sich mit dem Thema „Experiments in Political Psychology". Darüber hinaus gibt es das E-Journal *Political Methods: Experiments & Experimental Design*, in dem häufig Arbeiten veröffentlicht werden, die sich insbesondere mit methodischen Fragen experimenteller Designs auseinandersetzen, und das *Journal of Experimental Political Science*.

Es zeigt sich, dass der politikwissenschaftliche Teilbereich der Internationalen Beziehungen eine der längsten Traditionen in der Durchführung von Experimenten hat, beispielsweise im Bereich von außenpolitischen Entscheidungsprozessen und internationalen Verhandlungen (Mintz und Geva 1993; Geva und Skorick 1999; Mintz 2004). Ähnliche experimentelle Arbeiten aus der vergleichenden Politikwissenschaft beschäftigen sich mit Koalitionsverhandlungen (Fréchette et al. 2003) und Wahlsystemen (Forsythe et al. 1996; Bowler et al. 2003). Auch gibt es zahlreiche Studien im Bereich der Demokratie- und Entwicklungsforschung (Wantchekon

---

[4] Für die folgenden Grafik wurde im November/Dezember nach den folgenden Begriffen gesucht: „Experiment", „Laboratory Experiment", „Field Experiment", „Survey Experiment".

2003) sowie der Kultur- und Identitätsforschung (Sniderman et al. 2004; Habyarimana et al. 2007). Experimentelle Untersuchungen aus dem Bereich der Politischen Theorie fokussieren sich insbesondere auf Fragen zu Gerechtigkeit (Frohlich und Oppenheimer 1992; Liebig et al. 2015) und Deliberation (Sulkin und Simon 2001). Dennoch wird immer wieder auf die fehlende Zusammenarbeit der Teilbereiche der Politikwissenschaft hingewiesen und kritisiert, so dass das Potenzial und der Nutzen experimenteller Studien oft vernachlässigt und nicht vollständig ausgeschöpft wird. Druckman (2011) führt hierzu an, dass Wissenschaftler, die beispielsweise zu Koalitionsbildungen, und Forscher, die zu internationalen Verhandlungen experimentell arbeiten, durch eine engere Kooperation stärker voneinander profitieren könnten. Ähnlich wäre es im Bereich von außenpolitischen und innenpolitischen Entscheidungsfragen. Aber diese Kritik trifft wohl auf die Politikwissenschaft insgesamt bzw. auf die Zusammenarbeit der einzelnen Teilbereiche im Allgemeinen zu. Generell halten Druckman und Lupia (2006, S. 109) fest, dass „[c]ontext, not methodology, is what unites our discipline […]. Political science is united by the desire to understand, explain, and predict important aspects of contexts where individual and collective actions are intimately and continuously bound".

Ein weiterer wichtiger Indikator für das wachsende Interesse an Experimenten in der Politikwissenschaft ist der Anstieg internationaler Konferenzen und Workshops zu Experimenten. So hat 2015 zum achten Mal die Konferenz „Experimental Political Science" am Center for Experimental Social Sciences der New York University stattgefunden. Innerhalb der American Political Science Association hat sich eine Sektion „Experimental Research" gegründet, und auch in internationalen Methodenworkshops werden regelmäßig Kurse zu Experimenten angeboten, etwa von der International Political Science Association (IPSA) oder dem European Consortium for Political Research (ECPR).

2.4 Experimentelle Forschung im deutschsprachigen Raum

Im deutschsprachigen Raum sieht das Feld der experimentellen Forschung erheblich anders aus. In Deutschland sind Experimentalstudien aufgrund praktischer und ethischer Skepsis lange Zeit eine Randerscheinung geblieben (Kittel 2009; Faas und Huber 2010), da sie meist als nicht anwendbar und invalide verworfen wurden. Die Ursachen hierfür sind insbesondere in der universitären Ausbildung deutscher Politikwissenschaftler zu finden. Während an US-amerikanischen Hochschulen das Erlernen und Anwenden von Experimenten einen wesentlichen Bestandteil der methodischen Ausbildung darstellt, spielen diese in Deutschland eine untergeordnete Rolle. Ein Blick in politikwissenschaftliche Einführungs- und Methodenlehrbücher zeigt, dass Experimente als Forschungsmethode bzw. Design

2.4 Experimentelle Forschung im deutschsprachigen Raum

kaum behandelt und diskutiert werden (Patzelt 2007; Pickel et al. 2015). Dies verdeutlicht auch der Überblicksartikel von Kittel (2009) zum Stand der Methoden innerhalb der Politikwissenschaft oder das Lehrbuch von Westle (2009) *Methoden der Politikwissenschaft*, in denen Experimente wenig bzw. gar keine Beachtung finden. Demnach fehlt es vielen Forschenden an Wissen und Vertrautheit in der methodischen Anwendung, die die Skepsis weiterhin unterstützt (Faas und Huber 2010, S. 724).

Eine Inhaltsanalyse von Artikeln in den anerkannten deutschen Fachzeitschriften seit 1990 bestätigt, dass die experimentelle politikwissenschaftliche Forschung noch weitgehend am Anfang steht. Zu den analysierten Zeitschriften gehören die *Politische Vierteljahresschrift* (PVS), die *Zeitschrift für Parlamentsfragen* (ZParl), die *Zeitschrift für Politikwissenschaft* (ZPol), die *Zeitschrift für Politik (ZfP)*, die *Kölner Zeitschrift für Soziologie und Sozialpsychologie* (KZfSS), die *Österreichische Zeitschrift für Politikwissenschaft* (ÖZfP) und der *Swiss Political Science Review* (SPSR).[5]

Während beispielsweise in der AJPS zwischen 2003 und 2014 116 Artikel zur experimentellen Forschung veröffentlicht wurden, waren es im gleichen Zeitraum in der PVS 8 und in der KZfSS 10 (siehe Abb. 2.2).

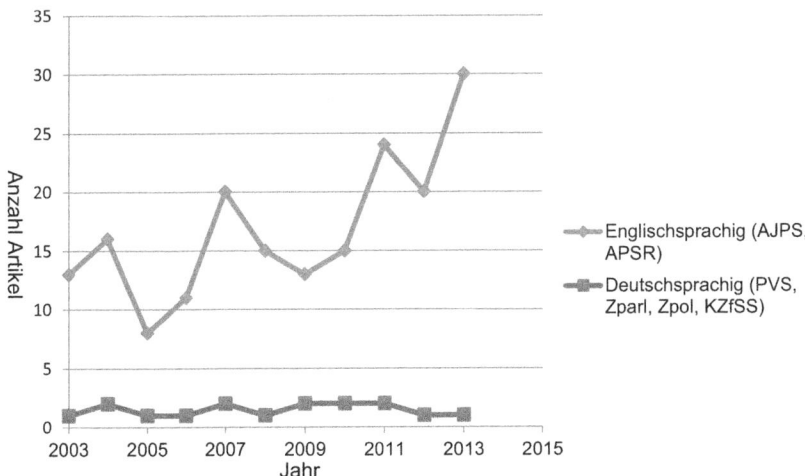

Abb. 2.2 Vergleich der englisch- und deutschsprachigen experimentellen Forschung seit 2000. (Eigene Darstellung)

---

[5] Für die Recherche wurde im November/Dezember 2014 nach den Begriffen „Experiment", „Experiment Politikwissenschaft", „Laborexperiment" oder „Feldexperiment" gesucht.

Einige der ersten experimentellen Forschungsbeiträge innerhalb des deutschsprachigen Raumes waren die folgenden Studien: Meffert und Gschwend (2011) untersuchten den Einfluss von Umfragen und Koalitionssignalen mithilfe von Laborexperimenten, indem sie strategisches Wahlverhalten in Mehrparteiensystemen mit Koalitionsbildungen simulierten,[6] Huber (2008) analysierte die Einstellungsbildung zu politischen Kandidaten, Klein und Rosar (2009) fragten nach dem Einfluss der physischen Attraktivität des Kandidaten auf das Wahlverhalten, Linhart und Huber (2009) untersuchten ein rationales Kalkül in Mehrparteiensystemen, Faas und Schoen (2010) prüften die Wirkung von Framing auf politische Einstellungen in Deutschland am Beispiel von zwei Themen. Huber (2010) analysierte anhand von Experimenten die Effekte von Ideologiehinweisen und des Kontextes des Parteienwettbewerbs auf die Wahrnehmung politischer Positionen seitens der Wähler (siehe hierzu auch Faas und Huber 2010, S. 724; siehe auch Linhart und Tepe 2015).

Vergleicht man nun die englischsprachige mit der deutschsprachigen experimentellen Forschung, zeigen sich erhebliche Unterschiede hinsichtlich der Anzahl der Publikationen und Konferenzen, der zur Verfügung stehenden Ressourcen wie Untersuchungslaboren und der Institutionalisierung insgesamt. Beispielsweise finden sich seit 2003 auf den Jahrestagungen der Sektion Methoden der Politikwissenschaft der Deutschen Vereinigung für Politische Wissenschaft (DVPW) nur vereinzelt Beiträge, die sich mit experimentellen Designs beschäftigen. 2012 gab es in Hamburg zum Thema „Empirische Methoden in der Politikwissenschaft. Entwicklungstrends und Anwendungsprobleme" erstmalig zwei Panels, die Experimente in der Politikwissenschaft thematisierten.[7] Die restliche deutschsprachige Konferenzlandschaft sieht hinsichtlich experimenteller Forschungsdesigns sehr bescheiden aus.

---

[6] Dieser Beitrag erschien im *European Journal of Political Research* und nicht in einer deutschsprachigen Zeitschrift.

[7] Diese nannten sich „Zur Methode des Experiments in der Politikwissenschaft" und „Experimentelle Politikwissenschaft". Daran nahmen unter anderem teil: Thorsten Faas (Experimente in der Politikwissenschaft), Konstantin Vössing (Experimentation and Comparative Politics), Heiko Rauhut/Fabian Winter (On the validity of laboratory research in the political and social sciences. The example of crime and punishment), Tanja Dannwolf/Gema García Albacete/Carsten Schmidt (Political participation, norms of citizenship, and heterogeneous motivation: Experimental and survey evidence), Bernhard Kittel/Jan Lorenz/Heiko Rauhut (Crowd wisdom and deliberative voting: Does deliberation improve estimation accuracy?) und Harald Schoen/Thorsten Faas (Staatshilfe für Opel? Eine Analyse von Framing-Effekten auf der Basis zweier Umfrageexperimente).

2.5 Zusammenfassung

Experimentelle Untersuchungen haben ihren Ursprung in den Naturwissenschaften. Das erste Experiment mit politikwissenschaftlichen Bezügen wurde von Gosnell in den 1920er Jahren in den USA durchgeführt. Es zeigt sich, dass die Anwendung von Experimenten sowohl für den englisch- als auch den deutschsprachigen Raum viele Jahrzehnte lang eher eine Randerscheinung in der Politikwissenschaft war. Es wird jedoch auch deutlich, dass experimentelles Arbeiten bereits eine lange Geschichte in den Sozialwissenschaften hat, insbesondere in der Psychologie, in der Kommunikationswissenschaft und deren Bereich der Medienwirkungsforschung, und in der Ökonomie. Viele dieser Studien weisen einen engen Zusammenhang mit politikwissenschaftlichen Fragestellungen auf und bereichern und ergänzen die Disziplin mit ihren Befunden. Die empirisch-analytisch arbeitende Politikwissenschaft blieb bisher dennoch eher auf die Methoden der Beobachtung und Befragung fokussiert. Gleichwohl halten Morton und Williams (2010, S. 11) fest: „Despite these preferences for survey, archival, and other observational data, political scientists are turning to experiments as a mainstream approach."

Was wichtig ist
- Experimente haben ihren Ursprung in den Naturwissenschaften.
- Das erste politikwissenschaftliche Experiment wurde von Gosnell (1927) in Chicago zur Mobilisierung von Wählern durchgeführt.
- Die englischsprachige experimentelle Politikwissenschaft hat sich bereits in den 1920/1930er Jahren entwickelt und war zunächst stark von soziologischen und kommunikationswissenschaftlichen Themenfeldern wie der Medienwirkungsforschung geprägt.
- Die deutsche experimentelle Politikwissenschaft ist noch sehr jung und weitgehend in ihren Anfängen. Die ersten Veröffentlichungen und Konferenzbeiträge erfolgten erst ab den 1990er Jahren, seither steigt die Zahl der Beiträge stetig an.
- Es zeigt sich eine voranschreitende Institutionalisierung und Etablierung eines eigenen experimentellen deutschsprachigen Forschungszweigs.

Literatur

Aldrich, J. H., & Lupia, A. (2011). Experiments and game theory's value to political science. In J. N. Druckman (Hrsg.), *Cambridge handbook of experimental political science* (S. 156–181). Cambridge: Cambridge University Press.

Asch, S. E. (1951). Effects of group pressure on the modification and distortion of judgments. In H. Guetzkow (Hrsg.), *Groups, leadership and men* (S. 177–143). Pittsburgh: Carnegie Press.

Behnke, J., Baur, N., & Behnke, N. (2006). *Empirische Methoden der Politikwissenschaft*. Paderborn: Schöningh.

Blydenburgh, J. C. (1971). A controlled experiment to measure the effects of personal contact campaigning. *Midwest Journal of Political Science, 15*(2), 365–381.

Bortz, J., & Döring, N. (2009). *Forschungsmethoden und Evaluation. Für Human- und Sozialwissenschaftler*. Heidelberg: Springer.

Bositis, D. A., & Steinel, D. (1987). A synoptic history and typology of experimental research in political science. *Political Behavior, 9*(3), 263–284.

Bowler, S., Donovan, T., & Brockington, D. (2003). *Electoral reform and minority representation: Local experiments with alternative elections*. Ohio State University Press.

Downs, A. (1957). *An economic theory of democracy*. New York: Harper & Row.

Druckman, J. N. (Hrsg.). (2011). *Cambridge handbook of experimental political science*. Cambridge: Cambridge University Press.

Druckman, J. N., & Lupia, A. (2006). Mind, will, and choice. In R. E. Goodin & C. Tilly (Hrsg.), *The Oxford handbook of contextual political analysis* (S. 97–113). Oxford: Oxford University Press.

Druckman, J. N., Green, D. P., Kurklinski, J. H., & Lupai, A. (2006). The growth and development of experimental research in political science. *American Political Science Review, 100*(4), 627–635.

Edwards, W., Miles, R. F., & Winterfeldt, D. V. (2007). *Advances in decision analysis. From foundations to applications*. Cambridge: Cambridge University Press.

Eifler, S. (2014). Experiment. In N. Baur (Hrsg.), *Handbuch Methoden der empirischen Sozialforschung* (S. 195–210). Wiesbaden: Springer VS.

Eldersveld, S. J. (1956). Experimental propaganda techniques and voting behavior. *American Political Science Review, 50*, 154–165.

Faas, T., & Huber, S. (2010). Experimente in der Politikwissenschaft. Vom Mauerblümchen zum Mainstream. *Politische Vierteljahresschrift, 51*(4), 721–749.

Faas, T., & Schoen, H. (2010). Mehrwertsteuer und Staatsverschuldung. Lassen sich die Einstellungen der Bevölkerung durch Framing verschieben? In T. Faas, K. Arzheimer, & S. Roßteutscher (Hrsg.), *Information – Wahrnehmung – Emotion* (S. 123–143). Wiesbaden: VS Verlag für Sozialwissenschaften.

Forsythe, R., Rietz, T., Myerson, R., & Weber, R. (1996). An experimental study of voting rules and polls in three-candidate elections. *International Journal of Game Theory, 25*(3), 355–383.

Fréchette, G. R., Kagel, J. H., & Lehrer, S. F. (2003). Bargaining in legislatures. An experimental investigation of open versus closed amendment rules. *American Political Science Review, 97*(2), 221–232.

Friedman, D., & Sunder, S. (1994). *Experimental methods. A primer for economists*. Cambridge: Cambridge University Press.

Literatur

Frohlich, N., & Oppenheimer, J. A. (1992). *Choosing justice. An experimental approach to ethical theory*. Berkeley: University of California Press.

Gerber, A. S. (2011). Field experiments in political science. In J. N. Druckman (Hrsg.), *Cambridge handbook of experimental political science* (S. 206–251). Cambridge: Cambridge University Press.

Gerber, A. S., & Green, D. P. (2000). The effects of canvassing, direct mail, and telephone contact on voter turnout. A field experiment. *American Political Science Review, 94*, 653–663.

Geva, N., & Skorick, J. M. (1999). Information inconsistency and the cognitive algebra of foreign policy decision making. *International Interactions, 25*(4), 333–362.

Gosnell, H. F. (1927). *Getting-out-the-vote. An experiment in the stimulation of voting*. Chicago: The University of Chicago Press.

Green, D. P., & Gerber, A. S. (2002). Reclaiming the experimental tradition in political science. In I. Katznelson & H. V. Milner (Hrsg.), *Political science. State of the discipline* (S. 805–832). New York: W. W. Norton.

Green, D. P., & Gerber, A. S. (2003). The underprovision of experiments in political science. *The Annals of the American Academy of Political and Social Science, 589*(1), 94–112.

Guala, F. (2005). *The methodology of experimental economics*. Cambridge: Cambridge University Press.

Güth, W., Schmittberger, R., & Schwarze, B. (1982). An experimental analysis of ultimatum bargaining. *Journal of Economic Behavior & Organization, 3*(4), 367–388.

Habyarimana, J., Humphrey, J., Posner, D., & Weinstein, J. (2007). Why does ethnic diversity undermine public goods provision? *American Political Science Review, 101*(4), 709–725.

Hamenstädt, U. (2012). *Die Logik des politikwissenschaftlichen Experiments. Methodenentwicklung und Praxisbeispiel*. Wiesbaden: VS Verlag für Sozialwissenschaften.

Hartmann, G. W. (1936). A field experiment on the comparative effectiveness of „emotional" and „rational" political leaflets in determining election results. *The Journal of Abnormal and Social Psychology, 31*(1), 99–114.

Heller, J. (2012). *Experimentelle Psychologie. Eine Einführung*. München: Oldenbourg.

de Herdt, T. (2003). Cooperation and fairness. The flood-Dresher experiment revisited. *Review of Social Economy, 61*(2), 183–210.

Horiuchi, Y., Imai, K., & Taniguchi, N. (2007). Designing and analyzing randomized experiments. Application to a Japanese election survey experiment. *American Journal of Political Science, 51*(3), 669–687.

Hovland, C. I., Lumsdaine, A. A., & Sheffield, F. D. (1949). *Experiments on mass communication*. Princeton: Princeton University Press.

Huber, S. (2008). Personalisierung der Politik, Informationsverarbeitung und institutioneller Kontext. Eine experimentelle Studie. In J. Pollack (Hrsg.), *Politik und Persönlichkeit* (S. 139–154). Wien: Facultas.

Huber, S. (2010). Kognition und Motivation bei der Wahrnehmung politischer Positionen: Eine experimentelle Untersuchung zur Rolle von Ideologie-Hinweisen. In T. Faas, K. Arzheimer, & S. Roßteutscher (Hrsg.), *Information – Wahrnehmung – Emotion* (S. 145–168). Wiesbaden: VS Verlag für Sozialwissenschaften.

Ingham, A. G., Levinger, G., Graves, J., & Peckham, V. (1974). The Ringelmann effect: Studies of group size and group performance. *Journal of Experimental Social Psychology, 10*(4), 371–384.

Iyengar, S. (2011). Laboratory experiments in political science. In J. N. Druckman (Hrsg.), *Cambridge handbook of experimental political science* (S. 126–155). Cambridge: Cambridge University Press.

Iyengar, S., & Kinder, D. R. (1987). *News that matters. Television and American opinion.* Chicago: University of Chicago Press.

Jackson, M., & Cox, D. R. (2013). The principles of experimental design and their application. *Annual Review of Sociology, 39*(1), 27–49.

Keizer, K., Lindenberg, S., & Steg, L. (2008). The spreading of disorder. *Science, 322*(5908), 1681–1685.

Keuschnigg, M., & Wolbring, T. (2015). Physical disorder, social capital, and norm violation: Three field experiments on the Broken Windows Thesis. *Rationality and Society, 27*(1), 96–126.

Kinder, D. R., & Palfrey, T. R. (1993). *Experimental foundations of political science.* Ann Arbor: University of Michigan Press.

Kittel, B. (2009). Eine Disziplin auf der Suche nach Wissenschaftlichkeit. Entwicklung und Stand der Methoden in der deutschen Politikwissenschaft. *Politische Vierteljahresschrift, 50*(3), 577–603.

Klein, M., & Rosar, U. (2009). Sie, Sie, Sie oder Er? Die Kanzlerkandidatur von Angela Merkel im Spiegel der Daten einer experimentellen Befragung. In O. W. Gabriel, B. Wessels, & J. W. Falter (Hrsg.), *Wahlen und Wähler. Analysen aus Anlass der Bundestagswahl 2005* (S. 346–357). Wiesbaden: VS Verlag für Sozialwissenschaften.

Klimmt, C., & Weber, R. (2013). Das Experiment in der Kommunikationswissenschaft. In W. Möhring & D. Schlütz (Hrsg.), *Handbuch standardisierte Erhebungsverfahren in der Kommunikationswissenschaft* (S. 125–144). Wiesbaden: Springer VS.

Kodex, N. (1997). Hg. v. Internationale Ärzte für die Verhütung des Atomkrieges – Ärzte in sozialer Verantwortung e. V. http://www.ippnw.de/der-verein/geschichte-der-ippnw/erklaerungen/artikel/a10ee23bfa/nuernberger-kodex-1997.html. Zugegriffen: 1. Okt. 2015.

Liebig, S., Sauer, C., & Friedhoff, S. (2015). Empirische Gerechtigkeitsforschung mit dem faktoriellen Survey. In M. Keuschnigg & T. Wolbring (Hrsg.), *Experimente in den Sozialwissenschaften. Sonderband der Sozialen Welt* (S. 316–334). Baden-Baden: Nomos.

Linhart, E., & Huber, S. (2009). Der rationale Wähler in Mehrparteiensystemen. Theorie und experimentelle Befunde. In C. Henning, E. Linhart, & S. Shikano (Hrsg.), *Parteienwettbewerb, Wählerverhalten und Koalitionsbildung. Festschrift zum 70. Geburtstag von Franz Urban Pappi* (S. 133–160). Baden-Baden: Nomos.

Linhart, E., & Tepe, M. (2015). Rationales Wählen in Mehrparteiensystemen mit Koalitionsregierungen. Eine laborexperimentelle Untersuchung. *Politische Vierteljahresschrift, 56*(1), 44–76.

Lund, E. J. (1925). Experimental control of organic polarity by the electric current. V. The nature of the control of organic polarity by the electric current. *Journal of Experimental Zoology, 41*(2), 155–190.

McDermott, R. (2004). *Political psychology in international relations.* Ann Arbor: University of Michigan Press.

Meffert, M. F., & Gschwend, T. (2011). Polls, coalition signals and strategic voting. An experimental investigation of perceptions and effects. *European Journal of Political Research, 50*(5), 636–667.

Mintz, A. (2004). Foreign policy decision making in familiar and unfamiliar settings: An experimental study of high-ranking military officers. *Journal of Conflict Resolution, 48*(1), 91–104.
Mintz, A., & Geva, N. (1993). Why don't democracies fight each other? An experimental study. *Journal of Conflict Resolution, 37*(3), 484–503.
Moore, U., & Callhan, C. C. (1943). Law and learning theory. A study in legal control. *The Yale Law Journal, 53*(1), 1–136.
Morton, R. B., & Williams, K. C. (Hrsg.). (2010). *Experimental political science and study of causality. From nature to the lab.* Cambridge: Cambridge University Press.
Morton, R. B., & Williams, K. C. (2012). Experimente in der Politischen Ökonomie. In T. Bräuninger, A. Bächtiger, & S. Shikano (Hrsg.), *Jahrbuch für Handlungs- und Entscheidungstheorie, Bd. 7: Experiment und Simulation* (S. 13–30). Wiesbaden: VS Verlag für Sozialwissenschaften.
Ordeshook, P. C. (1986). *Game theory and political theory. An introduction.* Cambridge: Cambridge University Press.
Ostrom, E. (1990). *Governing the commons. The evolution of institutions for collective action.* Cambridge: Cambridge University Press.
Patzelt, W. J. (2007). *Einführung in die Politikwissenschaft. Grundriß des Faches und studiumbegleitende Orientierung* (6., erneut überarb. Aufl.). Passau: Wiss.-Verl. Rothe.
Petersen, T. (2002). *Das Feldexperiment in der Umfrageforschung.* Frankfurt a. M.: Campus.
Pickel, S., Pickel, G., Lauth, H.-J., & Jahn, D. (2015). *Methoden der vergleichenden Politik- und Sozialwissenschaft. Neue Entwicklungen und Anwendungen.* Wiesbaden: VS Verlag für Sozialwissenschaften.
Raub, W., Buskens, V., & Corten, R. (2015). Social dilemmas and cooperation. In N. Braun & N. J. Saam (Hrsg.), *Handbuch Modellbildung und Simulation in den Sozialwissenschaften* (S. 597–626). Wiesbaden: Springer Fachmedien.
Reiß, S., & Sarris, V. (2012). *Experimentelle Psychologie. Von der Theorie zur Praxis* (2. Aufl.). München: Pearson.
Roelcke, V. (2004). *Twentieth century ethics of human subjects research. Historical perspectives on values, practices, and regulations.* Stuttgart: Steiner.
Roethlisberger, F. J., & Dickson, W. (1939). *Management and the worker: An account of a research program conducted by the Western Electric Company.* Chicago: Hawthorne Works.
Rowley, C. K., & Schneider, F. (2004). *The Encyclopedia of public choice.* Dordrecht: Kluwer.
Schmidt, M. G. (2004). *Wörterbuch zur Politik* (2., vollständig überarb. und erw. Aufl.). Stuttgart: Kröner.
Schneider, V., & Janning, F. (2006). *Politikfeldanalyse. Akteure, Diskurse und Netzwerke in der öffentlichen Politik.* Wiesbaden: VS Verlag für Sozialwissenschaften.
Sherif, M. O., Harvey, O. J., White, B. J., & Sherif, C. W. (1954): *Experimental study of positive and negative intergroup attitudes between experimentally produced groups: Robbers cave study.* Oklahoma: Norman.
Simons, D. J., & Chabris, C. F. (1999). Gorillas in our midst. Sustained inattentional blindness for dynamic events. *Perception, 28,* 1059–1074.
Sniderman, P., Hagendoorn, L., & Prior, M. (2004). Predisposing factors and situational triggers. Exclusionary reactions to immigrant minorities. *American Political Science Review, 98*(1), 35–49.

Stouffer, S. A., Suchman, E. A., DeVinney, L. C., Star, S. A., & Williams, R. M. Jr. (1949). *Studies in social psychology in World War II: The American soldier. Vol. 1, Adjustment during army life*. Princeton: Princeton University Press.
Sulkin, T., & Simon, A. (2001). Habermas in the lab. A study of deliberation in an experimental setting. *Political Psychology, 22*, 809–826.
Tajfel, H. (1981). *Human groups and social categories. Studies in social psychology*. Cambridge: Cambridge University Press.
Tajfel, H., & Turner, J. C. (1986). The social identity theory of intergroup behavior. In S. Worchel & W. G. Austin (Hrsg.), *Psychology of intergroup relations* (S. 7–24). Chicago: Nelson-Hall.
Tomz, M. (2007). Domestic audience costs in international relations: An experimental approach. *International Organization, 61*(4), 821–840.
Wantchekon, L. (2003). Clientelism and voting behavior. *World Politics, 55*(3), 399–422.
Westle, B. (Hrsg.). (2009). *Methoden der Politikwissenschaft*. Baden-Baden: Nomos.
Wilson, J. Q., & Kelling, G. L. (1982). The police and neighborhood safety: Broken Windows. *The Atlantic Monthly, 125*(3), 29–39.
Wundt, W. (2004). *Grundriss der Psychologie. Reprint der Ausg. Leipzig, Engelmann, 1896*. Düsseldorf: VDM Verlag Dr. Müller.
Zimbardo, P. G., Gerrig, R. J., & Graf, R. (2008). *Psychologie* (18., aktualisierte Aufl.). München: Pearson.
Zimmermann, E. (2015). Das Experiment in den Sozialwissenschaften. Entwicklungen und Chancen. In M. Keuschnigg & T. Wolbrnig (Hrsg.), *Experimente in den Sozialwissenschaften. Sonderband der Sozialen Welt* (S. 17–33). Baden-Baden: Nomos.

Empfohlene Literatur

Druckman, J. N., et al. (2011). *Cambridge handbook of experimental political science*. Cambridge: Cambridge University Press. (Einführendes Werk zu Experimenten in der Politikwissenschaft).
Kinder, D. R., & Palfrey, T. R. (1993). *Experimental foundations of political science*. Ann Arbor: University of Michigan Press. (Geschichtlicher Überblick zur experimentellen Forschung).
Morton, R. B., & Williams, K. C. (2010). *Experimental political science and the study of causality. From nature to the lab*. Cambridge: Cambridge University Press. (Darin Kapitel 1: The advent of experimental political science, S. 3–27. (Einführender Artikel zu Experimenten in der Politikwissenschaft)).
Stoker, G., & Margetts, H. (2010). The experimental method: Prospects for laboratory and field studies (Kapitel 15). In D. Marsh & G. Stoker (Hrsg.), *Theory and methods in political science* (S. 308–324). Basingstoke: Palgrave Macmillan. (Vertiefendes Kapitel zur experimentellen Forschung).

Zur Logik experimenteller Forschung 3

3.1 Ziele experimenteller Forschung

Neben dem Nachweis von Kausalbeziehungen zwischen Variablen verfolgt die experimentelle Forschung nach Roth (1995) vor allem drei Ziele, die insgesamt dem wissenschaftlichen Erkenntnisfortschritt dienen: 1) die Überprüfung und Weiterentwicklung von Kausaltheorien, 2) die systematische Gewinnung empirischen Datenmaterials sowie 3) den Dialog mit politischen Entscheidungsträgern. Roth spricht in diesem Zusammenhang jeweils von „speaking to theorists", „searching for facts" und „whispering in the ears of princes" (Roth 1995, S. 22; siehe dazu auch Guala 2005, S. 141–160).

3.1.1 Überprüfung und Weiterentwicklung von Kausaltheorien

Ein zentrales Ziel experimenteller Forschung ist sowohl die empirische Überprüfung und Weiterentwicklung bestehender Theorien als auch die Gewinnung neuer Erkenntnisse für theoretische und empirische Debatten. Dieses Ziel nennt Roth (1995, S. 22) „speaking to theorists". Mit Theorien sind hierbei oftmals Modelle aus der formalen Modellierung gemeint, die auf die Analyse von individuellen oder kollektiven Handlungen und Interaktionen abzielen, insbesondere aus der Handlungs-, Entscheidungs- und Spieltheorie, die wichtige Quellen der experimentellen politikwissenschaftlichen Forschung darstellen. Formale politische Modelle sind eine mathematische Repräsentation eines realen politischen Prozesses. Da mit dieser Repräsentation der Wirklichkeit meist ein hoher Grad an Abstraktion verbunden ist, ist es oft schwierig, diese Modelle durch reine Beobachtungsdaten empirisch zu überprüfen. Das liegt vor allem daran, dass die dem

Modell zugrunde liegenden Mechanismen nicht direkt zu beobachten sind oder nicht genügend Variation bzw. Variabilität in den Beobachtungswerten für statistische Inferenz beinhalten. Experimentelle Untersuchungen dagegen ermöglichen empirische Tests von formalen Modellen, da die Kenngrößen eines Modells in einem experimentellen Design nachgebildet werden können. Mithilfe von Versuchspersonen können so die Vorhersagen des Modells in künstlichen Räumen überprüft werden (Morton und Williams 2012). Inwieweit die genaue Überprüfung und Weiterentwicklung von Theorien und formalen Modellen wiederum möglich ist, hängt davon ab, wie gut experimentelle Forschung auf spezifische politikwissenschaftliche Fragestellungen anzuwenden und wie valide die Umsetzung ist. Dazu müssen politikwissenschaftliche Theorien und Hypothesen möglichst genau in die entsprechenden experimentellen Designs übertragen werden. Denn gerade dem Experiment wird eine sehr kleinteilige, detailtreue Aufgabe im Forschungszusammenhang zugeschrieben, beispielsweise in der Anwendung zur Grundlagenforschung, und weniger die Untersuchung von großen Zusammenhängen. Auf diese Art tritt nach Roth (1995) die experimentelle Forschung in einen Dialog mit stärker theoretisch arbeitenden Forschern des jeweiligen Untersuchungsfeldes.

3.1.2 Systematische Gewinnung empirischen Datenmaterials

Ein weiteres Ziel von Experimenten ist die systematische Generierung von empirischen Daten, auf deren Grundlage neue Theorien entwickelt werden können. Dieses Ziel bezeichnet Roth (1995, S. 22) als „searching for facts". Mithilfe von Experimenten lassen sich, wie bereits erwähnt, einzelne Faktoren auf ihre kausalen Effekte hin prüfen, deren Einflussgrößen vergleichen und somit mögliche gegensätzliche Befunde der bisherigen Forschung auflösen. Dabei ist das Ziel, verschiedene Erklärungsfaktoren sowie widersprüchliche empirische Ergebnisse aus vorangegangenen Studien zu überprüfen. Auf diese Art können neue Hypothesen formuliert, Alternativerklärungen und vermittelnde Wirkungsmechanismen bestehender Befunde getestet oder Randbedingungen für bereits nachgewiesene Kausalzusammenhänge spezifiziert werden. Experimente können damit die Robustheit von Forschungsergebnissen systematisch überprüfen (McDermott 2002). Dies geschieht, indem jeweils kleinere oder größere Änderungen im experimentellen Design vorgenommen, weitere vermittelnde Faktoren aufgenommen werden und der Kontext der Erhebung variiert wird. Das heißt, Experimente ermöglichen durch die Replikation, also die Wiederholung der Untersuchung zu unterschiedlichen Zeitpunkten mit unterschiedlichen Versuchspersonen (beispielsweise durch

Variationen der Nationalitäten, des Alters, des Geschlechts, des Bildungsstands, der religiösen Zugehörigkeiten), einen kumulativen wissenschaftlichen Fortschritt. Dieser Anspruch richtet sich jedoch nicht nur an die experimentelle Forschung, sondern an alle Arten empirischer Analysen (King 1995). Experimentelle Forschung bietet sich hierfür in idealtypischer Weise an, verspricht sie doch durch die genaue Offenlegung der eingesetzten experimentellen Designs, die damit verknüpfte Möglichkeit zielgenauer Änderungen des entsprechenden Designs in Folgestudien und die Rückbindung an zugrunde liegende Theorien und Hypothesen einen hohen Erkenntnisgewinn. Experimente sind deshalb besonders gut geeignet, um sich von der häufig kritisierten „one-shot-research" zu lösen und stattdessen „programmatic research" zu betreiben (McDermott 2002; Huber 2012). Auf diese Art tritt die experimentelle Forschung in einen engen und intensiven Dialog mit der traditionellen empirischen Forschung.

3.1.3 Dialog mit politischen Entscheidungsträgern

Das dritte Ziel von Experimenten bezeichnet Roth als „whispering in the ears of princes" (1995, S. 22). Diese Funktion umfasst das Testen von Annahmen unter bestimmten „Umweltbedingungen" oder von Auswirkungen politischer Innovationen wie von Institutionen, Regulierungen etc. zur Theorieüberprüfung, aber auch zur Ableitung konkreter Politikempfehlungen bzw. Politikberatung (Campbell 1969). Roth führt dazu an, dass „[the] experimental environment is designed to resemble closely, in certain respects, the naturally occurring environment that is the focus of interest for the policy purposes at hand" (Roth 1995, S. 22). Dies beinhaltet die Analyse von Annahmen in einer Art „Windtunnel", die dadurch gekennzeichnet ist, dass Variablen wie in einem Windtunnel unter sich verändernden Bedingungen untersucht werden. Das Ziel ist hierbei, die genaue Wirkung dieser Variablen zu bestimmen, das heißt ihren Effekt und den Kausalzusammenhang, in dem sie stehen. Zur Schaffung dieses Windtunnels wird häufig die zufällige Aufteilung der Probanden in Experimental- und Kontrollgruppe und die künstliche Umgebung des Labors genutzt. So werden etwa bestimmte Politikinstrumente wie die Einführung von Gesetzen oder politischen Maßnahmen unter gewollt künstlichen Bedingungen auf ihre spezifische Wirkungsweise in unterschiedlichen Kontexten, etwa in unterschiedlichen Bundesländern, hin überprüft (zum Beispiel Cover und Brumberg 1982). Dies ist auch umgekehrt möglich, das heißt, es können auch unterschiedliche Politikinstrumente in der gleichen Umgebung getestet werden. Die Künstlichkeit der hierdurch geschaffenen Umgebungen wird oftmals nicht nur hingenommen, sondern ist in vielen Fällen intendiert. Denn durch sie kann eine bessere Kontrolle ausgeübt werden, wodurch sich der Zusammenhang zwischen der Wirkung bestimmter Variablen besser nachweisen lässt. Bei der Ableitung von konkreten Handlungsempfehlungen für politische Entscheidungsträger sollte jedoch mit Vorsicht vorgegangen werden, da Experimente oft mit Generalisierungsproblemen zu kämpfen haben und sich experimentelle Befunde nicht einfach auf die Realität bzw. politische Praxis übertragen lassen. Dennoch werden auf der Basis von experimentellen Untersuchungen verstärkt konkrete Praxisempfehlungen, insbesondere von Ökonomen, getroffen (Hamenstädt 2015).

3.2 Experimentelle Variablen

Ein *Experiment* ist eine methodisch angelegte Untersuchung zur empirischen Gewinnung von Informationen bzw. Daten, die das Ziel verfolgt, mögliche Kausalzusammenhänge zu überprüfen (Morton und Williams 2010). Das heißt, das Experiment stellt eine Logik der jeweiligen Untersuchungsplanung dar. Dabei ist eines der wesentlichen Merkmale bei der Durchführung, dass der Forscher aktiv in das Geschehen, das heißt in den Datenerhebungsprozess, eingreift. Seine Aufgabe besteht darin, mindestens eine *unabhängige Variable* X (=Ursache) systematisch zu variieren, um zu analysieren, ob und wie die unterschiedlichen Ausprägungen der unabhängigen Variablen sich auf mögliche Veränderungen der *abhängigen Variablen* Y (=Wirkung bzw. Effekt) auswirken (Heller 2012). Das heißt, um eine Kausalbeziehung zwischen Variablen empirisch überprüfen zu können, muss sowohl Varianz im Auftreten von X (tritt ein/tritt nicht ein), als auch Varianz im Auftreten von Y (tritt ein/tritt nicht ein) vorliegen. Der Psychologe Wundt (1907) hat im Rahmen seiner allgemeinen Regeln der experimentellen Methode hierzu ausgearbeitet, dass der Forscher den zu untersuchenden Vorgang willkürlich in Gang setzen und dabei die Bedingungen bzw. Variablen, die vermutlich zu einer bestimmten Wirkung führen, in geplanter Weise variieren lassen muss. Der zu untersuchende Vorgang muss dabei protokollierbar und wiederholbar sein.

Als *Variablen* werden im Rahmen eines Experiments diejenigen Größen bezeichnet, die sich während der Durchführung verändern können und die nach ihrer Rolle bzw. Funktion innerhalb des Experiments unterschieden werden. Die manipulierten Variablen werden als unabhängige Variablen bezeichnet und repräsentieren bezüglich der mit einem Experiment intendierten Aufdeckung eines Kausalzusammenhangs eine Ursache. Im Hinblick auf die Anzahl der unabhängigen Variablen wird zwischen *einfaktoriellen* und *mehrfaktoriellen* Experimenten unterschieden, je nachdem, ob eine oder mehrere unabhängige Variablen gleichzeitig manipuliert werden. Der Effekt der Variation der unabhängigen Variablen auf mindestens eine weitere Variable wird registriert. Da diese Variablen von dem im Experiment gezeigten Verhalten der Probanden abhängen, werden sie als abhängige Variablen bezeichnet. Mit den abhängigen Variablen wird im Kontext des untersuchten Kausalzusammenhangs die Wirkung beschrieben. Nach der Anzahl der betrachteten abhängigen Variablen wird in der experimentellen Forschung zwischen *univariaten* und *multivariaten* Experimenten unterschieden. Während univariate Experimente eine einzige abhängige Variable verwenden, werden in multivariaten Experimenten mehrere abhängige Variablen erhoben (Heller 2012).

Für den Nachweis einer kausalen Beziehung zwischen Ursache (unabhängige Variable) und Wirkung (abhängige Variable) werden von Mill drei notwendige Bedingungen angegeben: Erstens muss die Ursache der Wirkung zeitlich vorausgehen und zweitens muss sie mit dieser kovariieren, das heißt, beide müssen miteinander einhergehen. Drittens müssen alternative Erklärungen für die Beziehung zwischen der Ursache und der Wirkung ausgeschlossen werden. Um zu untersuchen, ob und wie die unterschiedlichen Ausprägungen der unabhängigen Variablen X sich auf mögliche Veränderungen der abhängigen Variablen Y auswirken, muss der Forscher daher mögliche Wirkungen anderer Variablen, sogenannter *Stör- oder Drittvariabeln*, ausschalten bzw. kontrollieren (Ceteris-paribus-Klausel) (Morton und Williams 2010). Kanitsar und Kittel (2015, S. 381) sprechen hier auch von der sogenannten „Isolation" – als eines der Prinzipien neben der Identifikation, auf denen die experimentelle Methode basiert. Isolation wird definiert als „die Abschirmung des zentralen Zusammenhangs von Drittvariablen." Die Identifikation eines kausalen Zusammenhangs erfolgt dabei durch die „systematische Manipulation des Untersuchungsdesigns in den Versuchsgruppen" (Kanitsar und Kittel 2015, S. 381).

Stör- bzw. Drittvariablen sind Faktoren, die im Ablauf eines Experiments unkontrolliert auftreten können und die abhängige Variable beeinflussen. Die Kontrolle von Störvariablen, die den Untersuchungsablauf und die Versuchssituation betreffen, soll sicherstellen, dass sich die äußeren Rahmenbedingungen der Untersuchungsdurchführung bis auf die unabhängigen Variablen nicht unterscheiden. Das heißt, die natürlichen Umweltbedingungen müssen vom Forscher so weit manipuliert werden, dass nur noch eine einzige Ursache übrig bleibt, um die vermutete Wirkung der unabhängigen Variablen auf die abhängige Variable herauszufiltern (McDermott 2002; Druckman et al. 2006). Dieses Vorgehen wird in Abb. 3.1 verdeutlicht.

Störvariablen können in unterschiedlichen Formen auftreten. Dabei ist zwischen *personen-* und *situationsgebundenen* Störvariablen zu unterscheiden. Personengebundene Variablen sind durch Eigenschaften der beteiligten Versuchspersonen

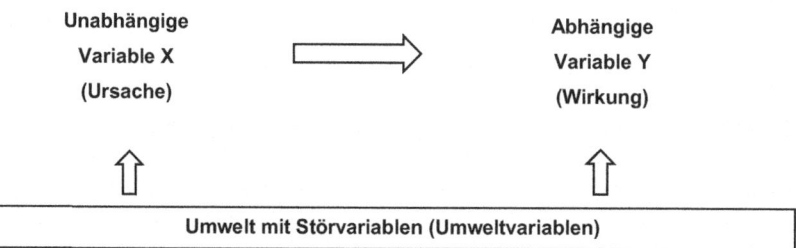

Abb. 3.1 Experimentelle Variablen. (Eigene Darstellung)

(Alter, Geschlecht, Bildungsgrad etc.) bedingt, die auf die abhängige Variable Einfluss nehmen können. Beispielsweise hat der vorherige Bildungsstand und das politische Interesse des Probanden einen Einfluss, wenn untersucht werden soll, wie sich bestimmte Informationen, die im Experiment gegeben werden könnten (unabhängige Variable X), auf die Wahlentscheidung der jeweiligen Person (abhängige Variable Y) auswirken. Diese möglichen Einflussgrößen können durch eine Vorabbefragung der Teilnehmer kontrolliert werden. Situationsgebundene Störvariablen sind hingegen bedingt durch den jeweiligen Untersuchungsablauf und Merkmale der experimentellen Situation wie stattfindende Gespräche zwischen Probanden (Informationsaustausch) oder mögliche Beziehungen zwischen den Probanden, über die der Versuchsleiter keine Kenntnis hat (Bortz und Döring 2009). So kann eine Interaktion von Probanden während oder zwischen experimentellen Untersuchungen Auswirkungen auf den Messvorgang haben.

Darüber hinaus können die Effekte von Störvariablen *unsystematischer* oder *systematischer* Art sein. Wenn die Ausprägungen der Störvariablen nicht mit denen der unabhängigen Variablen X zusammenhängen, so resultiert daraus ein unsystematischer Fehler. Es ergibt sich eine Überlagerung mit den von der unabhängigen Variablen verursachten Effekten. Systematische Fehler treten auf, wenn die Ausprägungen der Störvariablen nicht unabhängig von denen der unabhängigen Variablen sind. Es wird in diesem Zusammenhang von einer *Konfundierung* der Variablen gesprochen. Die Störvariable verursacht dann bei verschiedenen Ausprägungen der unabhängigen Variablen unterschiedliche Effekte. In experimentellen Untersuchungen ist deshalb darauf zu achten, dass sich die durch die unabhängigen Variablen definierten Versuchsbedingungen nicht auch noch bezüglich damit konfundierter Variablen unterscheiden (Heller 2012). Das Problem der Konfundierung wird anhand eines Beispiels später ausführlicher diskutiert (siehe Kapitel 6.1).

Insgesamt gilt, dass in jedem Experiment die sogenannte „stable unit treatment value assumption" (abgekürzt SUTVA) (Rubin 1986) erfüllt sein muss. Diese besagt, dass alle Versuchsteilnehmer, sowohl in der Versuchs- als auch in der

Kontrollgruppe, das Experiment, unter denselben sozialen Bedingungen erfahren müssen. Diese Bedingung ist besonders bei sozialwissenschaftlichen Experimenten jedoch kaum vollständig zu erfüllen (Gangl 2010). Um der Erfüllung dieser Bedingung möglichst nahe zu kommen, spielen die folgenden Kontrolltechniken eine entscheidende Rolle in der Durchführung experimenteller Untersuchungen.

3.3 Kontrolltechniken

3.3.1 Randomisierung

In der experimentellen Forschung ist die *Kontrolle* des gesamten Untersuchungsablaufs durch den Forscher für den Erfolg eines Experiments entscheidend. Zum einen werden die zentralen erklärenden Variablen, die manipuliert werden, kontrolliert. Zum anderen erfolgt die Kontrolle der Störfaktoren in erster Linie durch die *Randomisierung* der Teilnehmer, das heißt durch die zufällige Aufteilung der Probanden auf die verschiedenen experimentellen Bedingungen: die Experimental- und die Kontrollgruppe. Die randomisierte Verteilung in verschiedene Gruppen ist eines der wichtigsten definierenden Merkmale und Kennzeichen eines guten Experiments. Die Gruppe, die ein *Treatment* erhält, wird dabei Experimentalgruppe genannt. Die Gruppe, die keines erhält, ist die Kontrollgruppe. Ein Treatment (T), abgeleitet aus dem englischen Wort für „Behandlung", bezeichnet in der empirischen Sozialforschung eine Art Maßnahme, der die Experimentalgruppe in einem Experiment ausgesetzt wird, um nach dem erfolgten Treatment Aussagen über vorab aufgestellte Hypothesen treffen zu können. Treatments dienen in der experimentellen Forschung sowohl der Testung als auch der Generierung von Hypothesen (Behnke et al. 2006). Ein Beispiel für ein Treatment in einem politikwissenschaftlichen Experiment wäre die Menge an Informationen, die einem Wähler von potentiellen politischen Kandidaten in einer nachgestellten Wahl zur Verfügung stehen. Während die Experimentalgruppe bestimmte Informationen erhält, werden der Kontrollgruppe diese nicht gegeben. Die Information hat somit eine binäre Ausprägung, so dass für den informierten Teilnehmer gilt $Ti=1$ und für den uninformierten $Ti=0$. Hieraus ergibt sich die folgende Gleichung: $Yij=Xi+Ui+Ti|Ti=[0, 1]$ (siehe hierzu Hamenstädt 2012, S. 69). Tabelle 3.1 fasst die verwendeten Abkürzungen zusammen.

Um den Unterschied zwischen Kontroll- und Experimentalgruppe zu untersuchen, werden die abhängigen Variablen der beiden Gruppen gemessen ($Yi_1 \neq Yi_0$). Nach Hamenstädt (2012, S. 69) kommt der Treatment-Variablen Ti eine zweifache Bedeutung zu, da das Treatment auch durch den Versuchsleiter oder die Natur

Tab. 3.1 Übersicht der verwendeten Abkürzungen. (Quelle: Hamenstädt (2012, S. 71))

Y_i	Abhängige Variable der Einheit i
X_i	Beobachtbare unabhängige Variable von Y_i
U_i	Nicht beobachtbare unabhängige Variable von Y_i
T_i	Treatment-Variable der beobachteten Einheit i $T_i=[0,1]$
Z_i	Beobachtbare unabhängige Variable von T_i
V_i	Nicht beobachtbare unabhängige Variable von T_i
M_i	Manipulation der Treatment-Variablen T_i
W_i	Gesamtmenge der beobachtbaren Variablen $W_i = X_i \cup Z_i$

manipuliert werden kann. Diese manipulierte Variable wird mit M_i bezeichnet. Des Weiteren gibt es beobachtbare (Z_i) und nicht beobachtbare Variablen (V_i), die wiederum unabhängige Variablen der abhängigen Variablen T_i sind. Die manipulierte Variable ist in einem idealtypischen Experiment mit der Treatment-Variable identisch. Dieses Experiment ist jedoch kaum durchführbar und wird daher oft als unerreichbares Ideal dargestellt (Morton und Williams 2010). Durch eine gute Vorbereitung und Durchführung des Experiments kann sich diesem dennoch angenähert werden. Die manipulierte Variable im Experiment wird aus diesem Grund einen Wert zwischen 0 und 1 annehmen, wobei der Wert 0 ausdrückt, dass es keine Auswirkung der Manipulation auf die Treatment-Variable gibt, und der Wert 1 die ideale Übereinstimmung zwischen Manipulation und Treatment im Experiment bezeichnet. Damit hat die manipulierte Variable einen doppelten Charakter als unabhängige Variable von Y_i und als abhängige Variable. Die Notation für T_i als abhängige Variable ist: $T_i = Z_i + V_i + M_i$. X_i und Z_i bezeichnen an dieser Stelle die beobachtbaren Variablen und U_i und V_i diejenigen Variablen, die durch das Experiment nicht beobachtet werden können. Hieraus ergibt sich die Möglichkeit von Überlappungen zwischen den Variablen. W_i steht für die Gesamtmenge der beobachtbaren Variablen $W_i = X_i \cup Z_i$.[1] (Hamenstädt 2012, S. 70).

---

[1] Zur Unterscheidung des experimentellen Stimulus zwischen Manipulation und Treatment skizziert Hamenstädt (2012, S. 70) ein Feldexperiment von Gerber et al. (2009). Diese untersuchten während der Gouverneurswahlen 2005 in Virginia die Wirkung von Medieninformationen auf das Wahlverhalten von Bürgern. In ihrem Experiment boten sie Haushalten, die noch keine Tageszeitung erhielten, für ein paar Wochen ein kostenloses Abo der Washington Post und der Washington Times an: Zeitungen mit einem politischen Profil, die sich einem der beiden großen politischen Lager in den USA zuordnen lassen. Welche der Zeitungen die Probanden letztendlich erhielten, wurde zufällig bestimmt. Anhand von Inhaltsanalysen der beiden Zeitungen versuchten die Forscher, die Manipulation im Experiment festzulegen, da sich diese zu aktuellen politischen Ereignissen unterschiedlich positionierten. Gerber et al. (2009) konnten sich bei ihrer Untersuchung jedoch nicht sicher sein, dass die durch sie gegebene Manipulation überhaupt als Treatment wirkt; das heißt, sie wussten nicht, ob die

3.3 Kontrolltechniken

Durch die Zufallsauswahl der Teilnehmer und deren Zuordnung zur Experimental- bzw. Kontrollgruppe soll erreicht werden, dass potenzielle Störvariablen sich in gleicher Weise auf die verschiedenen Versuchsgruppen verteilen, sodass die Gruppen sich nur bezüglich der unabhängigen Variablen differenzieren. Um den Einfluss eines Treatments wirklich messen zu können, muss der Versuchsleiter daher alle anderen Bedingungen kontrollieren, sodass sich beide Untersuchungsgruppen, abgesehen vom Treatment, nicht voneinander unterscheiden. Das heißt, es muss darauf geachtet werden, dass die Wirkung aller anderen Variablen (siehe Abb. 3.1: Umweltvariablen) möglichst ausgeschlossen werden kann. Die Schlussfolgerungen bzw. Interpretationen zum Einfluss der erklärenden Variablen X auf die zu erklärende Variable Y werden dann anschließend über den Vergleich der beiden Versuchsgruppen gezogen (Bortz und Döring 2009).

Durch Randomisierung verfolgt der Versuchsleiter außerdem das Ziel, dass eine Stichprobe von Menschen repräsentativ für die Gesamtbevölkerung ist und es zu keinen systematischen Verzerrungen der Ergebnisse kommt. Die Randomisierung ist damit der „great equalizer" (McGraw 1996, S. 771) oder auch „the great ‚ceteris paribus'" (Cook und Campbell 1979, S. 5). Die strikte Einteilung in Experimental- und Kontrollgruppe bzw. die vollständige Randomisierung ist aufgrund begrenzter zeitlicher und finanzieller Ressourcen des Forschers nicht immer möglich (Morton und Williams 2010).[2] So ist eine Voraussetzung für eine erfolgreiche Randomisierung, dass die Gruppen ausreichend groß sind, das heißt mindestens 20 bis 30 Personen umfassen, damit sich alle Variablen gleichmäßig auf die Gruppen verteilen. Da dies nie ganz sicher ist, sollten entscheidende Merkmale – wie zum Beispiel das Geschlecht, das Alter oder die Stimmung am Durchführungstag – hinsichtlich

---

Probanden die Zeitungen wirklich lasen, nicht sofort wegwarfen oder zum Anheizen des Kamins verwendet haben. Im letzteren Fall hätte die Manipulation den Wert 0 gehabt. Hätten die Probanden die Zeitung jedoch gelesen, hätte sich der Wert an 1 angenähert. In einer Vorher-Nachher-Messung wäre dann ein Unterschied zwischen dem geäußerten Wahlverhalten messbar, wenn die Treatment-Variable einen Einfluss auf das Wahlverhalten, also die abhängige Variable, hätte.

[2] Lässt sich eine Variable nicht manipulieren, wie das zum Beispiel beim Geschlecht, der Religiosität, der ethnischen Zugehörigkeit oder der Nationalität der Fall ist, wird von einem quasi-experimentellen Design ausgegangen. Dieses Design wird in Kapitel 5.5 („Mischformen und nichtexperimentelle Untersuchungen") ausführlicher besprochen. Sind zum Beispiel Geschlechtsunterschiede in einem Experiment von zentraler Bedeutung, dann können diese nur in einem Quasi-Experiment untersucht werden, da es nicht möglich ist, Versuchspersonen zufällig einer der beiden Geschlechtsgruppen zuzuordnen. Das heißt, es sollte immer berücksichtigt werden, dass insbesondere in politikwissenschaftlichen Experimenten viele unabhängige Variablen nicht randomisiert werden können. Dies sollte Forscher jedoch nicht abhalten, experimentelle Untersuchungen durchzuführen.

des Untersuchungsziels mithilfe einer Vorab- wie auch einer Nachherbefragung miterhoben werden, um ihre Verteilung zu erfassen.[3] Je größer die Anzahl der Teilnehmer, desto größer ist die Chance, dass die Randomisierung ihren Zweck erfüllt. Im einfachsten Fall bestimmt der Versuchsleiter durch den Wurf einer Münze oder eines Würfels oder durch Ziehen per Los, welche Probanden zur Kontroll- und welche zur Experimentalgruppe gehören. Dabei ist es wichtig, ein Zufallskriterium zu wählen, das nicht in Verbindung mit dem Treatment steht. Dieser zufällige Auswahlprozess kann auch mithilfe einer im Experiment verwendeten Software durchgeführt werden. Beispielsweise bietet das Programm z-Tree Randomisierungs- und Gruppierungsinstrumente an (Fischbacher 2007), die bei der Durchführung der Untersuchung sehr hilfreich und vor allem anwendungsfreundlich sind.

Unter Randomisierung werden in der Literatur zur experimentellen Forschung zwei unterschiedliche Konzepte gefasst: zum einen die zufällige Ziehung der Probanden aus einer Gesamt- oder Zielpopulation *(Random Selection)* und zum anderen die zufällige Aufteilung der Teilnehmer auf zwei Gruppen *(Random Assignment)* (Garcia 2011).

Zusammenfassend lässt sich sagen, dass eine erfolgreiche Aufteilung der Teilnehmer auf zwei Gruppen (Random Assignment) vorliegt, wenn ein Zusammenhang zwischen der manipulierten Variablen (M_i), dem Treatment (T_i) und der abhängigen Variablen (Y_i) messbar ist bzw. wenn drei Bedingungen erfüllt sind (Morton und Williams 2010; Hamenstädt 2012, S. 94–95):

1. Die Experimental- und Kontrollgruppe müssen voneinander unabhängig sein. Die Wahrscheinlichkeit, zu einer der beiden Gruppen zu gehören, darf weder mit anderen Faktoren korrelieren noch darf eine Doppelzuweisung oder ein (unkontrollierter) Informationsaustausch stattfinden.
2. Es sollten keine Daten fehlen, das heißt, die Teilnehmerzahl sollte sich während des Ablaufs des Experiments nicht verringern und auch nicht im Zusammenhang mit dem Treatment oder dem zu untersuchenden Gegenstand stehen.
3. M_i und T_i sollten perfekte Substitute sein, das heißt, die Nichtbefolgung oder Nichtbeantwortung (Non-Compliance) der Anweisungen durch die Probanden kann ausgeschlossen werden. Problematisch hinsichtlich der Unabhängigkeit zwischen der Experimental- und Kontrollgruppe kann es werden, wenn das Treatment oder die Manipulation zwar randomisiert stattfindet, aber unerwünschte Faktoren darauf einwirken.

---

[3] Beispielsweise ist bei einer Studie, in der Politiker und Manager in Führungspositionen hinsichtlich ihres Führungsstils miteinander verglichen werden sollen, nicht davon auszugehen, dass das Merkmal Bildungsabschluss in der Stichprobe normal verteilt vorliegt, da für beide Positionen eher Teilnehmer mit einem hohen Bildungsabschluss geeignet sind.

3.3 Kontrolltechniken

Abb. 3.2 Ablauf eines Experiments. (Quelle: Faas und Schön (2012, Folie 14))

Die Abb. 3.2 fasst den Ablauf eines Experiments nochmals zusammen.

3.3.2 Weitere Kontrolltechniken

Neben der Randomisierung gibt es in der experimentellen Forschung weitere Kontrollmöglichkeiten von Störfaktoren. Bei einer kleineren Anzahl von Probanden und bei bestehenden Annahmen über wichtige Unterschiede zwischen den Gruppen ist das alternative Vorgehen die *Parallelisierung* der Untersuchungsgruppen oder das *Matching* einander entsprechender Versuchsteilnehmer. Das Prinzip der Parallelisierung beinhaltet, dass die Experimental- und Kontrollgruppe bezüglich relevanter Merkmalsausprägungen angeglichen werden, zum Beispiel hinsichtlich des Geschlechts oder der Altersgruppe.[4] Parallelisierung bezeichnet demnach ein Verfahren zur Bildung von Gruppen, die bezüglich eines oder mehrerer Störfaktoren homogen sind. Wenn beispielsweise eine Lehrmethode bewertet werden soll, können durch Parallelisierung zwei Studierendengruppen gebildet werden, die hinsichtlich ihrer Note ähnlich sind. Dies kann entweder als paarweise Gleichsetzung von Probanden in Experimental- und Kontrollgruppe (Matching) oder aber als Gleichverteilung relevanter Merkmale in Experimental- und Kontrollgruppe (Factor Equation) erfolgen. Das heißt, es werden die Probanden von vornherein so aufgeteilt, dass das betreffende Merkmal in allen Gruppen ähnlich verteilt ist (ein weiteres Beispiel: gleiche Geschlechterverteilung in allen Versuchsbedingungen). In dem Fall, dass ausreichend viele Probanden zur Verfügung stehen, können bei dieser „statistischen Zwillingsbildung" auch mehrere Personenmerkmale in die Untersuchung einbezogen werden (siehe auch Fisher 1935).

Die Parallelisierung wird aufgrund einiger Nachteile jedoch wesentlich seltener als Kontrollinstrument genutzt als die Randomisierung. Beispielsweise ist die Wahrscheinlichkeit, dass andere Personenmerkmale nicht gleichverteilt sind, vor allem diejenigen, die dem Forscher noch unbekannt sind, sehr hoch. So können nur bestimmte Merkmale kontrolliert werden. Die Parallelisierung erlaubt auch nur Kontrolle über die beobachtbaren Variablen. Dies ist vor allem dann ein Problem, wenn unterstellt wird, dass in der Politikwissenschaft sehr komplexe Gegenstände untersucht werden bzw. der Mensch als Gegenstand der sozialwissenschaftlichen Forschung eine Komplexität aufweist, die nicht einfach zu beobachten und unter Kontrolle zu bringen ist. Diese Problematik wird in der Literatur oftmals wie folgt beschrieben: „Von einem solchen prinzipiell konstanten ‚Normalzustand' des Untersuchungsgegenstandes (wie in der Naturwissenschaft) kann bei Experimenten mit Lebewesen, besonders aber bei Experimenten in der Sozialforschung, nicht ausgegangen werden" (Petersen 2002, S. 39; siehe auch Hamenstädt 2012, S. 87).

Außerdem ist mit der Parallelisierung ein höherer Aufwand verbunden. So sind einige Messwiederholungen notwendig, denn vor der Einteilung in Gruppen müssen die relevanten Merkmale erfasst werden, beispielsweise durch einen zusätzlichen Fragebogen, der möglicherweise zu Lerneffekten bei den Probanden führt und das Untersuchungsziel offenlegt. Die Parallelisierung ist daher in ihrer Durchführung sehr unsicher und schwierig und wird nur selten angewendet.

---

[4] Chapin (1947) hat das Verfahren der Parallelisierung auch als Ex-Post-Facto-Experiment bezeichnet und damit ausgedrückt, dass dieses die einzige Form des Experiments ist, die in der Sozialwissenschaft möglich ist (siehe auch Greenwood (1945)).

Darüber hinaus existieren die Techniken der *Elimination* und *Konstanthaltung*. Diese erlauben mögliche Störvariablen vollständig auszuschalten bzw. diese konstant zu halten, sodass sie in Experimental- und Kontrollgruppe etwa eine jeweils gleichartige Wirkung aufzeigen. Dies ist vor allem bei Experimenten möglich, die im Labor stattfinden. Das Ziel der Elimination ist es, dass auf die Versuchspersonen neben der unabhängigen Variablen möglichst keine weiteren Faktoren einwirken. Um zu gewährleisten, dass die Probanden nicht durch äußere Ereignisse beeinflusst werden, können Experimente etwa in fensterlosen, schallisolierten Kabinen durchgeführt werden. Dies hat jedoch zur Folge, dass die Untersuchungssituation sehr künstlich und wenig realitätsnah ist.

Konstanthaltung ist eine weitere Technik zur Kontrolle von Störfaktoren. Um sicherzustellen, dass der beobachtete Effekt auf die Variation der unabhängigen Variablen zurückgeht, wird versucht, alle anderen Faktoren konstant zu halten. Da die natürliche Helligkeit von Tag zu Tag und im Tagesverlauf schwankt, sollten beispielsweise Versuche zur visuellen Wahrnehmung von Politikern auf Fotos oder am PC in einem über alle Versuchsdurchführungen hinweg in gleich ausgeleuchteten Labor durchgeführt werden.

Insgesamt zeigt sich, dass Randomisierung die sicherste Technik zur Kontrolle der Störfaktoren bei der Durchführung experimenteller Untersuchungen ist. Es wird daher empfohlen, auf diese zurückzugreifen, um einem idealen Experiment mit validen und reliablen Ergebnissen am nächsten zu kommen.

3.4 Kausalität

Kausalität wird als die zentrale Kategorie experimenteller Untersuchungen betrachtet. Die wissenschaftliche Auseinandersetzung mit dem Begriff der Kausalität erfolgt seit vielen Jahrhunderten und lässt sich bis zu den alten Philosophen wie Aristoteles zurückverfolgen. Grundsätzlich hat der Begriff zwei Facetten, die mit den Begriffen „Ursache" und „Effekt" verbunden sind, das heißt, Kausalität bezeichnet den Zusammenhang zwischen einer Ursache und deren Effekt (Kühnel und Dingelstedt 2014). Der Term Effekt wird dabei oft synonym für Wirkung gebraucht. Effekt, Ursache und Kausalität sind damit die zu behandelnden Zentralkategorien der experimentellen Forschung (Shadish et al. 2002). Als Effekt wird das Ausmaß des Unterschieds zwischen der Kontroll- und der Experimentalgruppe bezeichnet, der auf das Treatment zurückzuführen ist. Dieser ist wie folgt definiert: „An effect is the difference between what did happen and what would have happened" (Shadish et al. 2002, S. 5). Demnach sind kausale Schlussfolgerungen nur möglich, wenn alternative Erklärungen für einen gefundenen Zusammenhang ausgeschlossen werden können (siehe dazu auch Snow 1855).

Kausalität kann von zwei Seiten aus betrachtet werden (Scharpf 2000; Ganghof 2005): Die erste Betrachtungsweise behandelt die Ursache von Auswirkungen (Cause of Effects) und die zweite nimmt die Auswirkungen einer Ursache (Effects of Cause) in den Blick (Morton und Williams 2010). Hamenstädt (2012) erläutert diese Unterscheidung anhand eines Beispiels aus der Wahlforschung, bei dem ein kausaler Zusammenhang zwischen Informationen, die potentiellen Wählern zur Verfügung gestellt worden sind, und der entsprechenden Wahlbeteiligung bzw. Wahlentscheid angenommen wird. Wenn nach der Ursache für die Wahlbeteiligung gefragt wird, stellt sich die Frage nach der Ursache von Auswirkungen, das heißt nach der Ursache für eine Wahlbeteiligung. Wird jedoch danach gefragt, ob besser informierte Wähler auch einen „besseren" Wahlentscheid treffen, stellt sich die Frage nach den Auswirkungen einer Ursache. Die gleiche Unterscheidung zwischen der Ursache von Auswirkungen und den Auswirkungen einer Ursache wird auch für die unterschiedliche methodische Ausrichtung von qualitativer und quantitativer Forschung herangezogen (Goertz und Mahoney 2012). So argumentieren einige Wissenschaftler, wie beispielsweise Heckman (2008), nach dessen ökonomischer Perspektive es die Aufgabe von wissenschaftlichen Modellen ist, die Ursache von Auswirkungen zu untersuchen. Bei der experimentellen Überprüfung dieser Modelle wird dann mehr als nur ein Kausalzusammenhang überprüft. Dieses Verständnis ist auch erkenntnisleitend für politikwissenschaftliche Experimente (Morton und Williams 2010).

Insgesamt gilt, dass es für die Modellierung von Kausalbeziehungen keinen einzig richtigen Weg gibt. Es ist jedoch von Bedeutung, bei der Formulierung eines Modells zwischen den beiden methodischen Ansätzen Cause of Effects und Effects of Cause zu unterscheiden. In der politikwissenschaftlichen Forschung haben sich zwei Formen der Modellierung von Kausalität durchgesetzt: zum einen das Rubin-Kausalmodell (RKM), das ursprünglich aus der statistischen Forschung stammt und vor allem mit der Durchführung von Feldexperimenten Anwendung in der Politikwissenschaft fand. Das Modell ist ein sehr allgemeines Konzept und hat sich zum Standard der Kausalitätsmessung in der Wissenschaft allgemein entwickelt. Es ist auch das am häufigsten verwendete Konzept zur Modellierung von Kausalität in der experimentellen Politikwissenschaft. Rubin und Waterman (2006, S. 207) legen ihrem Modell folgendes Verständnis von Kausalität zugrunde: „A causal effect is a change, but not a change in time." Das andere Modell ist der Formal Theory Approach (FTA), der aus der Ökonomie stammt. Beide Ansätze unterscheiden sich vor allem darin, dass beim RKM im Wesentlichen eine einzige Hypothese geprüft wird, das heißt, die Untersuchung bivariat angelegt ist, während beim FTA die Hypothesen aus der vergleichenden Statik eines meist spieltheoretischen Modells abgeleitet werden.

3.4 Kausalität

Der zentrale Unterschied des FTA zum RKM ist der Ausgangspunkt des Ansatzes. Dieser ist beim FTA ein formales Modell, das heißt eine genaue Prognose über das zu erwartende Ergebnis des Datenerhebungsprozesses. Der Unterschied zum RKB liegt in der Abstraktion und der jeweiligen Bezeichnung der prognostizierten Erwartungswerte, die im formalen Modell sehr umfassend sein muss. Wenn beispielsweise die Interaktion von zwei Akteuren in einer bestimmten Situation abgebildet werden soll, ist es notwendig, alle möglichen Entscheidungen der Akteure im Modell zu erfassen. Daraus ergibt sich auch die Notwendigkeit, die Realität im Modell auf den Untersuchungsgegenstand zu beschränken bzw. diesen in das Zentrum der Analyse zu stellen und die umgebenden Aspekte (ceteris paribus) als konstant bzw. kontrolliert zu betrachten. Daher sind bislang auch kaum Feldexperimente bekannt, deren Durchführung auf dem FTA basieren, da diese in der Regel auf den Effekt einer Variablen abzielen (Morton und Williams 2010; Hamenstädt 2012).

Das Laborexperiment ist aufgrund der hier beschriebenen Voraussetzungen die übliche Form zur experimentellen Überprüfung formaler Modelle. Neben der formalen Abbildung einer Theorie ist es in der Praxis jedoch auch üblich, ein sogenanntes strukturelles Modell zu entwerfen, in dem die Annahmen über die zugrunde liegende Struktur des empirischen Ereignisses abgebildet wird. Zu beachten ist dabei immer, dass die Möglichkeiten der Abbildung von Theorie die Bedingung der Widerspruchsfreiheit der im Modell verwendeten Voraussagen und Axiome erfüllen müssen, was den Bedingungen der formalen Logik entspricht. Den Bedingungen der Logik und dem Anspruch der Widerspruchsfreiheit unterliegt auch das Rubin-Kausalmodell. Beim FTA sind diese Dinge hingegen in einem Modell weiter ausformuliert (Hamenstädt 2012, S. 75). Nach Hamenstädt (2012, S. 75–76) beinhalten formale Modelle drei Voraussagen: 1) Punktvoraussagen, die Prognosen über die Ausprägung von Variablen in Gleichgewichtssituationen beinhalten, 2) relationale Voraussagen, das heißt Voraussagen über die Auswirkung einer Änderung in einer Variablen auf die Ausprägung einer weiteren Variablen, 3) Voraussagen über kausale Beziehungen zwischen den Variablen sowie über Interaktionen zwischen den Akteuren.

Formale Modelle werden nach Morton und Williams (2010) in fünf Schritten konstruiert:

1. Zunächst wird anhand aller verfügbaren Informationen die politische Umgebung, das heißt die relevanten Akteure und Institutionen, analysiert.
2. Die Präferenzen der Akteure und Charakteristiken der Institutionen werden erfasst und anhand von Nutzenfunktionen und/oder Pfaddiagrammen abgebildet.

3. An dritter Stelle wird das Verhalten der jeweiligen Akteuren und die Funktionsweise von Institutionen außerhalb der spezifischen Umgebung hinterfragt.
4. Anschließend erfolgt die Analyse des Wie und des Was der Entscheidungssituationen von Akteuren.
5. Als Letztes werden Konzepte zur Lösung von Gleichgewichtssituationen identifiziert, mit denen sich theoretische Voraussagen und Erwartungswerte bestimmen lassen.

Diese theoretisch getroffenen Voraussagen bzw. Theorien können anschließend empirisch durch Experimente überprüft werden. Dieser Vorgang wird als Theorietest bezeichnet. Anwendung findet der Formal Theory Approach beispielsweise dort, wo mit spieltheoretischen Modellen Entscheidungssituationen abgebildet werden können. Hamenstädt (2012, S. 76) führt hierzu beispielhaft die deutschsprachige Forschung zur Umweltökonomie an. Bei der Erstellung von Umweltgütern wie dem Bau von Kläranlagen und bei der Vermeidung von Umweltschäden, beispielsweise durch Überfischung, befinden sich die Akteure meist in einem sozialen Dilemma. Das bedeutet, dass individuell rationales Verhalten zu kollektiv nicht wünschenswerten Ergebnissen führt. Theoretische Konzepte zum Umgang mit öffentlichen Gütern werden mittels (Labor-)Experimenten getestet. Hierbei hat sich etwa gezeigt, dass sich die Voraussagen aus der Standardtheorie der klassischen spieltheoretischen Dilemmasituation nicht ohne weiteres halten lassen. Das Verhalten der Akteure ist in den Experimenten weitaus kooperativer, als es die Theorie annimmt. So konnten aus den experimentellen Ergebnissen für die Umweltökonomie neue Prognosen für die Verhaltenstheorie abgeleitet werden. Überdies konnten relational Aussagen, beispielsweise über die Wirkung von Kommunikation in Spielsituationen, zu einer Erweiterung der Modelle führen und gleichzeitig zugrunde liegende Axiome über Kausalbeziehungen überprüft werden. Der FTA ist somit eine abstraktere Darstellungsform formaler theoretischer Modelle; der Abstraktionsgrad ist deutlich höher als beim Rubin-Kausalmodell. Der FTA wird hierbei häufig zur Ermittlung von Gleichgewichtssituationen in diesen Modellen eingesetzt und um als Ansatz ceteris paribus die Auswirkung von Änderungen in diesem Modell zu bemessen.

3.5 Experimentelle Forschungsdesigns

Generell lassen sich zwei Grundtypen experimenteller Forschungsdesigns unterscheiden: das *Between-Subjects-* und das *Within-Subjects-Design*. Wenn die Versuchspersonen in randomisierte Gruppen für jeweils ein Treatment aufgeteilt werden, wird von einem Between-Subjects-Design gesprochen. Wenn die gleiche

3.5 Experimentelle Forschungsdesigns

Person unter zwei unterschiedlichen Treatments untersucht wird, wird das Design als Within-Subjects-Design bezeichnet, das heißt, es handelt sich um die Messung der Wirkung eines Treatments auf die gleiche Person (Vorher-Nachher-Messung) (Behnke et al. 2006; Druckman 2011). Für beide Grundtypen gibt es jeweils verschiedene Varianten. So ist die einfachste Variante des Between-Subject-Designs das Post-Test-Design. Häufig wird das Within-Subject- und das Between-Subject-Design auch vermischt. Diese Mischformen können etwa als Pre-Test-Post-Test-Design, Solomon-Vier-Gruppen-Design oder als faktorielles Design angelegt sein. Auf die verschiedenen Varianten des Between-Subject- und des Within-Subject-Designs wird im Folgenden eingegangen.

3.5.1 Within-Subjects-Design

In der Politischen Ökonomie findet beispielsweise oft ein Within-Subjects-Design Anwendung, bei dem die Probanden mit zwei (unterschiedlichen) Treatments konfrontiert werden. Diese Methode basiert auf einer wiederholten Anwendung der Treatments über mehrere Runden eines Experiments. Somit ist eine Versuchsperson in einer Runde Treatment A und in einer anderen Treatment B ausgesetzt. Beispielsweise haben in Treatment A die Probanden keine Informationen über die inhaltliche Position eines politischen Kandidaten. In Treatment B verfügen sie jedoch über vollständige Informationen. Durch Verwendung des Within-Subjects-Designs kann nun gemessen werden, wie das Verhalten der Personen durch die unterschiedlichen Treatments (gegebene Information oder nicht gegebene Information) beeinflusst wird. Dabei wird der Einfluss individueller Charakteristika der Probanden kontrolliert (Morton und Williams 2012).

Nach Hamenstädt (2012, S. 83) kann das Within-Subjects-Design wie folgt abgebildet werden: Experimentalgruppe O1 X O2. Das O steht für eine Gruppe von Untersuchungseinheiten und X für das Treatment. Wenn O1≠O2, dann hatte das Treatment eine Auswirkung auf die Probanden; wenn nicht (O1=O2), dann ist die Hypothese eines Zusammenhangs zurückzuweisen. Die gleiche Logik gilt für das Between-Subjects-Design, bei dem eine der einfachsten Varianten das Post-Test-Design ist.

3.5.2 Between-Subjects-Design

▶ **Post-Test-Design** Experimentalgruppe R | X O1
Kontrollgruppe R | O2

Die Probanden werden in diesem Design zufällig auf die beiden Gruppen aufgeteilt (randomisiert), was durch das Zeichen R ausgedrückt wird. Welches der Grunddesigns verwendet werden kann, hängt sowohl von dem zu untersuchenden Gegenstand als auch von den Ressourcen des Forschers ab. Häufig wird das Within-Subjects- und das Between-Subjects-Design auch vermischt. Eine Mischform beider Designs ist das Pre-Test-Post-Test-Design.

3.5.3 Mischformen beider Designs

▶ **Pre-Test-Post-Test-Design** Experimentalgruppe R | O1 X O2
Kontrollgruppe R | O3 O4

Nach Hamenstädt (2012, S. 84) sollte bei diesem Design für einen Wirkungsnachweis des Treatments bei der statistischen Auswertung folgendes gelten: O1 = O3 = O4 und O2 ≠ (O1 | O3 | O4). Dies wird sozusagen durch eine doppelte Differenz (die Differenzen der Differenz) im Design gemessen: (O2 − O1) − (O4 = O3).

Solomon-Vier-Gruppen-Design
Eine andere Erweiterung der Zusammenfügung der beiden Grunddesigns stellt das Solomon-Vier-Gruppen-Design. Hier werden die Experimental- und die Kontrollgruppe verdoppelt und dadurch das Post-Test-Design und Pre-Test-Post-Test-Design kombiniert. Das hat zur Folge, dass eine Wechselwirkung zwischen Treatment und anderen abhängigen Variablen ausgeschlossen werden kann, die beispielsweise durch Lerneffekte der Probanden im Verlauf des Experiments entstehen können (Behnke et al. 2006; Hamenstädt, 2012).

Experimentalgruppe 1 R | O1 X O2
Experimentalgruppe 2 R | X O3
Kontrollgruppe 1 R | O4 O5
Kontrollgruppe 2 R | O6

Solomon (1949) hat eine Erweiterung der Vorher-Nachher-Untersuchung mit Kontrollgruppe um jeweils eine weitere Experimental- und Kontrollgruppe vorgeschlagen, bei denen keine Vorher-Messung erfolgt. Durch die Vervielfachung der Gruppen und der damit verbundenen Erhöhung der Probandenanzahl kann zum einen die Robustheit der experimentellen Befunde überprüft werden. Zum anderen ist ein solches Multi-Gruppen-Design hilfreich, um begrenzte organisatorische und finanzielle Ressourcen zu überwinden. So kann je nach Fragestellung sowohl die Experimentalgruppe 1 als auch die Experimentalgruppe 2 im Solomon-Vier-Gruppen-Design verdoppelt werden. Damit ist dieses Design

3.5 Experimentelle Forschungsdesigns

die einzige Anordnung, die es erlaubt, alle Störfaktoren zu kontrollieren, die die interne Validität beeinträchtigen könnten (siehe hierzu ausführlicher Kapitel 4). Bezogen auf die Analyse der Einflüsse von Medien auf Einstellungsänderungen werden beispielsweise Probanden zufällig auf die vier Gruppen verteilt. Dabei wird in den beiden Gruppen ein Fernsehbericht über den Umweltschutz präsentiert, wobei in einer Gruppe die Einstellungen vor und nach der Präsentation des Treatments erfasst werden. In der anderen Gruppe werden die Einstellungen nur nach der Präsentation des Treatments gemessen; in zwei Gruppen wird kein Fernsehbericht über den Umweltschutz gezeigt, und die Einstellungen werden wiederum in einer Gruppe vor und nach der Präsentation des Treatments, in der anderen Gruppe nur nach der Präsentation des Treatments erhoben (Eifler 2014, S. 199–200).

Zusätzlich zu den Kontrollmöglichkeiten, die bereits im Zusammenhang mit der Vorher-Nachher-Untersuchung mit Kontrollgruppe erläutert wurden, ist es im Solomon-Vier-Gruppen-Design möglich, Einflüsse der Vorher-Messung zu kontrollieren, indem der Unterschied zwischen den nachher gemessenen Einstellungen zwischen den beiden Gruppen, denen das Treatment präsentiert wurde und die sich nur durch das Vorhandensein oder Nichtvorhandensein einer Vorher-Messung unterscheiden, berücksichtigt wird. Auf diese Art kann die Wirkung mehrerer unterschiedlicher Treatments oder auch verschiedener Kombinationen von Treatments in einem Experiment gemessen werden (Hamenstädt 2012, S. 84–85).

▶ **Faktorielles Design** Experimentalgruppe 1 R | O1 X1 O2
Experimentalgruppe 2 R | O3 X2 O4
Experimentalgruppe 3 R | O5 X1, X2 O6
Kontrollgruppe 1 R | O7 O8

Wenn mehrere hypothetische Ursachen parallel untersucht werden sollen, bietet sich ein sogenanntes faktorielles Design an – etwa wenn die Wirkung von zwei Policy-Instrumente gleichzeitig untersucht werden soll (Hamenstädt 2012, S. 85). Mit einem faktoriellen Design könnte getestet werden, welchen Einfluss die Präsentation eines Fernseh- oder Radioberichts über den Umweltschutz hat, wenn dieser aus unterschiedlichen Quellen stammt (A), einer glaubwürdigen Quelle (A1) und einer weniger glaubwürdigen Quelle (A2), und wenn der Fernsehbericht in verschiedenen Formen präsentiert wird (B), einmal als positive Darstellung des Umweltschutzes (B1) und einmal als eine eher skeptische Darstellung des Umweltschutzes (B2) (Eifler 2014, S. 204).

Bei den beschriebenen Variationen und Kombinationen der beiden Grundtypen experimenteller Designs, Between-Subjects- und Within-Subjects-Design, ist zu berücksichtigen, dass jede Erweiterung und Wiederholung auch einen höheren Aufwand an Planung, Organisation und Durchführung erfordert.[5] Vor allem bei sehr komplexen Designs sollte sich der Forscher daher immer die Frage stellen, ob die ursprüngliche Forschungsfrage auch soweit heruntergebrochen wurde, dass sie sich für eine experimentelle Überprüfung überhaupt eignet. Wenn dies nicht der Fall ist, ist eine grundsätzliche Überprüfung des Forschungsvorhabens notwendig. Das bedeutet, dass von der eher technischen Betrachtung des Forschungsvorhabens zurück auf die ursprüngliche Fragestellung reflektiert werden muss. Durch diese Verbindung lässt sich dann ein gutes Design entwickeln. Überdies sind mögliche Fehler zu einem späteren Zeitpunkt in der Entwicklung des Forschungsdesigns kaum noch zu korrigieren, da die experimentelle Forschung stark auf die Erhebung guten Datenmaterials fokussiert ist (Hamenstädt, 2012, S. 85).

3.6 Das Experiment vs. nichtexperimentelle Methoden

Vom Experiment zu unterscheiden sind nichtexperimentelle Methoden wie die wissenschaftliche Beobachtung oder Befragung. Der entscheidende Unterschied von Beobachtungen und Befragungen auf der einen und der experimentellen Forschung auf der anderen Seite liegt in der Intervention des Forschers in den Datenerhebungsprozess durch die Einführung eines Treatments bzw. durch die explizite Manipulation des Datenerhebungsprozesses. Das heißt, im Gegensatz zur experimentellen Untersuchung greift der Forscher bei den Methoden der Beobachtung und der Befragung nicht in das zu untersuchende Phänomen ein. Ein Vorteil experimenteller Untersuchungen gegenüber der wissenschaftlichen Beobachtung und Befragung ist, dass der Forscher die Möglichkeit hat, die Effekte einzelner Komponenten von unabhängigen Variablen systematisch zu isolieren und deren Einfluss auf die abhängige Variable genau und detailliert zu messen, um so Kausalitätsbeziehungen aufzeigen zu können (Morton und Williams 2010).

---

[5] Besonders zur Beurteilung von Gleichgewichtskonzepten und von Theorien zum Verhalten von Individuen spielen Wiederholung im Rahmen von Within-Subjects- und Between-Subjects-Designs eine zentrale Rolle. Probanden sammeln in Experimenten im Laufe der Zeit Informationen über das experimentelle Umfeld. Theoretisch wird angenommen, dass Gleichgewichtsverhalten sich als Konsequenz aus durch Beobachtung und Erfahrung erlerntem Verhalten innerhalb einer natürlichen Umwelt ergibt. Dies soll in Experimenten nachgestellt werden, in denen die Probanden an wiederholten Runden eines Experiments teilnehmen. Somit kann untersucht werden, ob die Probanden über einen gewissen Zeitraum hinweg eine Gleichgewichtsstrategie entwickeln. Deshalb ist es nicht ungewöhnlich, dass das Vorhandensein eines Gleichgewichts am Ausgang der letzten Runde eines Experiments festgemacht wird (Morton und Williams 2012).

3.6 Das Experiment vs. nichtexperimentelle Methoden

Beobachtungen wurden lange Zeit vornehmlich in den Naturwissenschaften wie der Astronomie, Geologie und Biologie durchgeführt. Bei ihnen beobachten die Forscher den Untersuchungsgegenstand – wie zum Beispiel Sterne, Tiere oder Kontinentalbewegungen – zielgerichtet und protokollieren Messungen und Eindrücke, die aus dem Verhalten des Untersuchungsgegenstands entstehen. Durch diese Vorgehensweise versuchen sie, den jeweiligen Untersuchungsgegenstand zu beschreiben und zu verstehen, Verhaltensweisen zu erklären und möglicherweise zu prognostizieren. Aber auch in den Sozialwissenschaften bzw. der Politikwissenschaft ist die Beobachtung eine sehr gängige Methode zur Bearbeitung von Fragestellungen. Vorteilhaft sind Beobachtungen im Hinblick darauf, dass der Forscher nicht an die Auskunftsbereitschaft und Verbalisierungsfähigkeit der Probanden gebunden ist, dass auch deren nichtreflektierte und nonverbale Verhaltensweisen und bestimmte Verhaltensabfolgen erfasst werden können und dass der beobachtende Versuchsleiter die Teilnehmer nur bedingt beeinflusst (Diekmann 2010). Die fehlende Kontrolle des Einflusses von Störvariablen auf das Verhalten des Untersuchungsgegenstands ist jedoch einer der großen Nachteile der Beobachtung gegenüber der experimentellen Methode. Wenn auf der Grundlage von Beobachtungsdaten ein vermeintlicher Zusammenhang zwischen einer unabhängigen Variable X und einer abhängigen Variable Y festgestellt wird, so lässt sich kaum ausschließen, dass unberücksichtigte Drittvariablen für die vermeintliche Kausalität verantwortlich sind, sodass Endogenitätsprobleme[6] vorliegen können, oder dass die kausale Wirkungsrichtung genau umgekehrt ist (Henne-Ei-Problematik).[7] Darüber hinaus liegen meist nur wenige Messungen vor, was wiederum die Frage der Replizierbarkeit betrifft. Auch die Interpretation der Daten kann zwischen zwei Beobachtern eine niedrige Konkordanz aufweisen, was sich wiederum auf die Güte der Ergebnisse auswirkt. In Experimenten dagegen, in denen Beobachtungseinheiten zufällig verschiedenen Gruppen zugeteilt werden, scheiden mögliche alternative Erklärungen aus, da der Einfluss der Störvariablen im Idealfall auf alle Personen gleich verteilt ist.

---

[6] Endogenität ist ein allgemeines Problem bei der Bildung von Theoriemodellen und der empirischen Messung. In der Regressionsanalyse bedeutet dies konkret, dass ein Zusammenhang zwischen den unabhängigen Variablen der Untersuchung und der Störgröße besteht. So korreliert eine endogene erklärende Variable mit dem Störterm. Theoretisch sind Instrumentenschätzer eine Lösung, in der Praxis ist es jedoch oft problematisch, überhaupt ein geeignetes Instrument hierzu zu finden.

[7] Das Henne-Ei-Problem – ausgedrückt durch die Redewendung „Was war zuerst da: die Henne oder das Ei?" – bezeichnet eine scheinbar nicht zu beantwortende Frage nach dem ursprünglichen Auslöser einer Kausalkette, deren Ereignisse wechselseitig Ursache und Wirkung darstellen können.

Zudem ist die Durchführungsobjektivität bei Experimenten wesentlich höher als bei Beobachtungen, da verschiedene Forscher zu verschiedenen Zeiten die gleichen Experimentalbedingungen schaffen und das Experiment unter gleichen Bedingungen durchführen können. Bei Beobachtungen hingegen ist dies hauptsächlich auf die spezifische Situation und den Beobachter begrenzt (Morton und Williams 2012).

Neben Beobachtungen gelten Befragungen als ein weiteres Instrument zur Analyse sozialer Phänomene. Dazu zählen Meinungsumfragen oder Experteninterviews, die der Erhebung von systematischen Daten beispielsweise zu bestimmten Einstellungen, Meinungen, Wissen, Handlungen und Verhaltensweisen von Menschen dienen. Abhängig von der Befragungsform bieten Befragungen eine schnelle und kostengünstige Datenerhebungsform. Bei einer computergestützten standardisierten Durchführung werden zudem Interviewfehler weitgehend vermieden und abhängig von der Anzahl der Befragungen repräsentative Ergebnisse erzielt. Befragungen können jedoch problematisch sein, da nicht immer das erhoben wird, was der Wissenschaftler zu erheben beabsichtigt (Stichwort Validität der Ergebnisse) (Diekmann 2010). So können die Antworten der Befragten falsch oder verzerrt sein, weil die Interviewten keine wahre Auskunft geben möchten (soziale Erwünschtheit bei ethischen Themen, zum Beispiel aktive Sterbehilfe), sich nicht mehr richtig erinnern (verzerrte Erinnerungen) oder die Fragen falsch verstehen oder weil die Art der Befragung (zum Beispiel Reihenfolge der Fragen, Art der Antwortalternativen) das Antwortverhalten systematisch beeinflusst (Pickel et al. 2015). Wird ein Zusammenhang zwischen den Variablen X und Y mit Befragungsdaten festgestellt, bleibt auch hier immer die Möglichkeit unberücksichtigter Drittvariablen sowie von Endogenität und Unklarheiten über die Wirkungsrichtung des Zusammenhangs. Die Hauptprobleme empirischer Analysen und statistischer Modelle wie Fehlspezifikationen oder unzureichende Varianz bei unabhängigen Variablen können häufig schon durch das experimentelle Design behoben oder zumindest verringert werden (Morton und Williams 2010). Mögliche Lösungsstrategien im Umgang mit auftretenden Problemen werden in den folgenden Kapiteln detaillierter besprochen.

Gemeinsam haben experimentelle Untersuchungen und wissenschaftliche Beobachtungen und Befragungen hingegen, dass sie – im Idealfall – auf einer Theorie mit daraus folgenden Hypothesen basieren und dass ihr Ablauf planmäßig durchgeführt wird. Auch ist diesen Methoden gemeinsam, dass sie für gut durchgeführte Untersuchungen eine weitreichende, vorausschauende Planung und eine logische Ableitung des Forschungsdesigns aus der Fragestellung und den dazugehörigen Hypothesen benötigen.

3.6 Das Experiment vs. nichtexperimentelle Methoden

Insgesamt sollten sich die Methode des Experiments und nichtexperimentelle Untersuchungsformen jedoch eher ergänzen, als sich gegenseitig auszuschließen. So können experimentelle Daten durch klassische Beobachtungs- oder Befragungsdaten bestätigt oder komplettiert werden, aber auch umgekehrt ist dies oft der Fall. Die meisten experimentellen Untersuchungen kommen ohne Beobachtungen und ohne eine Vorab- und eine anschließende Befragung nicht aus, denn im Rahmen experimenteller Untersuchungen werden Menschen sowohl beobachtet als auch befragt (McDermott 2002; Eifler 2014).

Tabelle 3.2 fasst die wesentlichen Gemeinsamkeiten und Unterschiede des Experiments gegenüber der Beobachtung und Befragung noch einmal zusammen. Die Übersicht erhebt keinen Anspruch auf Vollständigkeit, sondern zielt vielmehr darauf ab, aufzuzeigen, wie sich die Methoden voneinander abgrenzen. Auch ist nochmals darauf hinzuweisen, dass das Experiment eher eine Logik der jeweiligen Untersuchungsplanung darstellt, während die Beobachtung und Befragung Methoden der Datenerhebung sind, die auch in einem Experiment angewandt werden können. So können etwa Entscheidungen beobachtet und Einstellungen erfragt werden.

> **Ein Beispiel: Huber-Experiment (Experimente im Vergleich)**
>
> Anhand der Frage nach der Bedeutung von Spitzenkandidaten und deren Charaktereigenschaften auf Wahlentscheidungen in parlamentarischen und präsidentiellen Demokratien zeigt Huber (2012) die Güte experimenteller Untersuchungen auf. Gleichzeitig illustriert er dabei das Potenzial eines Methodenmixes bzw. der gegenseitigen Ergänzung von experimentellen sowie Beobachtungs- und Umfragedaten. Anhand experimenteller Studien in Deutschland, Frankreich, Schweden und den USA wurden Wechselbeziehungen zwischen einzelnen Aspekten der Kandidatenbeurteilung untersucht, die sich mit Beobachtungs- und Umfragedaten zu realen politischen Kandidaten kaum abbilden ließen. Insgesamt umfasst das experimentelle Design acht Versuchsgruppen in den jeweiligen Ländern. Dabei wurden zum einen die bereitgestellten Informationen über die Kandidaten und zum anderen die institutionellen Regeln der hypothetischen Wahlentscheidung zwischen den Kandidaten manipuliert. Die Probanden wurden in die verschiedenen Gruppen randomisiert und unterschieden sich bei soziodemografischen Variablen wie Bildung, Geschlecht oder politischem Interesse nicht signifikant voneinander. So wurde demonstriert, dass auch scheinbar unpolitische Merkmale von Spitzenkandidaten wie deren Charaktereigenschaften, Auftreten oder Aussehen häufig einen Einfluss auf die Kandidatenbeurteilung besitzen. Dabei kann auch umgekehrt nicht ausgeschlossen werden, dass Urteile der Probanden über die politischen Standpunkte der

Tab. 3.2 Vergleich des Experiments mit nichtexperimentellen Methoden. (Eigene Darstellung)

		Experiment	Beobachtung	Befragung
Gemeinsamkeiten		planmäßiger Ablauf, weitreichend geplant, theoriebasiert, logische Ableitung des Forschungsdesigns, hypothesentestend oder -generierend		
Unterschiede		Intervention des Forschers in den Datenerhebungsprozess		
Vorteil		Aufzeigen von Kausalitäten	abhängig von Beobachtungsform	abhängig von Befragungsform
		Kontrolle von Störvariablen	keine Bindung an die Auskunftsbereitschaft und Verbalisierungsfähigkeit der Probanden	schnelle und kostengünstige Durchführung
		hohe Durchführungsobjektivität	Erfassung von nichtreflektiertem Verhalten, nonverbalen Verhaltensweisen, Verhaltensabläufen	computergestützte Durchführung hilft, Interviewfehler zu vermeiden
		Isolation und genaue Messung von Effekten einzelner Komponenten der UV auf die AV	nur bedingter Einfluss des Interviewers	teilweise repräsentative Ergebnisse
Nachteil		eingeschränkte Validität	fehlende Kontrolle von Störvariablen (unberücksichtigte Drittvariablen, Endogenitätsprobleme, umgekehrte Kausalrichtung)	Validität der Ergebnisse: durch falsche oder verzerrte Antworten der Befragten (soziale Erwünschtheit bei ethischen Themen, z. B. aktive Sterbehilfe; verzerrte Erinnerungen), durch falsch verstandene Fragen oder durch die Art der Befragung (z. B. Reihenfolge der Fragen, Art der Antwortalternativen)
			meist nur wenige Messungen (Frage der Replizierbarkeit)	Möglichkeit unberücksichtigter Drittvariablen sowie von Endogenität und von Unklarheiten über die Wirkungsrichtung des Zusammenhangs
			Interpretation der Daten kann zwischen Beobachtern eine niedrige Konkordanz aufweisen (Güte der Ergebnisse)	

Kandidaten zu Sachfragen von unpolitischen Bewertungen beeinflusst werden. Wähler bilden sich demnach häufig nicht voneinander unabhängige Urteile zu politischen und unpolitischen Aspekten von Kandidaten, sondern verbinden diese. Mit Querschnittsbefragungen würden sich die Wirkungsrichtungen und Wechselwirkungen zwischen diesen Urteilen kaum bestimmen lassen. Antworten von Wählern in Bevölkerungsumfragen zu unterschiedlichen Aspekten realer politischer Kandidaten sind daher immer nur mit Vorsicht zu interpretieren. Dies ist nur ein Beispiel, das verdeutlichen soll, wie experimentelle Forschung und Umfrageforschung sich gegenseitig ergänzen können. Ein Methodenmix kann hier programmatische Forschung ermöglichen und zu neuen Erkenntnissen zu führen (Huber 2012; siehe auch beispielhaft Kalwitzki et al. 2015).

3.7 Zusammenfassung

Die Logik der experimentellen Forschung kann in drei Begriffen zusammengefasst werden: Kontrolle, Manipulation und Randomisierung. Die Begriffe Kontrolle und Manipulation beinhalten, dass mindestens eine unabhängige Variable systematisch vom Forscher variiert und anschließend gemessen wird, welchen Effekt diese Veränderung auf die abhängige Variable hat. Gleichzeitig werden mögliche Wirkungen von Störvariablen ausgeschaltet. Randomisierung heißt, dass die Beobachtungseinheiten zufällig auf die Experimental- und Kontrollgruppen verteilt werden, die sich idealerweise nicht voneinander unterscheiden. Bei erfolgreicher Kontrolle wie auch Manipulation der unabhängigen Variablen X und bei Randomisierung lassen sich dann idealtypisch unterschiedliche Ausprägungen der abhängigen Variablen Y in Versuchs- und Kontrollbedingungen auf X zurückführen. Durch die Manipulation der unabhängigen Variablen X sowie die weitgehende Kontrolle möglicher Störvariablen erlaubt das Experiment dem Forscher, Unterschiede in der abhängigen durch die Manipulation der unabhängigen Variablen zu erklären. Somit kann das Experiment Daten produzieren, die bestehende Theorien verifizieren bzw. falsifizieren, das heißt im Einklang mit der Theorie stehen oder auch nicht (Popper 2005). Dies verdeutlicht die grundsätzliche Logik des Experiments, denn es werden durch das experimentelle Forschen nicht grundsätzlich komplexe Gesamtzusammenhänge, sondern eher die zugrunde liegenden Axiome sowie die umgebenden Fragestellungen des Forschungsgegenstands untersucht. McGraw et al. (2001, S. 13) fassen experimentelles Arbeiten mit den folgenden Worten stichhaltig zusammen: „Experimentation [...] is intervening or manipulating a real environment in which behavior occurs, controlling the environment to test whether hypotheses about the relationships between variables are supported, and randomly assigning subjects [...] to control for extraneous factors that can influence the empirical results."

Was wichtig ist:
- Neben dem Nachweis von Kausalitätsbeziehungen zwischen Variablen verfolgt die experimentelle Politikwissenschaft drei Hauptziele: (1) die Überprüfung und Weiterentwicklung von Theorien („speaking to theorists"), (2) die Gewinnung empirischer Daten („searching for facts") und (3) den Dialog mit politischen Entscheidungsträgern („whispering in the ears of princes").
- Das Experiment ist eine methodisch angelegte Untersuchung zur empirischen Gewinnung von Informationen bzw. Daten, mit dem Ziel, mögliche Kausalzusammenhänge aufzudecken.
- Die Hauptaufgabe des Experimentators besteht darin, mindestens eine unabhängige Variable systematisch zu variieren, um aufzuzeigen, welche der Ausprägungen der unabhängigen Variablen welche Veränderungen der abhängigen Variablen bewirkt.
- Um den beobachteten Effekt eindeutig auf die unabhängige Variable zurückführen zu können, müssen Störvariablen, das heißt Variablen, die ebenfalls die abhängige Variable beeinflussen, kontrolliert werden. Dies erfolgt durch Randomisierung, das heißt die zufällige Verteilung von Beobachtungseinheiten auf verschiedene Experimental- und Kontrollgruppen, die sich idealerweise nicht voneinander unterscheiden, oder auch durch Eliminieren oder Konstanthalten der Störvariablen.

Literatur

Behnke, J., Baur, N., & Behnke, N. (2006). *Empirische Methoden der Politikwissenschaft*. Paderborn: Schöningh.
Bortz, J., & Döring, N. (2009). *Forschungsmethoden und Evaluation. Für Human- und Sozialwissenschaftler* (4., überarb. Aufl.). Heidelberg: Springer.
Campbell, D. T. (1969). Reforms as experiments. *American Psychologist, 24*(4), 409–429.
Chapin, F. S. (1947). *Experimental design in sociological research*. New York: Harper.
Cook, T. D., & Campbell, D. T. (Hrsg.). (1979). *Quasi-experimentation. Design & analysis issues for field settings*. Boston: Houghton Mifflin.
Cover, A. D., & Brumberg, B. S. (1982). Baby books and ballots. The impact of congressional mail on constituent opinion. *American Political Science Review, 76*(2), 347–359.
Diekmann, A. (2010). *Empirische Sozialforschung. Grundlagen, Methoden, Anwendungen* (21. Aufl.). Reinbek bei Hamburg: Rowohlt.

Literatur

Druckman, J. N. (Hrsg.). (2011). *Cambridge handbook of experimental political science*. Cambridge: Cambridge University Press.
Druckman, J. N., Green, D. P., Kurklinski, J. H., & Lupai, A. (2006). The growth and development of experimental research in political science. *American Political Science Review, 100*(4), 627–635.
Eifler, S. (2014). Experiment. In N. Baur (Hrsg.), *Handbuch Methoden der empirischen Sozialforschung* (S. 195–210). Wiesbaden: Springer VS.
Faas, T., & Schoen, H. (2012). *Experimente in der Politikwissenschaft*. Vorlesungsfolien vom 11. Februar 2012, https://www.wiso.uni-hamburg.de/fileadmin/sowi/politik/methoden/Faas_ExperimentePowi_Framing.pdf (zuletzt geprüft am 20.07.2015).
Fischbacher, U. (2007). z-Tree. Zurich toolbox for ready-made economic experiments. *Experimental Economics, 10*(2), 171–178.
Fisher, R. A. (1935). *The design of experiments*. Edinburgh: Oliver & Boyd.
Ganghof, S. (2005). Kausale Perspektiven in der vergleichenden Politikwissenschaft: X-zentrierte und Y-zentrierte Forschungsdesigns. In S. Kropp & M. Minkenberg. (Hrsg.), *Vergleichen in der Politikwissenschaft* (S. 76–93). Wiesbaden: VS Verlag für Sozialwissenschaften.
Gangl, M. (2010). Causal inference in sociological research. *Annual Review of Sociology, 36*(1), 21–47.
Garcia, M. (2011). *Micro-methods in evaluating governance interventions. Evaluation of budget support as an aid instrument: Development and applications of evaluation methods and approaches. Evaluation working papers*. Bonn: Bundesministerium für wirtschaftliche Zusammenarbeit und Entwicklung.
Gerber, A. S., Karlan, D., & Bergan, D. (2009). Does the media matter? A field experiment measuring the effect of newspapers on voting behavior and political opinions. *American Economic Journal: Applied Economics, 1*(2), 35–52.
Goertz, G., & Mahoney, J. (2012). *A tale of two cultures. Qualitative and quantitative research in the social sciences*. Princeton: Princeton University Press.
Greenwood, E. (1945). *Experimental sociology: A study in method*. New York: King's Crown Press.
Guala, F. (2005). *The methodology of experimental economics*. Cambridge: Cambridge University Press.
Hamenstädt, U. (2012). *Die Logik des politikwissenschaftlichen Experiments. Methodenentwicklung und Praxisbeispiel*. Wiesbaden: VS Verlag für Sozialwissenschaften.
Hamenstädt, U. (2015). Experimentelle Politikwissenschaft. Über die Untersuchung von Entscheidungen in der experimentellen Forschung. In A. Glatzmeier & H. Hilgert. (Hrsg.), *Entscheidungen: Geistes- und sozialwissenschaftliche Beiträge zu Theorie und Praxis* (S. 43–54). Wiesbaden: Springer VS.
Heckman, J. J. (2008). Econometric causality. *International Statistical Review, 76*(1), 1–27.
Heller, J. (2012). *Experimentelle Psychologie. Eine Einführung*. München: Oldenbourg.
Huber, S. (2012). Experimente im Vergleich. *Methoden - Daten - Analysen, 6*(2), 213–244.
Kalwitzki, T., Kittel, B., Luhan, W. J., & Peuker, B. (2015). Strategische Wort-Wahl in der Politik: Ein qualitativer Ansatz zur Analyse experimenteller Gremienwahlen. In T. Bräuninger, A. Bächtiger, & S. Shikano (Hrsg.), *Jahrbuch für Handlungs- und Entscheidungstheorie, Bd. 9: Deliberation und Aggregation* (S. 65–92). Wiesbaden: VS Verlag für Sozialwissenschaften.

Kanitsar, G., & Kittel, B. (2015). Experimentelle Methoden. In G. Wenzelburger & R. Zohlnhöfer. (Hrsg.), *Handbuch Policy-Forschung* (S. 379–407). Wiesbaden: Springer VS.
King, G. (1995). Replication, replication. *Political Science and Politics, 28*(3), 443–449.
Kühnel, S., & Dingelstedt, A. (2014). Kausalität. In N. Baur (Hrsg.), *Handbuch Methoden der empirischen Sozialforschung* (S. 1017–1028). Wiesbaden: Springer VS.
McDermott, R. (2002). Experimental methods in political science. *Annual Review of Political Science, 5*(1), 31–61.
McGraw, K. (1996). Political methodology. Research design and experimental methods. In R. E. Goodin & H.-D. Klingemann. (Hrsg.), *A new handbook of political science* (S. 769–786). Oxford: Oxford University Press.
McGraw, K., Morton, R.B. and Williams, K. (2001). Introduction: The Advent of an Experimental Political Science. In: Experimental Methods in Political Science.
Morton, R. B., & Williams, K. C. (Hrsg.). (2010). *Experimental political science and study of causality. From nature to the lab.* Cambridge: Cambridge University Press.
Morton, R. B., & Williams, K. C. (2012). Experimente in der Politischen Ökonomie. In T. Bräuninger, A. Bächtiger, & S. Shikano (Hrsg.), *Jahrbuch für Handlungs- und Entscheidungstheorie, Bd. 7: Experiment und Simulation* (S. 13–30). Wiesbaden: VS Verlag für Sozialwissenschaften.
Petersen, T. (2002). *Das Feldexperiment in der Umfrageforschung.* Frankfurt a. M.: Campus.
Pickel, S., Pickel, G., Lauth, H.-J., & Jahn, D. (2015). *Methoden der vergleichenden Politik- und Sozialwissenschaft. Neue Entwicklungen und Anwendungen.* Wiesbaden: VS Verlag für Sozialwissenschaften.
Popper, K. (Hrsg.). (2005). *Logik der Forschung.* Tübingen: Mohr Siebeck.
Roth, A. E. (1995). Introduction to experimental economics. In J. H. Kagel & A. E. Roth. (Hrsg.), *The handbook of experimental economics* (S. 3–109). Princeton: Princeton University Press.
Rubin, D. B. (1986). Statistics and causal inference: Comment: Which ifs have causal answers. *Journal of the American Statistical Association, 81*(396), 961–962.
Rubin, D. B., & Waterman, R. P. (2006). Estimating the causal effects of marketing interventions using propensity score methodology. *Statistical Science, 21*(2), 206–222.
Scharpf, F. (2000). *Interaktionsformen. Akteurszentrierter Institutionalismus in der Politikforschung.* Opladen: Leske + Budrich.
Shadish, W. R., Cook, T. D., & Campbell, D. T. (Hrsg.). (2002). *Experimental and quasi-experimental designs for generalized causal inference.* Boston: Houghton Mifflin.
Snow, J. (1855). *On the mode of communication of cholera.* London: Churchill.
Wundt, W. (1907). Über Ausfragemethoden und über die Methoden zur Psychologie des Denkens. *Psychologische Studien, 3,* 301–360.

Empfohlene Literatur

Diekmann, A. (2010). *Empirische Sozialforschung. Grundlagen, Methoden, Anwendungen* (21. Aufl.). Reinbek bei Hamburg: Rowohlt. (Allgemeiner Überblick zu sozialwissenschaftlichen Methoden)
Hamenstädt, U. (2012). *Die Logik des politikwissenschaftlichen Experiments. Methodenentwicklung und Praxisbeispiel.* Wiesbaden: VS Verlag für Sozialwissenschaften. (Breiter Überblick zu Experimenten in der Politikwissenschaft)

McDermott, R. (2002). Experimental methods in political science. *Annual Review of Political Science, 5*(1), 31–61. (Standardartikel zu Experimenten in der Politikwissenschaft)

Roth, A. E. (1995). Introduction to experimental economics. In J. H. Kagel & A. E. Roth. (Hrsg.), *The handbook of experimental economics* (S. 3–109). Princeton: Princeton University Press. (Zu den Zielen experimenteller Forschung)

Gütekriterien experimenteller Forschung 4

Die Validität, Reliabilität und Objektivität sind entscheidende Gütekriterien eines Experiments, da sie die Basis für zuverlässige, verwertbare und eindeutige Auswertungen sind. Gütekriterien sagen etwas über die Qualität bzw. die Güte eines Messvorgangs aus, die entscheidend ist für den Untersuchungserfolg bzw. die Aussagefähigkeit der Ergebnisse. Dabei handelt es sich um wissenschaftliche Kriterien, die oft nur schwer zu erfüllen sind, da bei sozialwissenschaftlichen Experimenten die Einflussgrößen auf das zu untersuchende Phänomen schwer zu kontrollieren sind (Morton und Williams 2010).

Die Validität als das wichtigste Gütekriterium von Experimenten bezeichnet die kausale Zurückführung einer Verhaltens- oder Merkmalsausprägung der abhängigen Variablen auf die Veränderung der unabhängigen Variablen. Die Reliabilität betrifft die Zuverlässigkeit einer Messung, das heißt die Angabe, ob ein Messergebnis bei einer erneuten Untersuchung unter den gleichen Umständen stabil ist bzw. zu gleichen Befunden führt. Darüber hinaus stellt sich das Problem der objektiv gültigen Messung in den Sozialwissenschaften in verstärkter Weise, da hier der Versuchsleiter und die jeweiligen Probanden in einer sozialen Interaktion aufeinander einwirken (Diekmann 2010). Unter Objektivität eines Experiments wird die Unabhängigkeit der Versuchsergebnisse von den Rahmenbedingungen verstanden, das heißt, eine Untersuchung sollte unabhängig von den räumlichen Bedingungen und den Versuchsleitern zu denselben Ergebnissen führen. Es gilt insgesamt, dass ohne Objektivität keine Reliabilität und ohne Reliabilität keine Validität vorliegt. Damit ist die Objektivität als eines der drei Hauptgütekriterien eine notwendige, aber keine hinreichende Bedingung für die Erfüllung der beiden anderen Gütekriterien (Rey 2012).

4.1 Validität

Validität (Gültigkeit) bezeichnet eines der Gütekriterien für Messinstrumente bzw. die Belastbarkeit einer Untersuchung. Validität, abgeleitet aus dem lateinischen Wort „validus" (=„kräftig", „wirksam"; engl. „validity"=„Gültigkeit"), bezeichnet im Kontext der experimentellen Forschung den Grad der Wahrheit über die untersuchte Kausalbeziehung. Das heißt, die Validität ist kein Merkmal eines bestimmten Forschungsdesigns, sondern des gezogenen Schlusses auf der Grundlage der Untersuchung. Sie ist von zentraler Bedeutung dafür, ob sich die Ergebnisse der Untersuchung verallgemeinern lassen. Shadish et al. (2002, S. 513) definieren den Begriff der Validität als „[t]he truth of, correctness of, or degree of support for an inference". In Anlehnung hieran wird Validität von Morton und Williams (2010, S. 254) beschrieben als „[t]he approximate truth of the inference or knowledge claim". Demnach stellt die Validität die Frage danach, was die Daten aus der Untersuchung verraten und ob sie „wahr" sind. Validität bezeichnet einerseits die Belastbarkeit der Operationalisierung („Inwieweit misst das Testinstrument wirklich das, was es zu messen vorgibt?") und andererseits die Belastbarkeit der auf den Messungen basierenden Aussagen oder Schlussfolgerungen („Inwieweit trifft es zu, dass X wirklich Y beeinflusst?").

In den Sozialwissenschaften wird zwischen interner und externer Validität unterschieden. Diese Unterscheidung geht auf Campbell (1957) zurück und wird bis heute von Politikwissenschaftlern angewendet (Morton und Williams 2010). Im Rahmen der Bewertung experimenteller Designs wird insbesondere der internen Validität eine zentrale Bedeutung beigemessen. Campbell und Stanley (1963, S. 175) sprechen in diesem Zusammenhang von der „sine qua non" (lat.: notwendige Bedingung, unerlässliche Voraussetzung), der das Kriterium der externen Validität in der experimentellen Forschung nachgeordnet ist.

Interne Validität besteht, wenn die Veränderung der abhängigen Variablen Y eindeutig auf die Veränderung der unabhängigen Variablen X zurückgeführt werden kann. Das heißt, Alternativerklärungen für das Vorliegen oder die Höhe des gefundenen Effekts müssen weitestgehend ausgeschlossen werden können. Die interne Validität wird darüber hinaus in die statistische, die kausale und die Konstruktvalidität unterteilt (Morton und Williams 2010; Rauhut und Winter 2012).

Externe Validität liegt vor, wenn das Ergebnis in der Stichprobe auf andere Personen, Situationen und Zeitpunkte übertragen bzw. generalisiert werden kann. Sie wird aufgeteilt in Replikation, Robustheit und Meta-Analysen (Cook und Campbell 1979). Zudem betonen Morton und Williams (2010) die Notwendigkeit, das Konzept der externen Validität von den benachbarten Konzepten der Generalisierbarkeit und der Umgebungs- oder Umweltvalidität experimenteller Ergebnisse abzugrenzen (siehe hierzu auch Hamenstädt 2012, S. 100).

4.1 Validität

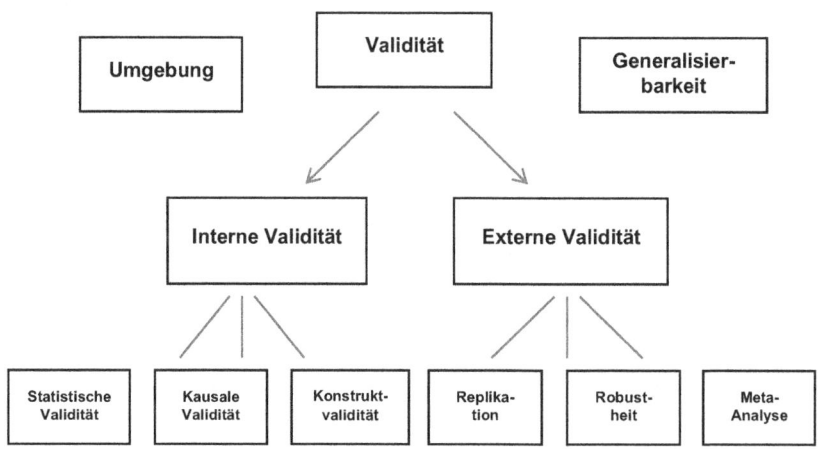

Abb. 4.1 Validität. (Quelle: Hamenstädt 2012, S. 101)

Die verschiedenen Formen von Validität werden in Abb. 4.1 dargestellt und in den folgenden Ausführungen detaillierter beschrieben.

4.1.1 Interne Validität

Die interne Validität (auch Ceteris-paribus-Validität) sagt etwas darüber aus, inwieweit durch die experimentelle Variation das gemessen wird, was gemessen werden soll. Nach Morton und Williams (2010, S. 255) ist die interne Validität „[t]he approximate truth of the inference or knowledge claim within a target population studied". Das heißt, als intern valide gilt eine experimentelle Untersuchung dann, wenn ein signifikanter Unterschied zwischen der Versuchs- und der Kontrollbedingung eindeutig auf die Manipulation der unabhängigen Variablen zurückzuführen ist (Campbell 1957). Die interne Validität ist damit untrennbar mit der erfolgreichen Randomisierung sowie der Kontrolle und Manipulation der Versuchsbedingungen verknüpft. Das bedeutet, die interne Validität gibt an, wie effektiv eventuell wirksame Störvariablen kontrolliert wurden. Das heißt, erst wenn alle Variablen kontrolliert sind, kann der Forscher davon ausgehen, dass der Kausalschluss auf Grundlage der Untersuchung zulässig ist.

Statistische Validität

Bei der statistischen Validität wird die Frage gestellt, ob ein signifikanter Zusammenhang zwischen dem Treatment und der abhängigen Variablen besteht und ob dieser aussagekräftig ist. Morton und Williams (2010, S. 256) definieren die statistische Validität folgendermaßen: „Whether there is a statistically significant covariance between the variables the researcher is interested in and whether the relationship is sizable." Cook und Campbell (1979) sehen insbesondere durch die oft niedrige Anzahl der Teilnehmer an Experimenten die statistische Validität gefährdet. So können die gängigen politikwissenschaftlichen statistischen Analyseverfahren schnell zu fehlerhaften Ergebnissen und Schlussfolgerungen hinsichtlich des Ursache-Wirkungsverhältnis führen. Oft wird auch bei einer dichotomen Ausprägung der abhängigen Variablen die OLS-Regression zur Analyse eingesetzt. Eine zentrale Bedeutung kommt daher Robustheits- bzw. Stresstests bei experimentellen Untersuchungen zu. Wenn bestimmte Parameter oder Axiome eines Modells verändert oder weggelassen werden, um deren Relevanz für das Modell zu überprüfen, wird dies als Stresstest bezeichnet (Hamenstädt 2012, S. 76). Zuletzt sollte der Forscher berücksichtigen, dass durch kleine Fallzahlen die Schätzung der Fehlerterme des statistischen Modells schwierig werden kann (Rey 2012).

Kausale Validität
Bei der kausalen Validität wird untersucht, ob zwischen der abhängigen Variablen und dem Treatment ein kausaler Zusammenhang besteht. Morton und Williams (2010, S. 256) definieren die kausale Validität als „[w]hether the relationships the researcher finds within the target population analyzed are causal". Kausale Validität wird daher oftmals mit der internen Validität gleichgesetzt (Hamenstädt 2012, S. 103–104). Die Chance, kausale Validität in einem Experiment zu erhalten, wird zumeist durch begrenzte Eingriffsmöglichkeiten in den Datenerhebungsprozess eingeschränkt. Wenn etwa die Auswirkungen von Informationen hinsichtlich politischer Kandidaten oder Parteien auf das Wahlverhalten von Bürgern untersucht werden sollen, lassen sich diese idealerweise durch eine zufällige Aufteilung einer Gruppe von Probanden in Experimental- und Kontrollgruppe ermitteln. Der Experimentalgruppe wird dann bestimmte Information gegeben, der Kontrollgruppe hingegen nicht; anschließend wird der Unterschied zwischen den beiden Gruppen gemessen. Sollen jedoch die Auswirkungen von Bildung auf das Wahlverhalten gemessen werden, stellt dies den Versuchsleiter vor größere Probleme, da der Bildungsstand eines Probanden sich nicht zufällig auf die Probanden im Experiment verteilen lässt (Hamenstädt 2012, S. 104). Zur Beantwortung dieser Frage muss das Untersuchungsdesign gegebenenfalls anders konzipiert werden, so dass der Zusammenhang zwischen dem Treatment und der abhängigen Variablen eventuell nur indirekt zu messen ist. Hierbei stellt sich die Frage nach der kausalen Validität. Insgesamt zeigt sich, dass fast alle bisher angeführten Überlegungen und Herausforderungen Fragen nach der Abbildbarkeit und der Verbesserung der kausalen Validität in experimentellen Untersuchungen sind. Dieser Form der Validität sollte

4.1 Validität

deshalb immer besondere Aufmerksamkeit bei der Planung und Durchführung experimenteller Untersuchungen gewidmet werden (Hamenstädt 2012).

Konstruktvalidität
Die Konstruktvalidität spielt eine Rolle, wenn durch das Experiment eine Theorie bzw. ein Teil einer Theorie getestet werden soll. Unter dem Begriff Konstrukt werden theoretische Eigenschaftsdimensionen (oder auch latente Variablen) verstanden. Morton und Williams (2010, S. 256) definieren die Konstruktvalidität als „[w]hether the inferences from the data are valid for the theory (or constructs) the researcher is evaluating in a theory testing experiments". Das heißt, die Konstruktvalidität bezieht sich auf die Zuverlässigkeit von Aussagen aufgrund der Operationalisierung des dahinterliegenden Konstrukts. Dies ist meist dann der Fall, wenn der Bedeutungsumfang des Konstrukts vollständig, präzise und nachvollziehbar abgebildet ist. Als Indikatoren der Konstruktvalidität gelten die konvergente und diskriminante (oder auch divergente) Validität. Um einen vollständigen Nachweis der Konstruktvalidität zu gewährleisten, müssen beide Indikatoren gegeben sein. Die Konvergenzvalidität bedeutet, dass die Messergebnisse von Testverfahren, die dasselbe Konstrukt abbilden, hoch miteinander korrelieren müssten. Die Diskriminanzvalidität beinhaltet, dass die Messdaten von Testverfahren, die verschiedene Konstrukte abbilden, nur gering miteinander korrelieren, sofern die Konstrukte auch tatsächlich voneinander unabhängig sind. Das empirische Vorgehen bei der konvergenten und diskriminanten Validität ist wiederum ein Spezialfall der Kriteriumsvalidität. Mithilfe der Multitrait-Multimethod-Analyse werden die konvergente und diskriminante Validität anhand einer einzigen Stichprobe miteinander verglichen. Dabei wird erwartet, dass die konvergente Validität größer ist als die diskriminante (Wacker 2004).

Beispiele im Zusammenhang mit der Konstruktvalidität sind das Testen von formalen Modellen in Laborexperimenten und den Möglichkeiten des deduktiven Schließens aus den experimentellen Ergebnissen für die zu untersuchende Theorie. Hierbei ist der Kontext des Experiments zumeist komplexer, als es der Versuch abbilden kann (Shadish et al. 2002). Untersucht wird im Experiment jedoch selten ein theoretisches Gesamtkonstrukt, sondern vielmehr ein oder einige wenige spezifische Elemente aus einer Theorie. Konstruktvalidität stellt in diesem Kontext die Frage nach dem Zusammenhang zwischen den experimentell erhobenen Daten und ihrer Bedeutung für die Theorie bzw. für das zugrunde liegende Konstrukt. Somit wird nicht nur der Zusammenhang zwischen dem Treatment und der abhängigen Variable untersucht, sondern auch, ob die Untersuchung den kausalen Zusammenhang der Theorie oder des Modells abbildet (Hamenstädt 2012, S. 104).

Faktoren, die die Konstruktvalidität mindern können, sind etwa eine vage Definition des Konstrukts, „Mono-Operation Bias" (nur ein Aspekt des Konstrukts wird untersucht) oder „Mono-Method Bias" (nur eine Methode wird zur Operationalisierung des Konstrukts verwendet) (Krauth 2000).

4.1.2 Externe Validität

Mit der hochgradigen Kontrolle der experimentellen Situation wird in den meisten Fällen eine hohe interne Validität erreicht, jedoch kann es sein, dass dadurch die Untersuchungssituation so unnatürlich wird, dass sie in der tatsächlichen Realität gar nicht oder nur selten so auftritt. Inwieweit die tatsächliche Realität durch das Experiment abgebildet wird, wird mit der externen Validität beschrieben. Die externe Validität, auch Allgemeingültigkeit, Verallgemeinerungsfähigkeit oder ökologische Validität genannt, ist ein Indikator dafür, inwieweit sich die erzielten Ergebnisse des Experiments generalisieren lassen, genauer gesagt, inwieweit diese auf die Realität übertragen werden und eine Allgemeingültigkeit für sich in Anspruch nehmen können. Das heißt, sie bezeichnet die Übereinstimmung von tatsächlichem und intendiertem Untersuchungsgegenstand. Damit wird infrage gestellt, ob die jeweilige experimentelle Untersuchung reale politische Prozesse oder Entscheidungssituationen überhaupt adäquat nachbilden kann. Morton und Williams (2010, S. 255) definieren die externe Validität als „[t]he approximate truth of the inference or knowledge claim for observations beyond the target population studied". Externe Validität stellt nach der Interpretation von Morton und Williams die Frage, ob sich die Ergebnisse der jeweiligen experimentellen Untersuchung auch auf andere Grundgesamtheiten (Extrapolation)[1] übertragen lassen. Plott (1991, S. 906) hält jedoch dagegen: „[T]he experiment should be judged by the lessons it provides about the theory and not by its similarity with what nature might have happened to have created." Dieser Argumentation zufolge ist nicht immer ein „mundane realism" notwendig, sondern eher ein „experimental realism" (Aronson et al. 1998, S. 485), um valide Ergebnisse zu erlangen. Entscheidend für viele politikwissenschaftliche Fragestellungen ist demnach nicht unbedingt eine möglichst detailgetreue Nachbildung der Realität, sondern eher die Übertragung und Berücksichtigung des sozialen Kontexts politischen Verhaltens. Für viele politikwissenschaftliche Fragestellungen ist es deshalb von Bedeutung, die jeweils

---

[1] Unter Extrapolation wird die Bestimmung eines oft mathematischen Verhaltens über den gesicherten Bereich hinaus verstanden. Eine statistische Extrapolation wird auch häufig Hochrechnung genannt.

wesentlichen Elemente des Kontexts einer realweltlichen Situation auch in der experimentellen Situation abzubilden. Ein Beispiel sind die experimentellen Untersuchungen zu politischer Kommunikation, in der Versuchspersonen, die mit einer bestimmten Nachricht konfrontiert werden, in ihren Meinungen von deren Inhalt beeinflusst werden, beispielsweise durch Priming- oder Framing-Effekte. Der Priming-Begriff bezeichnet in der Psychologie die Beeinflussung der Verarbeitung (Kognition) eines Reizes dadurch, dass ein vorangegangener Reiz Gedächtnisinhalte aktiviert. Diese Aktivierung spezieller Assoziationen im Gedächtnis aufgrund von Vorerfahrungen mit den betreffenden Informationen geschieht häufig unbewusst (Myers 2008). Framing-Effekte beinhalten hingegen, dass unterschiedliche Formulierungen einer Botschaft gleichen Inhalts die Einstellungen und Verhaltensweisen des Empfängers, etwas des Wählers, unterschiedlich beeinflussen (Stocke 2002; Chong und Druckman 2007). Der Großteil der Experimente ignoriert jedoch oft den realen Kontext von Medienrezeption außerhalb des Labors, nämlich die Möglichkeit einer Wahl zwischen verschiedenen Medienquellen und Berichten. Wenn diese Wahlmöglichkeit auch im experimentellen Design gegeben ist, verändern sich die Effekte systematisch (Hamenstädt 2012).

Die externe Validität kann durch eine Vielzahl weiterer Störfaktoren beeinträchtigt werden, so etwa, wenn wechselseitige Beziehungen zwischen dem untersuchten kausalen Vorgang und den Untersuchungseinheiten, den Treatments, der Art der abhängigen Variablen oder den kontextabhängig wirkenden Effekten bestehen (Eifler 2014). Die externe Validität erhöht sich jedoch mit jeder erfolgreichen Replikation der Befunde, denn durch die Wiederholung mit anderen Probanden (Altersgruppen, Geschlecht, Bildung, Kultur usw.) und Veränderungen der Versuchsbedingungen werden die Einschränkungen für die Gültigkeit der Befunde geringer.

Replikation
Replikation bezeichnet in den Sozialwissenschaften die Wiederholung einer Studie mit dem Ziel der Kontrolle der Untersuchung. Bei einer Replikation wird ein Experiment so genau wie möglich unter den Bedingungen des Vorgängerversuchs durchgeführt, um eine Reproduzierbarkeit nachzuweisen. Nach Fisher (1935) zählt die Replikation – neben den Erfordernissen des Vergleichs durch die Bildung von Gruppen und der Randomisierung – zu den wichtigsten Kriterien eines Experiments. Bei der Replikation ist zwischen der wissenschaftlichen und der statistischen Replikation zu unterscheiden. Die wissenschaftliche Replikation berücksichtigt Ergebnisse anderer Forschungen oder es wird eine neue Gruppe aus einer neuen Grundgesamtheit experimentell überprüft (Bortz und Döring 2009). Bei der statistischen Replikation werden entweder neue Experimentalgruppen aus der gleichen Grundgesamtheit gezogen oder andere statistische Methoden zur Auswertung

herangezogen (Morton und Williams 2010). In beiden Fällen wird an dem gleichen Theorierahmen festgehalten, unter dem das Experiment durchgeführt wurde. Bei Feldexperimenten stellt sich die Frage jedoch noch einmal in einer komplizierteren Form, da der Effekt des Treatments hier mit weniger Kontrolle gemessen werden kann (Hamenstädt 2012, S. 106).

Robustheit
Der Begriff Robustheit wird in verschiedenen Zusammenhängen genutzt; in der Statistik etwa bei Schätzern oder statistischen Tests. So ist ein statistisches Maß robust, wenn es nicht zu sehr von sogenannten Ausreißern beeinflusst wird. Die Robustheit der experimentellen Ergebnisse kann durch sogenannte Stresstests überprüft werden, bei der die Parameter der zu überprüfenden Annahme gezielt verändert werden. So kann durch Manipulationen der Treatment-Variablen untersucht werden, welche Teilaspekte des Treatments für das gemessene Ergebnis von Bedeutung sind. Eine weitere Möglichkeit der Überprüfung besteht in einer (stufenweisen) Reduktion des Treatments. Soll beispielsweise der Zusammenhang zwischen Informationen und einem Wahlentscheid gemessen werden, können die vorhandenen Informationen in der Experimentalgruppe schrittweise reduziert und die Auswirkungen auf das Ergebnis gemessen werden (Morton und Williams 2010; Hamenstädt 2012).

Meta-Analyse
Nach Hamenstädt (2012, S. 107) zählt auch die Meta-Analyse als eine Methode zur statistischen Auswertung von Replikationsstudien. Diese stellt eine Zusammenfassung von Primäruntersuchungen zu Metadaten dar, die mit quantitativen, statistischen Mitteln arbeitet. Die Meta-Analyse umfasst alle Elemente des sozialwissenschaftlichen Forschungsprozesses, wie sie auch bei Primäruntersuchungen vollzogen werden. Meta-Analysen lassen sich in verschiedene (Vor-)Stufen unterteilen. So geht es zunächst um eine Übersicht über existierende Literatur, um die Forschungsfrage zu spezifizieren (Narrative Review). Dieser Prozess geht im Regelfall jeder wissenschaftlichen Untersuchung voraus und das Ergebnis wird zumeist am Beginn der Studie vorgestellt. Bei der systematischen Zusammenfassung (Systematic Review) von bereits bestehenden Forschungsergebnissen wird zwischen quantitativen und qualitativen Ergebnissen unterschieden. Bei der Meta-Analyse werden die Ergebnisse der quantitativen Untersuchungen systematisch zusammengeführt und diese Ergebnisse ebenfalls quantitativ ausgewertet. Bei einem Zugriff auf das zugrunde liegende Datenmaterial, das in die Meta-Analyse einbezogen wird, ist es möglich, die Daten sinnvoll zusammenzuführen und erneut in einem Pool auszuwerten (Pooled Analysis). Da dieser letzte Schritt oftmals nicht

4.1 Validität

ohne weiteres möglich ist, bestehen die meisten Meta-Analysen aus einer statistischen Aufbereitung der Ergebnisse bereits existierender Studien. Hierdurch kann nicht nur ein guter Überblick über das Forschungsfeld gegeben und Forschungslücken erkannt werden, sondern es können auch einzelne Studien hinsichtlich ihrer externen Validität überprüft werden.

Hamenstädt (2012, S. 107) verweist beispielhaft auf eine von Lau et al. (2007) durchgeführte Meta-Analyse, in der die Auswirkungen von politischen Negativkampagnen untersucht werden. Ihre Analyse baut auf einem älteren Vorgehen auf und erweitert die dort angewendete Methodik. Für die Meta-Analyse schlagen Lau et al. (2007) vier Schritte vor. Zuerst werden die relevanten Felder identifiziert, in denen nach Literatur und Daten geforscht werden soll. Danach werden alle Daten zusammengetragen. In einem dritten Schritt werden von den Forschern die (quantitativen) Kriterien des Messverfahrens festgelegt, anhand derer die Daten systematisiert und ausgewertet werden. Im letzten Schritt werden die Daten anhand der festgelegten Kriterien zusammengeführt und gegebenenfalls neu statistisch ausgewertet (Johnson und Mislin 2011; Hamenstädt 2012; Balliet und van Lange 2013).

Die hier aufgeführten Kategorien der internen und externen Validität grenzen sich, wie bereits erwähnt, in der dargelegten Vorstellung von den Konzepten der Umwelt- bzw. der ökologischen Validität ab. Die jeweiligen Unterschiede werden im nächsten Abschnitt genauer beschrieben.

4.1.3 Umgebung

Unter der Umgebungs- und Umweltvalidität wird die Übereinstimmung zwischen der Forschungs- und der Zielumwelt verstanden. So kann sich beispielsweise bei der Untersuchung von Wahlverhalten für den Forscher die Frage stellen, ob er für seine Untersuchung eine möglichst realitätsnahe Umgebung schaffen möchte, zum Beispiel durch das Aufstellen von Wahlkabinen und Wahlurnen im Labor, oder ob eher ein Feldexperiment durchgeführt werden soll, indem die Datenerhebung an einem Ort stattfindet, an dem Wahlen real durchgeführt werden. Diese Überlegungen betreffen jedoch nicht unbedingt die Frage nach der Validität eines Experiments (Hamenstädt 2012, S. 108). Es ist offensichtlich, dass Probanden, die in einem Labor eine Wahlwerbung gezeigt bekommen, diese dort anders wahrnehmen als in ihrer eigenen Wohnung, da ihnen bewusst ist, dass sie unter Kontrolle stehen und zu dem Gesehenen später eventuell auch befragt werden (Green und Gerber 2002). Daher sollte sich der Forscher bei der Entwicklung des Forschungsdesigns die Frage stellen, ob die Umgebung eine für die Beantwortung der Forschungsfrage relevante Größe ist oder ob es ausreicht, sie für Experimental-

und Kontrollgruppe ähnlich „künstlich" zu gestalten. Der Rückschluss, dass eine realitätsnahe Gestaltung der experimentellen Umgebung für die Erlangung von Forschungsergebnissen stets besser geeignet ist oder sogar die externe Validität erhöhen würde, ist nicht möglich. Die Frage, die sich jedoch hinsichtlich der Umgebungsvalidität stellt, ist die, ob die Umgebung eine Störvariable im Design sein könnte: Denn wenn ein Experiment nur aus einer Experimentalgruppe bestehen würde, die eine spezifische Information in einem Labor erhält, und aus einer Kontrollgruppe, die das Treatment nicht bekommt, wäre dies kein gutes Forschungsdesign. Der Grund dafür liegt darin, dass der Versuchsleiter nicht mehr zwischen der Einwirkung der Umgebung und dem Treatment selbst unterscheiden könnte bzw. die Umgebung als Treatment fungiert. Bereits bei der Designentwicklung wäre in diesem Fall ersichtlich, dass es besser wäre, die Information auf einen spezifischen Forschungsgegenstand hin zu manipulieren und allein die entstehenden unterschiedlichen Treatments miteinander zu vergleichen. Aus den Unterschieden der Reaktionen der Probanden im Experiment würde sich dann auch eine Kausalaussage bezüglich der Wirkung der Manipulation im Experiment treffen und weiterhin der Effekt des Treatments bestimmen lassen (Hamenstädt 2012, S. 108).

Ein weiterer Kritikpunkt, der an dem dichotomen Verständnis von Künstlichkeit und Realität der wissenschaftlichen Forschung ansetzt und sich auf die Frage nach der akkuraten Umsetzung von Experimenten und deren Umgebung bezieht, betrifft das Verhältnis von Theorie und Empirie. So ist bei der empirischen Überprüfung einiger Theorien oft nicht ersichtlich, welchen Nutzen sie für den wissenschaftlichen Erkenntnisprozess haben kann, wenn die Überprüfung in einer künstlichen Umgebung durchgeführt wird. Es geht in der Empirie jedoch um die Umsetzung von Theorie und um die Gestaltung eines Forschungsdesigns mit dem Ziel der bestmöglichen Evaluation der Theorie oder, wie es bei Experimenten der Fall ist, der Prüfung einzelner Theorieelemente bzw. Axiome (Hamenstädt 2012). Morton (2007, S. 368) fasst das mit den folgenden Worten gut zusammen: „It is important to remember that the goal of the experimentalist was not to design a world that was like real world legislatures. The goal was to design a world that looked like the theory and then see if indeed real individuals, placed in the real world, behaved as predicted."

Es zeigt sich also, dass die Umwelt oder Umgebung als ein Treatment oder als eine Drittvariable im Forschungsdesign auftreten kann. Bei vorexperimentellen Untersuchungen und quasi-experimentellen Designs kann dies zu einem erheblichen Problem werden. Bei experimentellen Designs, wie sie hier beschrieben werden, ist die Umgebung eine Drittvariable, die durch methodische Vorkehrungen stabil gehalten werden kann, das heißt ohne messbare Einwirkung auf den Effekt des Treatments bleibt. Die Annahme, dass (sozial)wissenschaftliche Ergebnisse durch eine realitätsnahe Umgebung valider und reliabler in ihren Aussagen werden, kann demnach zurückgewiesen werden. Dies ist nur dann der Fall, wenn die Umgebung für den Effekt des Treatments eine direkte Bedeutung hat. Oft ist es auch hilfreich, diesen Einfluss im Experiment auszublenden und durch Kontrolle die interne Validität des Experiments zu erhöhen (Hamenstädt 2012, S. 110).

4.2 Reliabilität

Die Reliabilität ist ein Maß für die formale Genauigkeit bzw. gibt die Zuverlässigkeit wissenschaftlicher Messungen an. Das heißt, eine Untersuchung wird dann als reliabel bezeichnet, wenn es bei einer Wiederholung der Messung unter denselben Bedingungen und an demselben Untersuchungsgegenstand zu demselben Ergebnis kommt. Hochreliable Ergebnisse müssen weitgehend frei von Zufallsfehlern sein, das heißt, bei Wiederholung der Messung unter gleichen Rahmenbedingungen würde das gleiche Messergebnis erzielt werden (Replizierbarkeit von Ergebnissen unter gleichen Bedingungen).

Die Reliabilität umfasst drei Aspekte: die Stabilität, das heißt die Gleichheit bzw. Ähnlichkeit des Messergebnisses bei der Anwendung zu unterschiedlichen Zeitpunkten; die Konsistenz, das heißt das Ausmaß, in dem alle Items, die in einem Test zu einem Merkmal zusammengefasst werden, dasselbe Merkmal messen; und die Äquivalenz, das heißt die Gleichwertigkeit von Messungen (Rey 2012).

Die Reliabilität kann mit verschiedenen Methoden geschätzt werden. Je nach Methode wird von anderen Reliabilitätstypen gesprochen. Die Paralleltest-Reliabilität gibt beispielsweise an, ob ein vergleichbares Messverfahren identische Ergebnisse zeigt, und wird im Paralleltest-Verfahren bestimmt. Dabei werden denselben Versuchspersonen zwei einander stark ähnelnde Tests dargeboten. Bei der Split-Half-Reliabilität wird mithilfe der Testhalbierungsmethode der Test in zwei Hälften unterteilt. Dabei ist jede Hälfte ein Paralleltest zur anderen Hälfte. Bei der Retest-Reliabilität wird der gleiche Test den Probanden zu verschiedenen Zeitpunkten dargeboten. Die Ergebnisse der ersten und zweiten Messung werden anschließend korreliert. Beim Test-Retest-Verfahren wird geprüft, ob eine Wiederholung der Messung bei Konstanthaltung der zu messenden Eigenschaft die gleichen Messdaten liefert.

Eine hohe Reliabilität ist grundsätzlich eine Voraussetzung für eine hohe Validität, wobei eine zu hohe Reliabilität zulasten der Validität gehen kann. Dies wird auch als Reliabilitäts-Validitäts-Dilemma bezeichnet (Rey 2012).

4.3 Objektivität

Objektivität ist das Ausmaß, in dem ein Untersuchungsbefund in der Durchführung, Auswertung und Interpretation vom Versuchsleiter nicht beeinflusst werden kann, bzw. sie liegt vor, wenn mehrere Forscher zu den gleichen Ergebnissen gelangen. Ein Test ist dann objektiv, wenn unterschiedliche Personen die Messungen unabhängig voneinander durchführen und dabei das gleiche Messergebnis entsteht. Es sind drei Arten von Objektivität zu unterscheiden: die Durchführungs-, die Auswertungs- und die Interpretationsobjektivität (Rey 2012).

Unter Durchführungsobjektivität wird das Ausmaß verstanden, in dem Untersuchungsergebnisse unabhängig von der Person des Versuchsleiters und den räumlichen Gegebenheiten sind. Das heißt, ein Experiment ist in seiner Durchführung als objektiv zu bewerten, wenn die Probanden nicht durch die Meinung des Versuchsleiters oder sein Ziel manipuliert werden. Deshalb sollte stets eine maximale Standardisierung der experimentellen Situation und eine minimale soziale Interaktion zwischen dem Versuchsleiter und den Probanden als auch unter den Probanden angestrebt werden.

Unter Auswertungsobjektivität ist das Ausmaß gemeint, in dem gleiches Verhalten eines Teilnehmers immer auf die gleiche Weise ausgewertet wird. Das heißt, die Auswertungsobjektivität ist dann gegeben, wenn bei der Verwertung der Ergebnisse keine Werte frei wählbar sind. Die Auswertungsobjektivität von standardisierten Intelligenztests (wie der Wechsler Adult Intelligence Scale IV) ist beispielsweise durch die standardisierte Auswertung als sehr hoch zu betrachten. Insgesamt gilt: Je weniger Freiheitsgrade der Forscher bei der Auswertung der Ergebnisse hat, desto höher ist die Auswertungsobjektivität (Amelang et al. 2002).

Ein Experiment ist interpretationsobjektiv, wenn aus den vorhandenen Ergebnissen von unterschiedlichen Forschern die gleichen Schlussfolgerungen getroffen werden. Das bedeutet, dass die Interpretationsobjektivität erfordert, dass individuelle Schlüsse des Forschers nicht in die Interpretation der Ergebnisse einfließen dürfen. Damit ist also das Ausmaß gemeint, in dem gleiche Ergebnisse auf die gleiche Weise interpretiert werden. Bei der Interpretationsobjektivität geht es demnach um die Frage, ob eine Untersuchung normiert ist oder nicht. Wenn unterschiedliche Normen verwendet werden, entstehen unterschiedliche Interpretationen der Forscher. Die Interpretationsobjektivität sagt aber nichts über die inhaltliche Güte der Ergebnisse aus. Wenn die Durchführungs- und Auswertungsobjektivität verletzt sind, kommt es auch zu verfälschten bzw. verzerrten Aussagen in der Interpretation der Befunde (Amelang et al. 2002; Rey 2012).

4.4 Zusammenfassung

Die Validität, Reliabilität und Objektivität sind die entscheidenden Gütekriterien für repräsentative Befunde eines Experiments, da sie die Basis für zuverlässige, verwertbare und eindeutige Auswertungen sind. Eine besondere Bedeutung kommt bei experimentellen Untersuchungen der internen Validität (wie effektiv wurden eventuell wirksame Störvariablen kontrolliert) und der externen Validität (inwieweit lassen sich die Ergebnisse über die teilnehmenden Versuchspersonen hinaus und auf allgemeinere Situationen generalisieren) zu. Externe und interne Validität werden oft als alternative Qualitätsmerkmale der experimentellen Forschung betrachtet. So zeigt sich nach der Ansicht vieler Forscher, dass zwischen der internen und externen Validität eine Art Antagonismus (Zielkonflikt) herrscht (Faas und Huber 2010). Das heißt, je höher die interne Validität eines experimentellen Forschungsdesigns ist, desto geringer ist die externe Validität der Ergebnisse und umgekehrt. Das bedeutet, dass die Erhöhung der internen Validität durch die Kontrolle aller Variablen häufig zulasten der Übertragbarkeit der Ergebnisse auf die Realität außerhalb der experimentellen Untersuchung geht. Die Sicherung der internen bzw. externen Validität baut wesentlich auf die Kontrolle von Störvariablen und schränkt somit die experimentelle Situation ein. Dies steht einer Generalisierbarkeit auf weniger restriktive Situationen entgegen. Umgekehrt kann der Versuch, eine möglichst hohe externe Validität im Rahmen einer weitgehend natürlichen experimentellen Situation zu erreichen, mit einer mangelnden Kontrolle möglicher Störvariablen verbunden sein. Dies gefährdet möglicherweise die interne Validität. Um diese zu sichern, wäre für das Experiment ein komplexeres Forschungsdesign erforderlich, bei dem die relevanten Störvariablen systematisch variiert werden.

Insgesamt führen Morton und Williams (2010, S. 275) zum Wechselverhältnis von interner und externer Validität jedoch an: „E)xternal validity can only be established for results that have been demonstrated to be internally valid. […] It makes no sense to say that some empirical research is low on internal validity but high on external validity." Auch Kittel (2015, S. 84) betont, dass die suggerierte Möglichkeit, „externe Validität anzustreben, ohne zu wissen, ob es den postulierten Zusammenhang überhaupt gibt", nicht haltbar erscheint. Das heißt, die externe Validität von experimentellen Befunden kann erst dann gewährleistet werden, wenn auch deren interne Validität vorliegt bzw. – wie Campbell und Stanley (1963, S. 175) es ausdrücken –, dass das Kriterium der externen der internen Validität in der experimentellen Forschung nachgeordnet ist.[2]

---

[2] Siehe hierzu auch Shram (2005, S. 225): „External validity is relatively more important for experiments searching for empirical regularities than for theory-testing experiments. As

Letztendlich ist die Frage nach dem für den Forschungsgegenstand geeigneten Design nicht nur eine Frage des Forschungsgegenstands selbst, sondern vor allem eine Frage des Untersuchungsziels und der Abwägung bei der Vermeidung spezifischer Probleme.

Was wichtig ist
- Die Validität, Reliabilität und Objektivität sind die entscheidenden Gütekriterien eines Experiments, da sie die Basis für zuverlässige, verwertbare und eindeutige Auswertungen sind.
- Validität ist ein Gütekriterium, das eine zentrale Rolle in der Unterscheidung von Experimenten spielt. Unterschieden wird dabei zwischen interner und externer Validität.
- Die interne Validität fokussiert, ob ein Resultat innerhalb einer untersuchten Gruppe vorliegt, wohingegen bei der externen Validität nach der Übertragbarkeit von Ergebnissen, auch auf andere Grundgesamtheiten, gefragt wird.
- Die interne Validität lässt sich aufteilen in die statistische, die kausale und die Konstruktvalidität; die externe Validität in Replikation, Robustheit und Meta-Analyse.
- Die Reliabilität ist ein Maß für die formale Genauigkeit bzw. gibt die Zuverlässigkeit wissenschaftlicher Messungen an.
- Objektivität ist das Ausmaß, in dem ein Untersuchungsbefund in der Durchführung, Auswertung und Interpretation vom Versuchsleiter nicht beeinflusst werden kann, bzw. liegt vor, wenn mehrere Forscher zu den gleichen Ergebnissen gelangen.
- Es ist zwischen Durchführungs-, Auswertungs- und Interpretationsobjektivität zu unterscheiden.
- Die Frage nach dem für den Forschungsgegenstand geeigneten Design ist schlussendlich nicht nur eine Frage des Forschungsgegenstands selbst, sondern vor allem eine Frage des Untersuchungsziels und der Abwägung bei der Vermeidung spezifischer Probleme.

---

experimental results are being used more often in the development of new theories, a methodological discussion of their external validity is becoming more important."

Literatur

Amelang, M., Fydrich, T., & Zielinski, W. (2002). *Psychologische Diagnostik und Intervention*. Berlin: Springer.
Aronson, E., Brewer, M. B., & Carlsmith, J. M. (1998). Experimentation in social psychology. In G. Lindzey & E. Aronson (Hrsg.), *Handbook of social psychology* (3. Aufl., S. 99–142). New York: Random House.
Balliet, D., & van Lange, P. A. M. (2013). Trust, punishment, and cooperation across 18 societies: A meta-Analysis. *Perspectives on Psychological Science, 8*(4), 363–379.
Bortz, J., & Döring, N. (2009). *Forschungsmethoden und Evaluation. Für Human- und Sozialwissenschaftler* (4., überarb. Aufl.). Heidelberg: Springer.
Campbell, D. T. (1957). Factors relevant to the validity of experiments in social settings. *Psychological Bulletin, 54*(4), 297–312.
Campbell, D. T., & Stanley, J. C. (1963). Experimental and quasi-experimental designs for research on teaching. In N. Gage (Hrsg.), *Handbook of research on teaching* (S. 171–246). Chicago: Rand McNally.
Chong, D., & Druckman, J. N. (2007). Framing theory. *Annual Review of Political Science, 10*(1), 103–126.
Cook, T. D., & Campbell, D. T. (Hrsg.). (1979). *Quasi-experimentation. Design & analysis issues for field settings*. Boston: Houghton Mifflin.
Diekmann, A. (2010). *Empirische Sozialforschung. Grundlagen, Methoden, Anwendungen* (21. Aufl.). Reinbek bei Hamburg: Rowohlt.
Eifler, S. (2014). Experiment. In N. Baur (Hrsg.), *Handbuch Methoden der empirischen Sozialforschung* (S. 195–210). Wiesbaden: Springer VS.
Faas, T., & Huber, S. (2010). Experimente in der Politikwissenschaft. Vom Mauerblümchen zum Mainstream. *Politische Vierteljahrsschrift, 51*(4), 721–749.
Fisher, R. A. (1935). *The design of experiments*. Edinburgh: Oliver & Boyd.
Green, D. P., & Gerber, A. S. (2002). Reclaiming the experimental tradition in political science. In I. Katznelson & H. V. Milner (Hrsg.), *Political science. State of the discipline* (S. 805–832). New York: W. W. Norton.
Hamenstädt, U. (2012). *Die Logik des politikwissenschaftlichen Experiments. Methodenentwicklung und Praxisbeispiel*. Wiesbaden: VS Verlag für Sozialwissenschaften.
Johnson, N. D., & Mislin, A. A. (2011). Trust games. A meta-analysis. *Journal of Economic Psychology, 32*(5), 865–889.
Kittel, B. (2015). Experimente in der Wirtschaftssoziologie: Ein Widerspruch? In M. Keuschnigg & T. Wolbring (Hrsg.), *Experimente in den Sozialwissenschaften. Sonderband der Sozialen Welt* (S. 79–104). Baden-Baden: Nomos.
Krauth, J. (2000). *A handbook and dictionary for medical land behavioral research*. Amsterdam: Elsevier.
Lau, R. R., Sigelman, L., & Rovner, I. B. (2007). The effects of negative political campaigns. A meta-analytic reassessment. *The Journal of Politics, 69*(4), 1176–1209.
Morton, R. B. (2007). Why the centipede game experiment is important for political science. In J. H. Aldrich, J. E. Alt, & A. Lupia (Hrsg.), *Positive changes in political science. The legacy of Richard D. Mckelvey's most influential writings* (S. 365–376). Ann Arbor: University of Michigan Press.
Morton, R. B., & Williams, K. C. (Hrsg.). (2010). *Experimental political science and study of causality. From nature to the lab*. Cambridge: Cambridge University Press.

Myers, D. G. (2008). *Psychologie* (2., erw. und aktualisierte Aufl.) Berlin: Springer.
Plott, C. R. (1991). Will economics become an experimental science? *Southern Economic Journal, 57*(4), 901–919.
Rauhut, H., & Winter, F. (2012). On the validity of laboratory research in the political and social sciences: The example of crime and publishment. In B. Kittel, W. J. Luhan, & R. B. Morton (Hrsg.), *Experimental political science: Principles and practices* (S. 209–232). London: Palgrave Macmillian.
Rey, G. D. (2012). *Methoden der Entwicklungspsychologie: Datenerhebung und Datenauswertung.* eBook.
Schram, A. (2005). Artificiality: The tension between internal and external validity in economic experiments. *Journal of Economic Methodology, 12*(2), 225–237.
Shadish, W. R., Cook, T. D., & Campbell, D. T. (Hrsg.). (2002). *Experimental and quasi-experimental designs for generalized causal inference.* Boston: Houghton Mifflin.
Stocke, V. (2002). *Framing und Rationalität. Die Bedeutung der Informationsdarstellung für das Entscheidungsverhalten.* München: Oldenbourg.
Wacker, J. G. (2004). A theory of formal conceptual definitions. Developing theory-building measurement instruments. *Journal of Operations Management, 22*(6), 629–650.

Empfohlene Literatur

Cook, T. D., & Campbell, D. T. (Hrsg.). (1979). *Quasi-experimentation. Design & analysis issues for field settings.* Boston: Houghton Mifflin. (Klassiker der politikwissenschaftlichen Methodenliteratur).
Diekmann, A. (2010). *Empirische Sozialforschung. Grundlagen, Methoden, Anwendungen.* Reinbek bei Hamburg: Rowohlt. (Allgemeiner Überblick über sozialwissenschaftliche Methoden).
Hamenstädt, U. (2012). *Die Logik des politikwissenschaftlichen experiments. Methodenentwicklung und Praxisbeispiel.* Wiesbaden: VS Verlag für Sozialwissenschaften. (Kapitel 3, S. 63–124 (Ausführliche Behandlung der Gütekriterien experimenteller Forschung)).

Grundtypen des Experiments 5

Insgesamt werden drei Grundtypen des Experiments unterschieden: das Labor-, das Feld- sowie das Umfrageexperiment. Die Differenzierung der drei Grundformen ergibt sich vor allem aufgrund ihres Erhebungsorts und der jeweiligen Erhebungsart (Morton und Williams 2010). Beim Laborexperiment werden die Probanden in eine künstlich geschaffene soziale Situation gebracht. Dies bedeutet nicht, dass die Untersuchung unbedingt im Labor stattfinden muss. Es handelt sich lediglich um einen gemeinsamen Ort, an dem sich die Teilnehmer befinden und an dem alle Einflussfaktoren möglichst konstant gehalten, das heißt kontrolliert werden können. Bei Feldexperimenten hingegen bleiben die Teilnehmer in ihrer gewohnten Umgebung, das heißt, beide Gruppen, Experimental- und Kontrollgruppe, agieren in der realen Umwelt, in der auch die Intervention durch den Forscher stattfindet. Dabei wird der Begriff des Feldes vergleichsweise weit definiert und meint jede Umgebung, die nicht eigens für die Durchführung einer empirischen Untersuchung angelegt wurde. Im Gegensatz zum Laborexperiment kann der Versuchsleiter den Ablauf des Experiments hier jedoch nur eingeschränkt kontrollieren. Das Umfrageexperiment stellt eine Kombination des Labors- und Feldexperiments dar. Dieser Experimenttyp hat sich in den letzten Jahrzehnten insbesondere durch das Internet, das virtuelle Labor, etabliert. Umfrageexperimente zeichnen sich dadurch aus, dass die Probanden unabhängig von ihrem Standort teilnehmen können und dass während der Durchführung des Experiments kein Versuchsleiter physisch anwesend sein muss.

In den folgenden Ausführungen werden die drei Grundtypen des Experiments detaillierter beschrieben sowie deren Vor- und Nachteile erläutert. Anschließend wird auf Mischformen der drei Experimenttypen sowie auf nichtexperimentelle Untersuchungen eingegangen, da auch diese in der Politikwissenschaft oft Anwendung finden.

© Springer Fachmedien Wiesbaden 2016
I. Kubbe, *Experimente in der Politikwissenschaft*,
DOI 10.1007/978-3-658-09424-9_5

5.1 Laborexperimente

Laborexperimente besitzen den Vorteil der bestmöglichen Kontrolle der Teilnehmer, der Umgebung sowie anderer möglicher Störvariablen durch den Forscher. Das heißt, die Möglichkeit, einzelne unabhängige Variablen zu isolieren und ihren Einfluss auf die abhängige Variable zu testen, ist im Laborexperiment am besten zu realisieren (Iyengar 2011). Aufgrund der künstlich geschaffenen Situation ist bei Laborexperimenten die Manipulation und Kontrolle der unabhängigen Variablen auf allen Stufen bzw. in zeitlichen Phasen der Untersuchung möglich, das heißt, es kann eine Situation geschaffen werden, die vom Forscher gut zu kontrollieren und dokumentieren ist. Dies ermöglicht die genaue Untersuchung des vermuteten Kausalzusammenhangs, der im Optimalfall von anderen möglichen Einflussfaktoren isoliert werden und hierdurch messbar gemacht werden kann. Laborexperimente gelten auch als „gold standard" experimenteller Untersuchungen (McDermott 2002, S. 32), da sie die Kriterien der internen Validität am besten erfüllen. Auch die Kosten und der organisatorische Aufwand sind im Gegensatz zu anderen experimentellen Erhebungsformen vergleichsweise gering, da in den meisten Fällen nur ein Raum für die Durchführung vorhanden sein muss und die Untersuchung beliebig oft wiederholt werden kann. Daher ist es auch nicht verwunderlich, dass Laborexperimente eine weitverbreitete Form des politikwissenschaftlichen Experiments darstellen (Shadish et al. 2002).

In der Politikwissenschaft wurden mithilfe von Laborexperimenten in den vergangenen Jahren unterschiedliche Themen behandelt, wichtige Ergebnisse durch den Nachweis von Ursache-Wirkungszusammenhängen geliefert und so zur Theoriebildung beigetragen. Beispiele hierfür sind Laborexperimente zum Einfluss von Wahlsystemen auf das Wahlverhalten (McKelvey und Ordeshook 1984; Morton und Williams 1999) oder von Priming und Framing auf die Einstellungsbildung von Bürgern (Nelson und Kinder 1996), zur Bereitstellung von Kollektivgütern (Isaac und Walker 1988; Ostrom et al. 1992; Ostrom et al. 1994) oder zur Überprüfung formaler Modelle und spieltheoretischer Hypothesen zu Entscheidungen in Ausschüssen und Verhandlungen (Sauermann 2012).

Trotz vieler wichtiger Befunde blieben die Vorbehalte gegen Laborexperimente in der Politikwissenschaft lange Zeit bestehen und sind zum Teil bis heute präsent. Ein Hauptgrund dafür ist, dass dem Vorteil der internen Validität das Problem der externen Validität und der Generalisierbarkeit der empirischen Befunde gegenübersteht. Dies steht wiederum im Zusammenhang mit der Frage nach der Künstlichkeit der experimentellen Situation und der Teilnehmerauswahl am Experiment (Iyengar 2011). So wird in Laboren, die sich an Universitäten befinden, oftmals auf Studierende als Probanden zurückgegriffen. Ein weiterer Kritikpunkt ist, dass die

5.1 Laborexperimente

Verhaltensweisen von Probanden in der künstlichen Umgebung des Labors nicht natürlich sein können. So wird das Verhalten der Teilnehmer häufig durch die Anwesenheit des Versuchsleiters und durch den Effekt der sozialen Erwünschtheit beeinflusst. Auch muss beachtet werden, dass der Versuchsleiter trotz der Kontrolle fast aller Umweltaspekte häufig nicht das Verhalten der Probanden und ihre individuellen Voraussetzungen wie der jeweilige Bildungsstand, ein bestimmtes Vorwissen, die soziale Herkunft etc., die sie mitbringen, kontrollieren kann. Angesichts dieser angeführten Kritikpunkte sind die Ergebnisse von Laboruntersuchungen also stets mit Vorsicht zu interpretieren (Hamenstädt 2012).

Eine Möglichkeit, die externe Validität nicht zu sehr einzuschränken bzw. die experimentelle Situation nicht zu künstlich zu gestalten, würde etwa bei der Untersuchung von Wahlentscheidungen darin bestehen, die experimentelle Situation mit dem erforderlichen Zubehör so realistisch wie möglich zu gestalten, das heißt in diesem Fall etwa entsprechende Wahlkabinen mit Wahlurnen im Labor aufzustellen. Abhängig von der zu untersuchenden Fragestellung und dem Design kann dies wiederum einen hohen organisatorischen und eventuell auch finanziellen Aufwand benötigen. Auch bleibt der Durchführungsort trotz der entsprechenden Kulisse immer noch ein Labor, da es nicht der eigentliche Wahlort ist und die Probanden zur Forschungseinrichtung fahren müssen und sich durchaus bewusst sind, an einer wissenschaftlichen Untersuchung teilzunehmen. Es handelt sich im besten Fall nur um die Nachbildung einer Umgebung und ist nie die reale Umgebung. Ausgehend davon werden Feldexperimente oftmals als realitätsnäher betrachtet (Falk und Heckman 2009).

Zu berücksichtigen ist auch, dass das Experiment für die Probanden bereits mit dem Erscheinen am Ort des Experiments wie dem Labor beginnt, auch wenn die eigentliche Durchführung erst später stattfindet. Insbesondere bei Laborexperimenten kommt es zu Interaktionen mit anderen Teilnehmern vor der Untersuchung, die das spätere Verhalten der Probanden im Experiment beeinflussen können. Trotz einer zufälligen Auswahl der Probanden und Einteilung in die Experimental- und Kontrollgruppe ist dies nicht immer zu vermeiden. Die Interaktionen können etwa ein Weitergeben von Informationen bereits erfahrener Teilnehmer umfassen oder auch ein bewusstes Weglassen dieser. Auf diese Art kann es zu unterschiedlichen Erwartungen der Teilnehmer kommen, die dementsprechend ihr Verhalten an das Experiment „anpassen", was wiederum zur Verzerrung der experimentellen Ergebnisse führen kann (siehe auch Franzen und Pointer 2015).

Hervorgehoben werden muss dennoch wieder der komplementäre Charakter von Laborexperimenten zu anderen Methoden und Forschungsdesigns innerhalb der Politikwissenschaft sowie die Möglichkeit, spezifische Fragestellungen mit einer hohen internen Validität untersuchen zu können.

5.2 Feldexperimente

Feldexperimente sind ein weiterer Typus von Experimenten, der vor allem in den Anfängen der angloamerikanischen experimentellen Politikwissenschaft genutzt wurde und in den vergangenen Jahren eine Art Renaissance erlebte. Feldexperimente werden allgemein definiert als Untersuchungen kontrollierter Eingriffe in die politische Welt (Green und Gerber 2002). Nach Wolbring und Keuschnigg (2015, S. 224) ist ein Feldexperiment „als Design zu begreifen, das zum einen die drei wesentlichen Kernelemente des Experiments, also Gruppenbildung, Randomisierung und Manipulation [...], beinhaltet, und zum anderen unter natürlichen Bedingungen implementiert wird. Ein Design soll dabei als natürlich bezeichnet werden, wenn wahrgenommene Kontextbedingungen trotz Eingreifen des Forschenden nicht von realweltlichen Gegebenheiten abweichen."

Feldexperimente bieten die Möglichkeit, die Künstlichkeit vieler Labor- und auch Umfrageexperimente weitgehend zu überwinden, indem sogenannte „reale" Manipulationen in der natürlichen Umgebung der Teilnehmer vorgenommen werden. Dabei ist den Probanden häufig nicht bewusst, dass sie an einer Untersuchung teilnehmen. Daher wird angenommen, dass sie sich deshalb natürlicher verhalten als in einem Labor. Dies führt wiederum zu einer hohen externen Validität der Untersuchung, da die natürliche Umgebung, in der sie sich befinden, fast vollständig beibehalten wird. Die Manipulation der unabhängigen Variablen und Kontrolle ist jedoch nur so weit möglich, wie es in der natürlichen Umgebung angemessen und möglich ist. Hierzu hält Gerber (2011, S. 208) fest: „Although the degree of naturalism in field experiments is the distinctive strength of the method, it is important to keep in mind that the goal of most experimental interventions is to estimate a causal effect, not to achieve realism."

Da der Forscher nicht den gesamten Ablauf des Experiments vollständig kontrollieren kann, ist im Gegensatz zu Laborexperimenten die interne Validität sehr eingeschränkt, sodass auch die Befunde von Feldexperimenten stets vorsichtig zu interpretieren sind. Im Gegensatz zu Laborexperimenten weisen sie damit nicht die Eigenschaft auf, Kontrolle durch eine Form der „Künstlichkeit" auszuüben, sondern greifen zur Datenerhebung eher in die reale Umgebung ein. Hieran wird das Wechselverhältnis von interner und externer Validität besonders deutlich. Gerber (2011, S. 207) fasst das mit den folgenden Worten zusammen: „Field experiments seek to combine the internal validity of randomized experiments with increased external validity, or generalizability, gained through conducting the experiment in real-world settings. Field experiments aim to reproduce the environment in which the phenomenon of interest naturally occurs and thereby enhance the external validity of the experiment."

5.2 Feldexperimente

Generell werden bei Feldexperimenten zwei Typen von Forschungsdesigns unterschieden: *kontrollierte* und *randomisierte* Feldexperimente. Kontrollierte Feldexperimente wurden in der politikwissenschaftlichen Forschung in den 1920er Jahren und in den Jahrzehnten danach seltener eingesetzt. Das bekannteste Beispiel ist das bereits aufgeführte Experiment von Gosnell (1927), der die Mobilisierung von Wahlberechtigten im Feld untersuchte, indem Informationen über Parteien gezielt an Wohnblöcke oder Bezirke verteilt oder die betreffenden Anwohner aufgefordert wurden, sich für die Wahl registrieren zu lassen. Kontrollierte Feldexperimente zeichnen sich dadurch aus, dass keine Randomisierung der Probanden auf Experimental- und Kontrollgruppe erfolgt (Hamenstädt 2012, S. 52).

Durch innovative statistische Verfahren und ihre Anwendung in den Sozialwissenschaften erweiterte sich das Untersuchungsfeld um randomisierte Experimente (Green und Gerber 2003). Diese wurden insbesondere während des Zweiten Weltkriegs von US-amerikanischen Forschern über die Wirkung von Medien durchgeführt. So wurde überprüft, ob sich Filme zur Beeinflussung bzw. Manipulation des Militärpersonals eignen (Green und Gerber 2003). Das von Eldersveld in den 1950er Jahren durchgeführte Experiment, das Gosnells Design aufgriff und durch die Randomisierung verbesserte, ist ein weiteres Beispiel hierfür (Eldersveld 1956). Die Möglichkeit, einzelne Personen zufällig dem Treatment aussetzen zu können, ermöglichte eine bessere Kontrolle potenzieller Störvariablen und erhöhte somit die Aussagekraft der experimentellen Studien. Dadurch wurden randomisierte Experimente in den Sozialwissenschaften schnell zum Synonym des Experiments an sich, auch wenn die methodische Weiterentwicklung von Experimenten stärker in der Laborforschung forciert wurde (Hamenstädt 2012).

Der Nachteil von Feldexperimenten besteht in der häufigen Kontrolle der Versuchsbedingungen und der Teilnehmer. So ergeben sich Probleme interner Validität unter anderem durch Non-Compliance, das heißt, den Teilnehmern kann kein Treatment „verabreicht" werden bzw. sie folgen diesem nicht. Es kann darüber hinaus zu sogenannten Spill-over-Effekten kommen, bei denen das Verhalten der Versuchspersonen in der Experimentalgruppe das Verhalten der Versuchspersonen in der Kontrollgruppe beeinflusst. Zudem sind Feldexperimente nicht für jede Fragestellung anwendbar, sei es aus praktischen, ethischen oder finanziellen Gründen (Humphreys und Weinstein 2009; Hamenstädt 2012). So zeigt sich bei Feldexperimenten ein weiteres Problem bei der Randomisierung, denn diese Form des Experiments weicht oftmals von der idealtypischen Gestalt des Experimentaldesigns ab. Die zufällige Zuweisung der Teilnehmer im Feld zu Experimental- und Kontrollgruppe ist nicht immer problemlos möglich. Als Beispiel nennt Hamenstädt (2012, S. 97) hierfür ein Feldexperiment in Ruanda, bei dem Bildungsinhalte einer Radio-Soap systematisch manipuliert wurden, indem Gesundheitsaspekte neu eingeführt wurden (Paluck und Green 2009). Die Manipulation des Treatments geschah jedoch nicht für einzelne Personen, sondern war auf Zuhörergruppen bzw. Dorfgemeinschaften beschränkt, die sich die Radiosendung zusammen anhörten. Somit ist nur die mögliche Teilnehmergruppe am Experiment bestimmbar, die Teilnahme am Experiment hängt wiederum vom selbstselektiven Auswahlverfahren der möglichen Probanden ab. Problematisch ist hierbei, dass Verhalten und Einstellung bei der Zuhörerschaft nicht nur darüber entscheiden, ob die Personen zur Experimental- oder Kontrollgruppe gehören, sondern auch gleichzeitig die abhängigen Variablen darstellen, die durch die Manipulation untersucht werden sollen. Dadurch kann es zu einer seriellen Korrelation zwischen beobachtbaren und nichtbeobachtbaren (Dritt-)Variablen mit der Treatment-Variablen kommen. Neben den Problemen der Selbstselektion[1] von Teilnehmern am Experiment, der Nichtbeantwortung (Non-Response) von Fragen und Spill-over-Effekten, die immer wieder bei Befragungen oder Experimenten auftreten, tritt durch die geringere Kontrolle in Feldexperimenten auch das Problem der Nichtbefolgung (Non-Compliance) hinzu (Gerber 2011; Hamenstädt 2012, S. 97).

Dennoch haben Feldexperimente zum besseren Verständnis zahlreicher Forschungsgegenstände beigetragen. Beispiele dafür sind der Einfluss unterschiedlicher Arten politischer Kommunikation auf die Wahlbeteiligung und Wahlentscheidungen (Eldersveld 1956; Wantchekon 2003; Green und Gerber 2008), Effekte von Medienkonsum auf Wahlverhalten (Gerber et al. 2009), der Einfluss von Wahlbeobachtern auf Wahlbetrug in Entwicklungsländern (Hyde 2010) oder die Rolle direktdemokratischer Institutionen bei der Bereitstellung öffentlicher Güter (Olken 2010). Auch finden Feldexperimente verstärkt Anwendung bei der Evaluation und Vorhersage des Einflusses von Public-Policy-Interventionen und bei der Prüfung von neuen Policy-Alternativen (Hamenstädt 2012; Eifler 2014).

---

[1] Paluck und Green (2009, S. 628) bezeichnen das Problem als „the chronic problem of self-selection-listeners". Letztendlich stehen Forscher bei fast allen durchgeführten (Labor)-Experimenten trotz einer zufälligen Versendung von Einladungen an potentielle Probanden vor dem Problem, welche Personen auf die Einladung reagieren und ob deren Gründe für das Erscheinen nicht erklärende Variablen mit Einfluss auf die abhängige Variable sein könnten (Dannenberg et al. 2009). Dies beeinträchtigt die externe Validität der Ergebnisse (Hamenstädt 2012, S. 97).

5.3 Umfrageexperimente

Umfrageexperimente haben ihren Ursprung in der methodischen Auseinandersetzung mit Fragen der klassischen Umfrageforschung und deren Verbesserung, beispielsweise durch die Optimierung von Messverfahren und der Fragebogenkonzeption (Gaines et al. 2006; Sniderman 2011). Sie werden heute zunehmend auf substanzielle Fragestellungen angewandt, insbesondere in der Wahl- und Einstellungsforschung (Kuklinski et al. 2000; Berinsky 2002; Hainmüller und Hiscox 2010; Jacobs und Matthews 2012). So haben Sniderman und Piazza (1993), die verstärkt mit Umfrageexperimenten arbeiten, Techniken zur Messung von Vorurteilen entwickelt und deren Wirkung auf die Unterstützung von Policies wie Wohlfahrts- oder affirmativen Handlungen untersucht. Andere analysierten, inwieweit Framing, Informationen und Entscheidungssignale Wahlverhalten und Policy-Präferenzen sowie die Unterstützung für Politiker und Parteien beeinflussen (Druckman 2004; Gibson et al. 2005; Harbridge und Malhotra 2011). Tomz und Weeks (2012) untersuchten anhand von Umfrageexperimenten Einstellungen zu Demokratie und Frieden.

Während Laborexperimente meist nur auf eine begrenzte Anzahl von Probanden zurückgreifen können, haben Umfrageexperimente den Vorteil, dass sie mit größeren Untersuchungssamples arbeiten, teilweise sogar mit repräsentativen Bevölkerungsstichproben, da die Durchführung nicht mehr an einen genauen Ort gebunden ist. Auf diese Art lassen sich Experimente auch mit großen Teilnehmerzahlen simultan über große Entfernungen durchführen. Die Datenerhebung kann „face-to-face", über das Internet[2] oder telefonisch erfolgen. Das heißt, der Versuchsleiter muss nicht unbedingt physisch anwesend sein und prinzipiell nur über ein Telefon oder einen Computer mit Internetzugang verfügen (Sniderman 2011; Brader und Tucker 2012). Dies ist vergleichsweise mit weniger finanziellem und organisatorischem Aufwand verbunden, als das bei Labor- und Feldexperimenten der Fall ist. Darüber hinaus ermöglichen Umfrageexperimente zusätzliche Analysemöglichkeiten durch die Einführung komplexerer Designs (einschließlich multimedialer Treatments) und durch Variationen in Bevölkerungsumfragen etwa zum Vergleich von Effekten in verschiedenen Regionen, Bevölkerungsgruppen oder Kulturkreisen. Hierdurch können Hypothesen bezüglich regional- bzw. kulturspezifischer Verhaltensmuster untersucht oder auch Interaktionen von interkulturellen Gruppen getestet werden. Auch können theoretische Ansätze geprüft werden, die

---

[2] Wenn das Experiment über das Internet durchgeführt wird, wird auch von „Online-Experimenten" oder „webbasierten Experimenten" gesprochen. Oftmals wird es auch als spezifische Form des Feldexperiments betrachtet („Online-Feldexperimente") (Döring 2003).

auf der Annahme einer großen Teilnehmeranzahl basieren, wie das beispielsweise bei Markttheorien in der Politischen Ökonomie der Fall ist (Plott 2000; Morton und Williams 2012). Auch die größere Anonymität der Teilnehmer bietet unterschiedliche Möglichkeiten für Design und Forschungsfrage, die je nach Forschungsgegenstand Anwendung finden können. So ist die Intensität der Kommunikation zwischen den Teilnehmern durch den fehlenden persönlichen Kontakt geringer und kann sehr leicht erfasst werden. Auch ist das Problem der unbewussten Beeinflussung der Teilnehmer durch den Versuchsleiter verringert (Taddicken 2009).

Den Vorteilen von Umfrageexperimenten stehen natürlich auch Nachteile gegenüber. Dazu zählt die geringere Kontrolle über die Befragten durch den Forscher. So ermöglicht etwa die größere Anonymität des Internets gleichzeitig den Probanden, ihre Identitäten zu verschleiern oder falsche Angaben hierüber zu treffen. Problematisch wird dies dann, wenn beispielsweise der Zusammenhang zwischen soziodemografischen Daten (Alter, Geschlecht etc.) und dem Verhalten im Experiment untersucht werden soll (Hamenstädt 2012, S. 46–47).

Darüber hinaus kann – je nachdem, wie und wo die Probanden rekrutiert werden – die Teilnehmerauswahl und das Umfeld zu einer bestimmten Verzerrung des Teilnehmerpools und der Befunde führen. So wird bei Umfrageexperimenten, die über das Internet durchgeführt werden, kein Offline-Verhalten untersucht. So verhalten sich die Probanden möglicherweise anders als in anonymen Situationen, da sie wissen, dass ihre Verhaltensweisen erfasst und gespeichert werden. Auch werden nur Personen am Experiment teilnehmen, die verstärkt das Internet nutzen und bei den entsprechenden Online-Portalen wie Unipark[3] registriert und aktiv sind, das heißt, es wird sich dabei meist um junge Personen wie Studierende handeln. Hierdurch besteht die Gefahr, dass Bevölkerungsgruppen systematisch ausgeschlossen werden bzw. dass andere Gruppen im Experiment überrepräsentiert sind und die Ergebnisse dadurch verzerrt sind (Wolbring und Keuschnigg 2015).

Auch können störende Geräusche und Ablenkung der Probanden während des Experiments zu Verzerrungen bei den Ergebnissen führen. So macht es einen Unterschied, wenn etwa ein Proband in der S-Bahn auf dem Smartphone an der Studie teilnimmt oder der Teilnehmer zu Hause am Computer sitzt. Hier könnten Umgebungsgeräusche, möglicher Stress und andere Aspekte, die beispielsweise in der S-Bahn auftreten können, die der Forscher aber nicht sehen und somit auch nicht in seine Analyse und Interpretation der Befunde einbeziehen kann, einen möglichen Einfluss auf das Antwortverhalten haben (Druckman 2011). Auch werden Entscheidungen bei Umfrageexperimenten oftmals schneller getroffen als bei

---

[3] Uni-Park ist eine Online-Befragungssoftware für Studierende und wissenschaftliche Mitarbeiter. Siehe hierzu http://www.unipark.com/de/.

5.3 Umfrageexperimente

Laborexperimenten (Eckel und Wilson 2006). Hierdurch besteht die Gefahr, dass Probanden am heimischen Computer unüberlegtere Entscheidungen treffen als in einer kontrollierten Laborumgebung. Das heißt, der Versuchsleiter sollte eine möglichst gleiche Umgebung fordern, in der die Probanden an der Studie teilnehmen. Wenn ein Experiment durchgeführt werden soll, bei dem alle Teilnehmer gleichzeitig miteinander spielen, muss dafür Sorge getragen werden, dass alle gleichzeitig online sind, was insbesondere bei Experimenten, die in verschiedenen Ländern stattfinden, berücksichtigt werden muss und wiederum mit einem höheren Organisations- und Koordinationsaufwand (zum Beispiel Berücksichtigung der Zeitverschiebung) als bei Laborexperimenten verbunden ist. So sollte die Startzeit und gegebenenfalls die Zeit für die Beantwortung von Fragen oder das Treffen von Entscheidungen im Vorfeld exakt festgelegt werden. Auch müssen die geringeren Rückfragemöglichkeiten der Probanden während des Experiments und die dementsprechende Notwendigkeit der sehr genauen, unmissverständlichen Formulierung von Fragen und Handlungsanweisungen beachtet werden.

Sind finanzielle Anreize in das Forschungsdesign des Experiments integriert, kann es schwierig sein, die Teilnehmer davon zu überzeugen, dass die Auszahlungen auch wirklich stattfinden. In der Praxis kann das Problem dadurch umgangen werden, dass sich die Teilnehmer über einen Account registrieren und für die Experimente nur auf Gruppen zurückgegriffen wird, die aus Personen bestehen, die bereits Auszahlungen für ihre Teilnahme an Experimenten erhalten haben und daher wissen, dass die versprochenen Auszahlungen auch durchgeführt werden. Die Kontrolle im Experiment kann auch dadurch verloren gehen, dass den Teilnehmern nicht mehr glaubhaft gemacht werden kann, dass sie wirklich mit anderen Personen interagieren. Dies kann im Experiment erwünscht sein, wenn dies jedoch nicht der Fall ist, kann es auch zu erheblichen Verzerrungen in den Ergebnissen führen.

Generell lassen sich drei unterschiedliche Designs bei Umfrageexperimenten erkennen, die auf Sniderman (2011) zurückgehen und verdeutlichen, wie vielfältig die Anwendungsmöglichkeiten durch den technischen Fortschritt geworden sind. So hat sich die Methode der Online-Experimente etwa von den Split-Ballot-Experimenten[4] gelöst und sich zu einer eigenständigen Form der experimentellen Forschung entwickelt.

---

[4] Das Split-Ballot(-Experiment) bzw. die gegabelte Befragung stammt aus der Umfrageforschung und ist ein Forschungsdesign, das der Untersuchung von sogenannten Instrumenteffekten dient. Dabei wird eine Stichprobe nach dem Zufallsprinzip in mindestens zwei Unterstichproben unterteilt („Gabelung"), die anschließend mit verschiedenen Befragungsvarianten untersucht werden, zum Beispiel durch Umordnung der Fragen in einem Fragebogen zur Identifikation oder Vermeidung von Fragekontexteffekten. Generell dienen Split-

1. Manipulatives Design (Manipulative Design): Dieses Design ähnelt stark den Split-Ballot-Experimenten und untersucht, wie der Rahmen einer Befragung die Ergebnisse beeinflusst. Sniderman (2011, S. 191) schreibt hierzu: „Manipulative designs aim to get people to do what they are not predisposed to do." Ein klassisches Beispiel sind Autoritätsexperimente wie die von Milgram, bei denen durch sprachliche Veränderungen in der Fragestellung eine hohe Zustimmung zu einer gesetzlichen Einschränkung der Freiheitsrechte erzeugt werden kann. Bei dieser manipulativen Form des Befragungsexperiments sind jedoch viele Möglichkeiten der Theorieprüfung bereits durch die Methode vorgegeben. Neben dem Eingriff in den Datenerhebungsprozess durch die Einführung eines Treatments ist ein wesentlicher Punkt experimenteller Forschung jedoch, eine Umgebung zu schaffen, in welcher sich der Effekt des Treatments genau bestimmen lässt. Dies ist aber nicht möglich, wenn durch die Schaffung einer spezifischen Situation versucht wird, eine Reaktion zu erzwingen.
2. Zulassendes Design (Permissive Design): Im Gegensatz zum manipulativen Design wird in diesem Design kein Druck auf den Befragten ausgeübt: „A permissive design aims to allow respondents to do what they are predisposed to do without encouraging them to do it. The strategy is to remove, rather than apply, pressure to favor one response alternative over another." (Sniderman 2011, S. 191) Ein Beispiel hierfür ist das Listenexperiment, bei dem den Teilnehmern eine Liste von Äußerungen oder Situationsbeschreibungen vorgelesen wird, woraufhin diese entscheiden sollen, wie viele dieser Äußerungen sie etwa verärgern. Der Experimentalgruppe wird im Gegensatz zur Kontrollgruppe eine zusätzliche Frage vorgelesen. Aus dem Vergleich der beiden Gruppen lässt sich dann eine Aussage über die zusätzliche Frage oder Aussage treffen. Ausgehend von dieser Grundüberlegung des Designs lassen sich zahlreiche Variationen für den jeweiligen Forschungsgegenstand entwickeln (Sniderman 2011).
3. Erleichterndes Design (Facilitative Design): Bei diesem dritten Design trifft der Teilnehmer eine Äußerung und der Interviewer argumentiert gegen diese. „Like permissive designs but unlike manipulative ones, facilitative designs do not involve the use of coercive or impelling force. Unlike permissive designs, facilitative designs involve a directional force. Unlike manipulative designs, facilitative ones involve a directional force, in the form of a relevant reason to do what people already are predisposed to do." (Sniderman 2011, S. 193)

Ballot-Experimente zur Überprüfung des Einflusses unterschiedlicher Frageformulierungen auf die Antworten, denn scheinbar unbedeutende Änderungen einer Formulierung können Antwortmuster von Befragten zum Teil erheblich verändern. Für die Evaluierung von Fragen hat die gegabelte Befragung das Ziel, eine Entscheidung für diejenige Fragenvariante zu erhalten, die letztendlich eingesetzt wird. Es sollte dafür eine Feld-Voruntersuchung mit gegabelter Befragung eingesetzt werden, wobei die Stichprobe mindestens 100 Interviews umfassen sollte (Hamenstädt 2012, S. 48).

Abb. 5.1 Verteilung der Beiträge im AJPS in Bezug auf Labor-, Feld- und Umfrageexperimente. (Eigene Recherche)

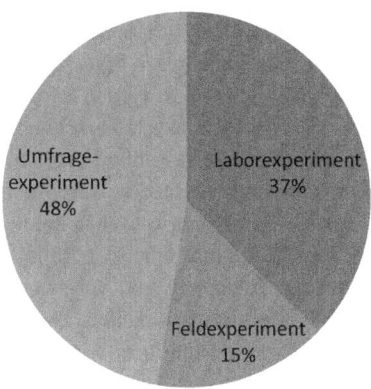

Ob die Argumentation des Interviewers auf einem Argument oder auf einer inhaltsleeren Aussage beruht, wird hierbei zufällig vom Versuchsleiter festgelegt. Hierdurch lässt sich der Unterschied zwischen der Wirkung von inhaltlichen Argumenten und derjenigen von Scheinargumentationen bestimmen (Jackmann und Sniderman 2006; Hamenstädt 2012, S. 51).

Abbildung 5.1 veranschaulicht die Verteilung von Beiträgen zur experimentellen Forschung, die im *American Journal of Political Science* von 2003 bis 2014 veröffentlicht wurden.[5] Ersichtlich ist, dass der Großteil der experimentell arbeitenden Politikwissenschaftler Umfrageexperimente durchführt ($n=56$), gefolgt von Laborexperimenten ($n=44$), während es sich nur bei 15 % um Feldexperimente ($n=18$) handelt.

Alle drei Grundtypen des Experiments weisen jeweils Stärken und Schwächen auf. Dabei fällt vor allem das problematische Wechselverhältnis zwischen interner und externer Validität auf, das sich in der experimentellen Forschung kaum auflösen lässt. Wer vollständige Kontrolle über die Teilnehmer und die Versuchsbedingungen für die Beantwortung des Forschungsfrage benötigt, sollte Laborexperimente durchführen. Wer jedoch sicher sein möchte, dass gefundene Zusammenhänge auch außerhalb des Labors vorliegen, muss umgekehrt auf eine hohe Kontrolle und damit eine hohe interne Validität verzichten. Daher ist es empfehlenswert, experimentelle Untersuchungen zu replizieren, unterschiedliche experimentelle wie auch nichtexperimentelle Methoden nebeneinander anzuwenden und Ergebnisse, die mit einer Methode gewonnen worden sind, mit einer anderen Methode erneut zu überprüfen (Faas und Huber 2010; Druckman 2011).

---

[5] Hierzu wurde nach den Begriffen „Laboratory Experiment", „Field Experiment", „Survey Experiment" und „Online Experiment" recherchiert.

Es zeigt sich also, dass bei der Konzeption eines Experiments zahlreiche Überlegungen bezüglich der Fragestellung und des Forschungsgegenstands vorangestellt und abgewogen werden müssen. Bei diesem Planungs- und Abwägungsprozess ist stets der konkrete Forschungsgegenstand zu berücksichtigen und die Frage zu stellen, ob das gewählte Vorgehen hierfür ein adäquates ist. Es handelt sich bei der Wahl einer passenden Durchführung eines Experiments also immer um eine Austauschbeziehung zwischen unterschiedlichen Vor- und Nachteilen.

Tabelle 5.1 gibt einen Überblick über die verschiedenen Grundtypen experimenteller Forschung und vergleicht sie hinsichtlich ihrer wichtigsten Vor- und Nachteile in der Anwendung. Dabei ist zu berücksichtigen, dass sich die Aussagen jeweils auf eine idealtypische Durchführung der jeweiligen experimentellen Grundtypen beziehen und letztendlich immer von der jeweiligen Fragestellung und dem dazugehörigen Design abhängig sind.

5.4 Weitere Differenzierungsmöglichkeiten der experimentellen Grundtypen

Die Differenzierung der drei Grundformen des Experiments ergibt sich neben ihres Erhebungsorts und der jeweiligen Erhebungsart aus dem damit verbundenen „Naturalismus" (Harrison und List 2004).[6] Mit Blick auf dieses letzte Kriterium ist das Laborexperiment die „unnatürlichste" und das Feldexperiment die „natürlichste" Form, während das Umfrageexperimente sich vom Naturalismusgrad her irgendwo „dazwischen" befindet. Darüber hinaus können Experimente auch nach der Analyseebene unterschieden werden. Als Analyseebene kommen bei experimentellen Untersuchungen die Individualebene (Mikroebene) oder die Gruppenebene (Mesoebene) infrage. Ein Experiment, das auf der Individualebene angesiedelt ist, definieren Morton und Williams (2010, S. 278) folgendermaßen: „Experiment in which the subjects' choices are not interactive and the experimenter only observes individual-level behavior." Unter einer experimentellen Untersuchung, die auf der Gruppenebene stattfindet, verstehen sie ein „Experiment in which the subjects' choices are interactive and the experimenter observes both individual and group choices" (Morton und Williams 2010, S. 278).

Darüber hinaus werden Experimente danach unterschieden, inwiefern sich ihre Durchführung an bestimmten Normen der Ökonomie und der Psychologie orien-

---

[6] Harrison und List (2004) bestimmen den Grad des Naturalismus anhand der Zusammensetzung des Probandenpools, der gegebenen Informationen und Vorkenntnisse der Probanden, der Art des betrachteten Gutes, der Natürlichkeit der Regeln, der Anreizformen sowie der Umwelt der experimentellen Untersuchung.

5.4 Weitere Differenzierungsmöglichkeiten der experimentellen Grundtypen

Tab. 5.1 Vergleich der experimentellen Grundtypen. (Eigene Darstellung)

	Laborexperiment	Feldexperiment	Umfrageexperiment
Erhebungsort	Spezielle Räumlichkeiten (Labor)	Natürliche Umgebung	Internet („virtuelles Labor"); Face-to-Face; Telefon
Kontrolle seitens des Forschers	Hoch	Niedrig bis mittel, abhängig vom Design und Erhebungsort	Mittel, abhängig vom Design und Rekrutierungsort der Probanden
Manipulation der unabhängigen Variablen	Auf allen Stufen möglich	Nur soweit in der natürlichen Umgebung angemessen und in Abhängigkeit von der UV	Auf allen Stufen möglich
Interne Validität	Hoch	Niedrig bis mittel	Niedrig bis hoch
Externe Validität	Niedrig	Hoch	Niedrig bis hoch
Kosten	Gering	Hoch	Niedrig bis hoch
Durchführungsobjektivität	Hoch	Niedrig	Niedrig bis hoch
Wiederholbarkeit	Möglich	Möglich	Möglich
Organisatorischer und finanzieller Aufwand	Niedrig bis hoch	Mittel bis hoch	Niedrig

tiert. Diese Normen beziehen sich vor allem auf den Umgang mit Täuschung bzw. Fehlinformationen und auf die Bezahlung der Probanden (Morton und Williams 2010). Während in der Ökonomie jede Form der Täuschung abgelehnt wird, wird in psychologischen Experimenten häufig eine stärkere Form der Täuschung genutzt – oft im Sinne einer Coverstory, mit dem Ziel, die Teilnehmer vom eigentlichen Untersuchungsziel abzulenken.[7] Eine Coverstory beinhaltet die Beschreibung eines Erkenntnisziels, das den Versuchsteilnehmern mitgeteilt wird, jedoch nicht dem tatsächlichen Ziel entspricht, um möglichst realitätsnahe Ergebnisse zu erhalten und soziale Erwünschtheit seitens der Probanden zu reduzieren. Beispielsweise kann bei der Untersuchung von kriminellem Verhalten durch eine Coverstory eher das reale Verhalten als das sozial geschönte Verhalten gemessen werden (Dickson 2011; Hamenstädt 2012, S. 91).

In der Art der Bezahlung bzw. Belohnung zeigt sich der größte Unterschied zwischen psychologischen und ökonomischen Experimenten. Während bei psychologischen Experimenten die Teilnehmer entweder gar nicht bezahlt werden oder nur eine Aufwandsentschädigung erhalten, vergüten Ökonomen ihre Teilnehmer meist in Abhängigkeit von den getroffenen Entscheidungen (Friedman und Sunder 1994). Aus der ökonomischen Perspektive sind finanzielle Anreize hauptsächlich dazu geeignet, unterschiedliche Präferenzstrukturen der Teilnehmer am Experiment abzubilden und genau zu kontrollieren, indem ihnen ihre Idealpunkte oder Auszahlungsmatrizen für Interaktionen mit anderen Versuchspersonen vorgelegt werden. Die finanzielle Entlohnung wird damit auch als ein Element der Kontrolle im Forschungsdesign verstanden. Nach Ansicht vieler Ökonomen lassen sich so spieltheoretische und Gleichgewichtskonzepte leichter überprüfen (Kagel und Roth 1995; Morton und Williams 2010; Hamenstädt 2012).

Bei der Frage, wie Politikwissenschaftler mit den unterschiedlichen Vorstellungen in den benachbarten Disziplinen umgehen sollten, kommen Morton und Williams (2010) nach der Auswertung unterschiedlicher Meta-Analysen zu dem Ergebnis, dass Politikwissenschaftler, falls der Gegenstand es zulässt, sich meist auf der Seite der Ökonomen verorten. Sie zeigen auf, dass die in der Ökonomie untersuchten Fragestellungen denen der Politikwissenschaft stark ähneln und dass vor allem hinsichtlich des Erkenntnisinteresses eine große Übereinstimmung besteht. Wenngleich Morton und Williams dafür plädieren, sich an der Ökonomie zu orientieren, scheint sich die experimentelle Politikwissenschaft noch nicht eindeutig festgelegt zu haben, ob sie eher den Normen der Psychologie oder denen der

---

[7] Das Milgram-Experiment, das für das Untersuchungsziel eine Coverstory nutzte, ist in diesem Zusammenhang ein oft genanntes Beispiel.

Ökonomie folgt. Insgesamt steht jedoch fest, dass die Orientierung an den beiden unterschiedlichen Paradigmen nicht aufgrund eigener Vorlieben stattfinden sollte, sondern aufgrund substanzieller Überlegungen zum bestmöglichen experimentellen Forschungsdesign für die Bearbeitung der jeweiligen politikwissenschaftlichen Fragestellung und die Ziele der Untersuchung (McDermott 2002; Faas und Huber 2010).

5.5 Mischformen und nichtexperimentelle Untersuchungen

In der Forschungspraxis ergeben sich häufig Mischformen der drei vorangestellten Experimenttypen, die sich meist durch die Abwägung der Vor- und Nachteile der experimentellen Forschungsdesigns ergeben. In der Literatur werden oftmals auch Untersuchungsdesigns als Experimente bezeichnet, die der hier beschriebenen Logik des Experiments nicht entsprechen. Gleichzeitig gibt es auch nichtexperimentelle Untersuchungstypen, die der experimentellen Logik sehr stark ähneln. Die Abgrenzung fällt in vielen Fällen sehr schwer. Im Gegensatz zu experimentellen Untersuchungen sind nichtexperimentelle Designs mit noch stärkeren Einschränkungen der internen Validität verbunden, da bei ihnen keine Randomisierung der Probanden auf die Experimental- und Kontrollgruppe erfolgt. Häufig werden sie für Studien genutzt, die sich mit der Wirksamkeit sozialer Interventionsprogramme beschäftigen, beispielsweise, wenn eine Behörde eine Informationskampagne zum Umweltschutz initiiert und herausfinden möchte, ob diese Maßnahme zu Einstellungsänderungen in der Bevölkerung führt. In einem solchen Kontext ist es häufig nicht möglich, die Bürger einer Experimental- oder Kontrollgruppe zuzuteilen. Die Kontrolle darüber, wer zu welchem Zeitpunkt an welchem Ort einem Treatment ausgesetzt wird, liegt im Rahmen von nichtexperimentellen Untersuchungen selten in der Hand des Versuchsleiters (Shadish et al. 2002; Hamenstädt 2012; Eifler 2014).

Auf vier dieser Mischformen bzw. nichtexperimentellen Untersuchungen soll im Folgenden genauer eingegangen werden: Lab-in-the-field-Experimente, Naturexperimente, Ex-post-facto-Forschungsdesigns und Quasi-Experimente.

5.5.1 Lab-in-the-field-Experimente

Eine Mischform von Labor- und Feldexperimenten stellen Lab-in-the-field-Experimente dar. Dabei handelt es sich um Experimente, „where the subjects participate in a common physical location (called the lab in the field) but the experimenter, to some degree, brings the laboratory to the subjects' natural environment more than the subjects come to the laboratory" (Morton und Williams 2010, S. 296).

Nach Hamenstädt (2012, S. 54) handelt es sich bei dieser Form des Experiments eigentlich um ein Laborexperiment, bei dem das Labor jedoch in das Feld verlegt wird. Der Grund hierfür liegt meist in der Beschaffenheit der zu erhebenden Daten. Wenn der Forscher eine bestimmte Durchmischung des Untersuchungssamples erzielen, das Verhalten der Teilnehmer unter bestimmten Bedingungen untersuchen möchte oder sehr spezielle Probanden sucht, ist das Labor im Feld eine Methode zur Realisierung des Vorhabens.

Beispielsweise wurde nach dem Hurrikan Katrina eine Reihe von Lab-in-the-field-Experimenten mit Betroffenen der Katastrophe durchgeführt (Whitt und Wilson 2007). Hierbei wurden mit den Evakuierten aus dem Katastrophengebiet unterschiedliche Ultimatums- bzw. Diktatorspiele durchgeführt. Ultimatumsspiele kommen aus der Spieltheorie der Wirtschafts-und Verhaltensforschung und werden insbesondere im Labor durchgeführt, um altruistisches bzw. egoistisches Verhalten zu untersuchen. In verschiedenen Spielvariationen wird erforscht, inwieweit der Proband nur den sich aus dem Spielgegenstand ergebenden Nutzen maximiert oder in welchem Maß er bei seinen Entscheidungen auch andere Interessen berücksichtigt. Das Diktatorspiel ist eine Variante des Ultimatumsspiels, bei der der Teilnehmer einen Geldbetrag so aufteilen muss, dass auch sein Spielpartner diese Aufteilung als gerecht empfindet und dem Angebot zustimmt, denn nur so erhalten beide Akteure ihren jeweiligen Anteil (Güth et al. 1982).

Da es für diese Spiele bereits aus anderen Experimenten robuste Ergebnisse zum Verhalten der Teilnehmer gibt, konnten die Ergebnisse aus dem Feld-in-the-field-Experiment mit denen aus anderen Laborexperimenten in Beziehung gesetzt werden. Das heißt, in diesem Fall wurden vorherige Experimente als Referenz für die hier durchgeführten Experimente verwendet. In diesem Zusammenhang führt Hamenstädt (2012, S. 55) eine Studie von Whitt und Wilson (2007) an, die untersuchte, ob sich betroffene Personen nach einer Katastrophe wie dem Hurrikan Katrina egoistischer verhalten oder nicht. Er konnte zeigen, dass die Betroffenen untereinander weitaus kooperativer spielten und in den Experimenten weniger egoistisch handelten als in anderen Laborexperimenten. Somit wurden auf der einen Seite die Experimente im Feldlabor durchgeführt, von Interesse waren jedoch eher die unterschiedlichen Mittelwerte der Spielgleichgewichte. Der Hurrikan Katrina kann somit als Treatment-Variable bei dieser Art der Auswertung gesehen werden (Morton und Williams 2010; Hamenstädt 2012, S. 55).

Ausgehend hiervon lassen sich politisch relevante Veränderungen in New Orleans untersuchen, aber es lässt sich auch der Zusammenhang zwischen Informationen über das Krisenmanagement und der politischen Meinungsbildung in unterschiedlichen gesellschaftlichen Milieus ermitteln. Problematisch ist hier jedoch, dass die Bürger bereits nach Milieus unterteilt in den unterschiedlichen Stadtbereichen wohnen. Dadurch waren, wie beim Beispiel des Hurrikans Katrina, die unterschiedlichen Milieus der Stadt schon geografisch voneinander getrennt und somit auch unterschiedlich stark von der Katastrophe betroffen. Somit ist eine Randomisierung der Teilnehmer in diesem Lab-in-the-field-Experiment nicht durchführbar.

5.5.2 Naturexperimente

Unter Naturexperimenten werden experimentelle Designs gefasst, bei denen der Eingriff in den Datengenerierungsprozess nicht durch den Forscher, sondern durch die Natur erfolgt (Robinson et al. 2009). Das heißt, die „Natur" bildet sozusagen die Gruppen, etwa durch Ereignisse mit sozialen Effekten wie Kriege oder Naturkatastrophen, die der Forscher selbst nicht kontrollieren kann. Es wird deshalb auch von sogenannten natürlichen Experimenten gesprochen. Das heißt, beim Naturexperiment werden Daten generiert, ohne dass der Forscher daran beteiligt ist oder die Befragungs- und Beobachtungsforschung Datensätze erhebt, die denen von Experimenten sehr nahe kommen. Ein weiteres Verständnis von Naturexperimenten ist, dass eine mehr oder weniger natürliche Versuchsanordnung vorzufinden ist, die der eines Experiments entspricht (Hamenstädt 2012).

Naturexperimente verfügen über keine Kontrollgruppe oder eine sogenannte Baseline, die als Kontrollgruppe genutzt werden könnte (Morton und Williams 2010; Hamenstädt 2012). Sie werden daher häufig als nichtexperimentelle Forschung behandelt, da die meisten dieser Studien Korrelationen zwischen Variablen im Sinne der beobachtenden Forschung analysieren. Das soll jedoch nicht heißen, dass es nicht auch Naturexperimente gibt, die dem Feldexperiment sehr nahe kommen und daher als experimentelle Forschung betrachtet werden können.

Hamenstädt (2012) nennt als Beispiel für ein Naturexperiment eine Studie von Miller et al. (1998). Diese Untersuchung könnte auch als Policy-Experiment bezeichnet werden, da hier nicht die Natur eingegriffen, sondern die Politik geeignete Bedingungen für das Experiment geschaffen hat. Insbesondere lag bereits eine natürliche Randomisierung der Teilnehmer vor. Miller et al. (1998) analysierten die Bedeutung der Zusammenstellung von Kandidatenlisten bei Wahlen im US-Bundesstaat Ohio, denn in Ohio wechselt die Listung der Kandidaten zwischen den unterschiedlichen Wahlbezirken. Diese vorhandene Randomisierung nutzten die Autoren in ihrem Experiment und kamen zu dem Ergebnis, dass ein höherer Listenplatz im Durchschnitt über 2,5 % des Wahlergebnisses für den Kandidaten entscheidet. Dieses Beispiel zeigt, dass das Vorhandensein eines natürlichen Treatments nur schwer erlaubt, von einem Experiment zu sprechen. In einem solchen Setting ist es jedoch möglich, nach experimentellen Bedingungen zu suchen, wie es das Beispiel in dem Abschnitt über Lab-in-the-field-Experimente zeigt. Liegt ein natürlicher Randomisierungsprozess vor, ist es hingegen a priori leichter für den Forscher, kausale Zusammenhänge zu untersuchen. In beiden Fällen zeigt sich jedoch, dass die Abgrenzung zwischen Feld- und Naturexperiment nicht immer eindeutig ist. Einen Vorschlag zur Unterscheidung machen Morton und Willams, indem sie die Frage stellen, ob der Versuchsleiter am Prozess der Randomisierung beteiligt war oder nicht (Morton und Williams 2010). Diese Unterscheidung soll beispielhaft an einem Feldexperiment von Olken (2010) verdeutlicht werden. Er führte eine Studie über den Zusammenhang von direkter Demokratie und der Verteilung lokaler öffentlicher Güter in Indonesien durch. Dazu wurden 49 Dörfer für Straßenbauprojekte ausgewählt. Der Prozess der Entscheidungsfindung für die Ausgestaltung des Projekts (Treatment) wurde entweder über Dorfvertreter oder über direkte Wahlen durch die Bewohner der Dörfer festgelegt. Die zufällige Zuweisung der Dörfer zu einem der beiden politischen Prozesse stellte die Manipulation des Treatments dar. Olken untersuchte bei diesem Feldexperiment die Zufriedenheit der Dorfbewohner und kam zu dem Befund, dass die Direktwahl durch die Dorfbewohner einige positive Effekte für die Beurteilung des Straßenbauprojekts hat. Das Kriterium, das Morton und Williams für die Trennung zwischen Natur- und Feldexperiment vorschlagen, ist bei diesem Beispiel die Einbindung des Forschers in den Auswahlprozess der Dörfer und in den Randomisierungsprozess für die Manipulation des Treatments (Hamenstädt 2012, S. 59). Die Einbindung des Forschers war in diesem Fall gewährt durch die Tatsache, dass Olken bei der Auswahl der Dörfer mitentscheiden konnte und damit die Kriterien für ein adäquates Forschungsdesign sichergestellt wurden. Wäre die Auswahl der Dörfer und die Manipulation ohne die Einbindung des Forschers geschehen, hätte es sich nach Morton und Williams um ein beobachtendes Design gehandelt. Somit handelte es sich letztlich um ein Policy-Experiment in einer natürlichen Umgebung (Hamenstädt 2012, S. 60). Es ist jedoch festzuhalten, dass ein Naturexperiment es dem Forscher zunehmend ermöglicht, valide Aussagen über kausale Zusammenhänge zu treffen, je stärker es ein feldexperimentelles Design aufweist.

Ob es sich in diesem Fall um beobachtende oder um experimentelle Forschung handelt, lässt sich somit am besten hinsichtlich der Einbindung des Forschers und den zugrunde liegenden Randomisierungsprozess sowie die Wirkung des Treatments im Design klären (Hamenstädt 2012, S. 60). Grundsätzlich ist jedoch in Bezug auf Naturexperimente der definitorischen Festlegung von Shadish et al. (2002, S. 12) zu folgen: „Natural Experiments: Not really an experiment because the cause usually cannot be manipulated."

5.5.3 Ex-post-facto-Designs

Das Ex-post-Design wird oft als vorexperimentelles Design bezeichnet, da es aus einem Treatment und einer darauffolgenden Messung besteht. Zum Ex-post-Design gehören die einmalige Untersuchung eines Individuums oder einer Gruppe, die Nachher-Untersuchung ohne Kontrollgruppe und die Vorher-Nachher-Untersuchung ohne Kontrollgruppe (Cook und Campbell 1979; Hamenstädt 2012, S. 60). Eine einmalige Untersuchung ist beispielsweise eine Studie, bei der zu einem bestimmten Zeitpunkt Einstellungen zum Umweltschutz und umweltrelevantes Verhalten erhoben werden. Bei einem solchen Design ist die zeitliche Abfolge der unabhängigen und abhängigen Variablen jedoch nicht eindeutig, das heißt, es kann nicht erklärt werden, ob das umweltrelevante Verhalten die Einstellungen zum Umweltschutz bewirkt hat. Ex-post-facto-Designs werden oft in der Umfrageforschung gewählt. Entscheidend ist, dass unter Ex-post-facto-Designs Ansätze gebündelt werden, die mit nichtexperimentellen Daten wie Beobachtungs- oder Befragungsdaten nachträglich bereits abgeschlossene natürliche soziale Prozesse untersuchen, in denen ein Stimulus bereits gewirkt hat (Shadish et al. 2002; Behnke et al. 2006; Hamenstädt 2012). Die Entwicklungsprozesse werden dann bis zu ihrem Ausgangspunkt zurückverfolgt. Das bedeutet, es wird eine aktuelle Situation herangezogen und versucht, die Ursachen des Phänomens im Nachhinein herauszufinden. Dabei stellt sich die Frage, ob die Operationalisierung eines Forschungsdesigns bzw. in diesem Fall das „natürliche" Vorhandensein eines einem Experiment ähnlichen Designs eine Untersuchung des Kausalzusammenhangs zulässt. Dies ist ex post jedoch nicht immer der Fall. Eine gerade in der Wirtschaftswissenschaft verbreitete Form ist der sogenannte Differences-in-Differences-Ansatz. Dieser Ansatz wird häufig genutzt, um ex post die Wirksamkeit politischer Instrumente oder die Auswirkungen der Einführung von Gesetzen zu überprüfen (Hamenstädt 2012). So werden von Forschern beispielsweise zwei weitestgehend miteinander vergleichbare Bundesstaaten gewählt und die Veränderungen von Kenngrößen durch die Einführung eines Gesetzes gemessen. Hierfür werden abhängige, unabhängige und Drittvariablen vor und nach der Einführung eines Gesetzes in beiden Bundesstaaten miteinander verglichen. Das Gesetz wird hierbei ex post als Treatment behandelt. Oft wird dieses Vorgehen jedoch kritisiert, da spezifische Probleme der Vergleichbarkeit der Fälle ignoriert werden (Bertrand et al. 2004). Darüber hinaus ist hierbei problematisch, dass die Kontexte, in denen die zu prüfenden Kausalmechanismen eine Rolle spielen, nicht aufgebrochen werden (Falleti und Lynch 2009); das heißt, die einzelnen Teile eines Gesamtkontexts nicht experimentell untersucht werden. Daraus ergibt sich das „Problem der seriellen Korrelation einer Kausalitätskette" (Hamenstädt 2012, S. 61). So kann hinsichtlich des oben genannten Beispiels nicht genau festgestellt werden, ob die Wirkung eines Gesetzes nicht auf die Ursache zurückgeht, die die Gesetzeseinführung in dem Bundesstaat beeinflusst hat. Das heißt, es kann ebenso eine Ursache außerhalb des Forschungsgegenstandes geben, die sowohl die abhängige als auch die unabhängige Variable der experimentellen Untersuchung beeinflusst. Nach Hamenstädt (2012, S. 60–61) ist das Problem dieser Ex-post-facto-Designs und des Differences-in-Differences-Ansatzes im Besonderen somit das Vorhandensein eines sehr komplexen Kausalmechanismus, der vom Forscher nicht aufgebrochen und im Detail untersucht werden kann, und die hieraus möglicherweise entstehenden seriellen Korrelationen.

5.5.4 Quasi-Experimente

Quasi-Experimente sind zwischen Labor- und Feldexperimenten angesiedelt und werden auch als Simulationen bezeichnet. Sie erfüllen die wesentlichen Bestandteile hinreichender Gütekriterien eines Experiments, ermöglichen aber keine vollständige Kontrolle aller experimentellen Bestandteile, da etwa keine Randomisierung der Probanden erfolgt (Shadish et al. 2002). Sie werden den nichtexperimentellen Untersuchungen zugeordnet. Die Teilnehmer werden häufig nach a priori festgelegten vorhandenen Eigenschaften ausgewählt, zum Beispiel nach soziodemografischen Merkmalen wie Alter, Geschlecht oder Gruppenmitgliedschaft, und in Versuchs- und Kontrollgruppe aufgeteilt. Es erfolgt dann eine kontrollierte Manipulation des Stimulus. Damit erlauben solche Forschungsdesigns keine Aussagen zu Kausalzusammenhängen, da nicht zu überprüfen ist, ob die unabhängige Variable die abhängige Variable bedingt oder ob die Kausalrichtung nicht genau umgekehrt ist. Folglich vergleicht das Quasi-Experiment natürliche Gruppen und das „echte" oder „strenge" Experiment zufällig ausgewählte Gruppen (Bortz und Döring 2009; Hamenstädt 2012).

Ursprünglich gehen Quasi-Experimente auf militärische „Sandkastenspiele" sowie ökonomische Makromodelle und Managementspiele zurück. Sie finden besonders in der Forschung zur internationalen Politik, in der Wahlforschung und in der Politikfeldanalyse Anwendung.

Quasi-Experimente lassen sich im Wesentlichen zwei Typen von Untersuchungsdesigns zuordnen. Zum einen sind das sogenannte Gaming Experiments und zum anderen computergestützte Quasi-Experimente (oder auch Computersimulationen). In Gaming Experiments spielen die Teilnehmer, meist Studierende, eine ihnen zugewiesene Rolle wie die von Wirtschaftsunternehmen, Staatspräsidenten, Bürgern etc.. Die Fachzeitschrift *Journal of Conflict Resolution* veröffentlichte seit

5.5 Mischformen und nichtexperimentelle Untersuchungen

ihrer Gründung 1957 zahlreiche Artikel über diese Form des Experiments. Auch weisen viele dieser quasi-experimentellen Designs Spezifika von Experimenten auf, etwa die zufällige Zuweisung der Teilnehmer zu ihren Rollen und kontrollierte Manipulationen durch den Versuchsleiter (Morton und Williams 2010; Hamenstädt 2012, S. 56–57).

Auch wenn einige Quasi-Experimente der definitorischen Abgrenzung eines Experiments, dem Eingriff in den Datengenerierungsprozess, genügen, unterscheiden sie sich in ihrer Zielsetzung erheblich von den „echten" Experimenten. Denn es geht bei Quasi-Experimenten gerade nicht darum, spezifische Eigenschaften des Forschungsgegenstands (etwa den Umgang von Wählern mit Informationen) zu ermitteln, sondern es werden Szenarien untersucht, in denen ein Gegenstand erst künstlich erzeugt wird (Mintz et al. 2006). Computergestützte Simulationen sind die zweite Form quasi-experimenteller Untersuchungen. Beispielsweise werden Langzeitszenarien zu den Auswirkungen des Klimawandels berechnet und hierbei unterschiedliche Elemente, etwa der Temperaturanstieg pro Jahr, variiert. Auch wenn die Erstellung eines solchen Szenarios oftmals als Experiment bezeichnet wird, entspricht es doch nicht der Grundidee, durch den Eingriff in den Datengenerierungsprozess einen Kausalzusammenhang zwischen zwei Variablen zu untersuchen. Zudem geht es hierbei um die Analyse eines Modells, oftmals in der Langzeitwirkung, und nicht um das „reale" Verhalten von Personen in einer Entscheidungssituation, sondern eher um Aggregatdaten. Aus diesem Grund ist der Kategorisierung dieser Simulationen als nichtexperimentelle Forschung auch in der Politikwissenschaft zu folgen (Hamenstädt 2012, S. 57). Auch Rieck (2006, S. 357) führt dazu an: „In einem wirtschaftswissenschaftlichen Experiment ist das reale Verhalten von Probanden Gegenstand der Untersuchung; dagegen werden in einer Simulation die Implikationen eines Modells systematisch untersucht, wobei das zu untersuchende Modell das theoretische, meistens idealisierte Abbild einer realen Situation ist. Dieses Vorgehen entspricht einer theoretischen Analyse, nicht einer empirischen." Somit handelt es sich bei computergestützten Simulationen vielmehr um Untersuchungen, die die Auswirkungen anhand theoretischer Modelle darstellen sollen, und nicht, wie es bei Experimenten der Fall ist, um den empirischen Test von Modellen anhand von neuen Daten (Morton und Williams 2010; Hamenstädt 2012, S. 57).

5.6 Zusammenfassung

Das Labor-, das Feld- und das Umfrageexperiment sind die drei Grundtypen des Experiments. Ihre Differenzierung ergibt sich vor allem aufgrund ihres Erhebungsorts und der entsprechenden Erhebungsart. Alle drei Grundtypen des Experiments weisen jeweils Stärken und Schwächen auf. Dabei zeigt sich, dass, wer vollständige Kontrolle über die Teilnehmer und die Versuchsbedingungen für die Beantwortung der Forschungsfrage benötigt, Laborexperimente durchführen sollte. Wer jedoch sicherstellen möchte, dass gefundene Zusammenhänge auch außerhalb des Labors vorliegen, muss umgekehrt auf eine hohe Kontrolle und damit eine hohe interne Validität verzichten. Daher ist es empfehlenswert, sich nicht mit der einmaligen Untersuchung eines Phänomens zufriedenzugeben, sondern unterschiedliche experimentelle wie auch nichtexperimentelle Methoden nebeneinander anzuwenden und Ergebnisse, die mit einer Methode gewonnen worden sind, mit einer anderen Methode erneut zu überprüfen (Faas und Huber 2010; Druckman 2011). Darüber hinaus gibt es Mischformen dieser drei Experimenttypen sowie nichtexperimentelle Untersuchungsdesigns, die auch oft Anwendung in der Politikwissenschaft finden. Beispiele hierfür sind Lab-in-the-field-Experimente, Naturexperimente, Ex-post-facto-Forschungsdesigns und Quasi-Experimente. Bei diesen Designs sollte berücksichtigt werden, dass in den meisten Fällen der Versuchsleiter oft nicht selbst in den Datenerhebungsprozess eingreift und auch keine Randomisierung der Teilnehmer erfolgt. Dies führt zu einem erheblichen Kontrollverlust des Forschers. Dennoch bietet sich bei einigen Studien auch die Anwendung dieser Designs an. Insgesamt zeigt sich, dass bei der Konzeption eines Experiments zahlreiche Überlegungen bezüglich des Forschungsgegenstands vorangestellt und abgewogen werden müssen. Bei diesem Planungs- und Abwägungsprozess ist stets der konkrete Gegenstand des Experiments zu berücksichtigen und die Frage zu stellen, ob das gewählte Vorgehen hierfür ein geeignetes ist. Es handelt sich bei der Wahl einer passenden Durchführung eines Experiments also immer um ein Wechselspiel unterschiedlicher Vor- und Nachteile.

> **Was wichtig ist**
> - Das Labor-, das Feld- und das Umfrageexperiment sind die drei methodischen Grundtypen experimenteller Untersuchungen.
> - Die Differenzierung der drei Grundformen ergibt sich vor allem aufgrund ihres Erhebungsorts und der entsprechenden Erhebungsart.
> - Beim Laborexperiment werden die Probanden in eine künstlich geschaffene soziale Situation gebracht. Es zeichnet sich durch eine hohe Kontrolle seitens des Forschers aus.

- Bei Feldexperimenten hingegen bleiben die Teilnehmer in ihrer gewohnten Umgebung, das heißt, beide Gruppen, Experimental- und Kontrollgruppe, sind in die reale Umwelt integriert, in der auch die Intervention durch den Forscher stattfindet. Im Gegensatz zum Laborexperiment kann der Untersuchungsleiter den Ablauf des Experiments hier jedoch nur eingeschränkt kontrollieren.
- Das Umfrageexperiment stellt eine Kombination des Labors- und des Feldexperiments dar. Es zeichnet sich dadurch aus, dass die Probanden auch unabhängig von ihrem Standort teilnehmen können und dass während der Durchführung des Experiments nicht unbedingt ein Versuchsleiter physisch anwesend sein muss.
- Darüber hinaus gibt es einige Mischformen der drei Grundtypen wie Lab-in-the-field-Experimente, Naturexperimente, Ex-post-facto-Forschungsdesigns und Quasi-Experimente.

Literatur

Behnke, J., Baur, N., & Behnke, N. (2006). *Empirische Methoden der Politikwissenschaft*. Paderborn: Schöningh.
Berinsky, A. J. (2002). Political context and the survey response. The dynamics of racial policy opinion. *Journal of Politics, 64*(2), 567–584.
Bertrand, M., Duflo, E., & Mullainathan, S. (2004). How much should we trust differences-in-differences estimates? *Quarterly Journal of Economics, 119*(1), 249–275.
Bortz, J., & Döring, N. (2009). *Forschungsmethoden und Evaluation. Für Human- und Sozialwissenschaftler* (4., überarb. Aufl.). Heidelberg: Springer.
Brader, T. A., & Tucker, J. A. (2012). Survey experiments: Partisan cues in multi-party systems. In B. Kittel, W. J. Luhan, & R. B. Morton (Hrsg.), *Experimental political science: Principles and practices* (S. 112–139). London: Palgrave Macmillian.
Cook, T. D., & Campbell, D. T. (Hrsg.). (1979). *Quasi-experimentation. Design & analysis issues for field settings*. Boston: Houghton Mifflin.
Dannenberg, A., Scatasta, S., & Sturm, B. (2009). Keine Chance für genetisch veränderte Lebensmittel in Deutschland? Eine experimentelle Analyse von Zahlungsbereitschaften. *Perspektiven der Wirtschaftspolitik, 10*(2), 214–234.
Dickson, E. S. (2011). Economics vs. psychology experiments. Stylization, incentives, and deception. In J. N. Druckman (Hrsg.), *Cambridge handbook of experimental political science* (S. 102–124). Cambridge: Cambridge University Press.
Döring, N. (2003). *Sozialpsychologie des Internets*. Göttingen: Hogrefe.
Druckman, J. N. (2004). Political preference formation. Competition, deliberation, and the (ir)relevance of framing effects. *American Political Science Review, 98*(4), 671–686.
Druckman, J. N. (Hrsg.). (2011). *Cambridge handbook of experimental political science*. Cambridge: Cambridge University Press.

Eckel, C., & Wilson, R. K. (2006). Internet cautions. Experimental games with internet partners. *Experimental Economics, 9,* 53–66.
Eifler, S. (2014). Experiment. In N. Baur (Hrsg.), *Handbuch Methoden der empirischen Sozialforschung* (S. 195–210). Wiesbaden: Springer VS.
Eldersveld, S. J. (1956). Experimental propaganda techniques and voting behavior. *American Political Science Review, 50,* 154–165.
Faas, T., & Huber, S. (2010). Experimente in der Politikwissenschaft. Vom Mauerblümchen zum Mainstream. *Politische Vierteljahresschrift, 51*(4), 721–749.
Falk, A., & Heckman, J. J. (2009). Lab experiments are a major source of knowledge in the social sciences. *Science, 326*(5952), 535–538.
Falleti, T. G., & Lynch, J. F. (2009). Context and causal mechanisms in political analysis. *Comparative Political Studies, 42*(9), 1143–1166.
Franzen, A., & Pointner, S. (2015). Anonymisierungstechniken in sozialwissenschaftlichen Laborexperimenten. In M. Keuschnigg & T. Wolbring (Hrsg.), *Experimente in den Sozialwissenschaften. Sonderband der Sozialen Welt* (S. 155–173). Baden-Baden: Nomos.
Friedman, D., & Sunder, S. (1994). *Experimental methods. A primer for economists.* Cambridge: Cambridge University Press.
Gaines, B. J., Kuklinski, J. H., & Quirk, P. J. (2006). The logic of the survey experiment reexamined. *Political Analysis, 15*(1), 1–20.
Gerber, A. S. (2011). Field experiments in political science. In J. N. Druckman (Hrsg.), *Cambridge handbook of experimental political science* (S. 206–251). Cambridge: Cambridge University Press.
Gerber, A. S., Karlan, D., & Bergan, D. (2009). Does the media matter? A field experiment measuring the effect of newspapers on voting behavior and political opinions. *American Economic Journal, 1,* 35–52.
Gibson, J. L., Caldeira, G. A., & Spence, L. K. (2005). Why do people accept public policies they oppose? Testing legitimacy theory with a survey-based experiment. *Political Research Quarterly, 58*(2), 187–201.
Gosnell, H. F. (1927). *Getting-out-the-vote. An experiment in the stimulation of voting.* Chicago: The University of Chicago Press.
Green, D. P., & Gerber, A. S. (2002). The downstream benefits of experimentation. *Political Analysis, 10,* 394–402.
Green, D. P., & Gerber, A. S. (2003). The underprovision of experiments in political science. *The Annals of the American Academy of Political and Social Science, 589*(1), 94–112.
Green, D. P., & Gerber, A. S. (2008). *Get out the vote. How to increase voter turnout* (2. Aufl.). Washington, D. C.: Brookings Institution Press.
Güth, W., Schmittberger, R., & Schwarze, B. (1982). An experimental analysis of ultimatum bargaining. *Journal of Economic Behavior & Organization, 3*(4), 367–388.
Hainmüller, J., & Hiscox, M. J. (2010). Attitudes toward highly skilled and low-skilled immigration. Evidence from a survey experiment. *American Political Science Review, 104*(1), 61–84.
Hamenstädt, U. (2012). *Die Logik des politikwissenschaftlichen Experiments. Methodenentwicklung und Praxisbeispiel.* Wiesbaden: VS Verlag für Sozialwissenschaften.
Harbridge, L., & Malhotra, N. (2011). Electoral incentives and partisan conflict in congress. Evidence from survey experiments. *American Journal of Political Science, 55*(3), 494–510.
Harrison, G., & List, J. (2004). Field experiments. *Journal of Economic Literature, 42*(4), 1009–1055.

Humphreys, M., & Weinstein, J. M. (2009). Field experiments and the political economy of development. *Annual Review of Political Science, 12*(1), 367–378.
Hyde, S. D. (2010). Experimenting in democracy promotion. International observers and the 2004 presidential elections in Indonesia. *Perspectives on Politics, 8,* 511–527.
Isaac, R. M., & Walker, J. M. (1988). Group size effects in public goods provision. The voluntary contribution mechanism. *Quarterly Journal of Economics, 103,* 179–199.
Iyengar, S. (2011). Laboratory experiments in political science. In J. N. Druckman (Hrsg.), *Cambridge handbook of experimental political science* (S. 126–155). Cambridge: Cambridge University Press.
Jackmann, S., & Sniderman, P. M. (2006). The limits of deliberative discussion everyday political arguments. *The Journal of Politics, 68*(2), 272–283.
Jacobs, A., & Matthews, J. S. (2012). why do citizens discount the future? Public opinion and the timing of policy consequences. *British Journal of Political Science, 42*(4), 903–935.
Kagel, J. H., & Roth, A. E. (Hrsg.). (1995). *The handbook of experimental economics.* Princeton: Princeton University Press.
Kuklinski, J. H., Quirk, P. J., Jerit, J., Schwieder, D., & Rich, R. F. (2000). Misinformation and the currency of democratic citizenship. *Journal of Politics, 62,* 729–751.
McDermott, R. (2002). Experimental methods in political science. *Annual Review of Political Science, 5*(1), 31–61.
McKelvey, R. D., & Ordeshook, P. C. (1984). An experimental study of the effects of procedural rules on committee behavior. *Journal of Politics, 46,* 182–205.
Miller, J. M., Krosnick, J. A., & Lowe, L. (1998). The impact of candidate name order on election outcome. *Public Opinion Quarterly, 62,* 291–330.
Mintz, A., Redd, S. B., & Vedlitz, A. (2006). Can we generalize from student experiments to the real world in political science, military affairs, and international relations? *Journal of Conflict Resolution, 50*(5), 757–777.
Morton, R. B., & Williams, K. C. (1999). Information asymmetries and simultaneous versus sequential voting. *American Political Science Review, 93*(1), 51–67.
Morton, R. B., & Williams, K. C. (Hrsg.). (2010). *Experimental political science and study of causality. From nature to the lab.* Cambridge: Cambridge University Press.
Morton, R. B., & Williams, K. C. (2012). Experimente in der Politischen Ökonomie. In T. Bräuninger, A. Bächtiger, & S. Shikano (Hrsg.), *Jahrbuch für Handlungs- und Entscheidungstheorie, Bd. 7: Experiment und Simulation* (S. 13–30). Wiesbaden: VS Verlag für Sozialwissenschaften.
Nelson, T. E., & Kinder, D. R. (1996). Issue frames and group-centrism in American public opinion. *Journal of Politics, 58*(4), 1055–1078.
Olken, B. A. (2010). Direct democracy and local public goods. Evidence from a field experiment in Indonesia. *American Political Science Review, 104*(2), 243–267.
Ostrom, E., Gardner, R., & Walker, J. (1994). *Rules, games, and common-pool resources.* Ann Arbor: University of Michigan Press.
Ostrom E., Walker, J., & Gardner, R. (1992). Covenants with and without a sword. Self-governance is possible. *American Political Science Review, 86*(2), 404–417.
Paluck, E. L., & Green, D. P. (2009). An deference, dissent, and dispute resolution. An experimental intervention using mass media to change norms and behavior in Rwanda. *American Political Science Review, 103*(4), 622–644.
Plott, C. R. (2000). Markets and information gathering tool. *Southern Economic Journal, 67*(1), 1063–1080.
Rieck, C. (2006). *Spieltheorie. Eine Einführung* (6. Aufl.). Eschborn: Rieck.

Robinson, G., McNulty, J. E., & Krasno, J. S. (2009). Observing the counterfactual? The search for political experiments in nature. *Political Analysis, 17*(4), 341–357.
Sauermann, J. (2012). Ticken Gruppen anders? Ein Laborexperiment zur unterschiedlichen Motivation von Individuen und Gruppen in Verhandlungen. In T. Bräuninger, A. Bächtiger, & S. Shikano (Hrsg.), *Jahrbuch für Handlungs- und Entscheidungstheorie, Bd. 7: Experiment und Simulation* (S. 81–104). Wiesbaden: VS Verlag für Sozialwissenschaften.
Shadish, W. R., Cook, T. D., & Campbell, D. T. (Hrsg.). (2002). *Experimental and quasi-experimental designs for generalized causal inference*. Boston: Houghton Mifflin.
Sniderman, P. (2011). The logic and design of the survey experiment. An autobiography of a methodological innovation. In J. N. Druckman (Hrsg.), *Cambridge handbook of experimental political science* (S. 182–205). Cambridge: Cambridge University Press.
Sniderman, P. M., & Piazza, T. L. (1993). *The scar of race*. Cambridge: Belknap Press of Harvard University Press.
Taddicken, M. (2009). Die Bedeutung von Methodeneffekten der Online-Befragung. In N. Jackob, H. Schoen, & T. Zerback (Hrsg.), *Sozialforschung im Internet. Methodologie und Praxis der Online-Befragung* (S. 91–107). Wiesbaden: VS Verlag für Sozialwissenschaften.
Tomz, M., & Weeks, J. L. (2012). An experimental investigation of the democratic peace. http://ilar.ucsd.edu/assets/001/503050.pdf.
Wantchekon, L. (2003). Clientelism and voting behavior. *World Politics, 55,* 399–422.
Whitt, S., & Wilson, R. K. (2007). Public goods in the field: Katrina evacuees in Houston. *Southern Economic Journal, 74*(2), 377–387.
Wolbring, T., & Keuschnigg, M. (2015). Feldexperimente in den Sozialwissenschaften. Grundlagen, Herausforderungen, Beispiele. In M. Keuschnigg & T. Wolbring (Hrsg.), *Experimente in den Sozialwissenschaften. Sonderband der Sozialen Welt* (S. 219–245). Baden-Baden: Nomos.

Empfohlene Literatur

Gaines, B. J., Kuklinski, J. H., & Quirk, P. J. (2006). The logic of the survey experiment reexamined. *Political Analysis, 15*(1), 1–20 (Überblicksartikel zu Umfrageexperimente).
Gerber, A. S. (2011). Field experiments in political science. In J. N. Druckman (Hrsg.), *Cambridge handbook of experimental political science* (S. 206–251). Cambridge: Cambridge University Press (Überblicksartikel zu Feldexperimenten).
Sniderman, P. (2011). The logic and design of the survey experiment. An autobiography of a methodological innovation. In J. N. Druckman (Hrsg.), *Cambridge handbook of experimental political science* (S. 182–205). Cambridge: Cambridge University Press (Überblicksartikel zu Umfrageexperimenten).

Herausforderungen experimenteller Forschung 6

Die Anwendung experimenteller Forschungsdesigns in der Politikwissenschaft ist mit zahlreichen Herausforderungen konfrontiert, die insbesondere methodische und forschungsethische Fragen betreffen. Diese wurden in den vorherigen Kapiteln bereits zum Teil angeschnitten, sollen an dieser Stelle jedoch aus didaktischen Gründen bzw. zu Wiederholungszwecken tiefgründiger behandelt werden. Sie beziehen sich etwa auf die fehlende Validität und die damit verbundene Frage nach der Generalisierbarkeit experimenteller Befunde, die häufige Verwendung von Studierenden als Probanden, die Bezahlung der Teilnehmer oder den Umgang mit Betrug und Täuschungen in experimentellen Untersuchungen.

6.1 Methodische Fragen

6.1.1 Validität

Die vielfältigen Quellen der Einschränkung der Validität experimenteller Befunde wurden bereits in Kapitel 4 angesprochen. Im Folgenden werden mögliche Störfaktoren ausführlicher besprochen und auch mögliche Lösungsstrategien im Umgang mit diesen vorgeschlagen. Hinsichtlich der internen Validität verweisen Shadish et al. (2002) und McDermott (2002) auf die im Folgenden aufgelisteten Störfaktoren, die die Aussagekraft experimenteller Befunde einschränken und die daher möglichst reduziert werden sollten.[1] Beim gleichzeitigen Auftreten mehrerer

---

[1] Im Englischen existiert hierzu die Eselsbrücke THIS MESS. Dieses Akronym bezieht sich jedoch nur auf acht die interne Validität gefährdende Faktoren, die nicht ganz mit den in den folgenden Ausführungen beschriebenen Faktoren übereinstimmen: nämlich **T**esting (siehe Reaktivität), **H**istory (Geschichte), **I**nstrument Change (Veränderung beim Messinstrument), **S**tatistical Regression toward the Mean (Regression zur Mitte), **M**aturation (Reifung),

dieser Faktoren nimmt die interne Validität umso stärker ab. Zum Teil sind die im Folgenden beschriebenen Faktoren schwer voneinander abzugrenzen und bedingen sich gegenseitig. Zu nennen sind hier:

- *Einflüsse der Messung (Reaktivität oder „Testing Interaction Effects"):* Probanden ändern ihr Verhalten, wenn sie sich bewusst sind, dass sie an einem Experiment teilnehmen. So können Probanden auf die Messungen selbst reagieren, zum Beispiel mit Habituation (Abnahme der Reaktionsstärke) oder Sensitivierung (Zunahme der Reaktionsstärke), insbesondere wenn der Messvorgang unangenehm ist. Habituation (von lat. „habituari"=„etwas an sich haben" bzw. „habitus"=„Aussehen", „Haltung") wird auch Habituierung, Gewöhnung oder erlernte Verhaltensunterdrückung genannt und bezeichnet eine in der Regel nicht bewusste Form des Lernens. Sie setzt ein, wenn ein Individuum wiederholt einem Reiz ausgesetzt ist, der sich als unbedeutend erweist. Die Reaktion auf diesen Reiz schwächt dann allmählich ab und kann schließlich völlig ausbleiben. Bei der Planung des Experiments muss daher darauf geachtet werden, dass durch genügend lange Zeitabstände zwischen den Wiederholungen der Experimente eine das Ergebnis der Tests verfälschende Habituation der Probanden mit hinreichend großer Sicherheit ausgeschlossen werden kann. Das Gegenteil von Habituation ist die Sensitivierung. Sie bezeichnet die Zunahme der Stärke einer Reaktion bei wiederholter Darbietung desselben Reizes.
  Darüber hinaus kann es auch zu einem sozial erwünschten Antwortverhalten bzw. zu Reaktionen der Teilnehmer kommen, das heißt, sie reagieren im Rahmen des Experiments mit einem ihrer Meinung nach sozial erwünschten Verhalten, das aber nicht ihrer tatsächlichen Einstellung oder Meinung entspricht, beispielsweise wenn es um korruptes Handeln geht.
- *Zwischenzeitliches Geschehen („History"):* Jedes ungeplante externe Ereignis während einer Messung oder zwischen zwei Messungen kann einen unbeabsichtigten Einfluss auf die Teilnehmer haben und so zur Veränderung der abhängigen Variablen führen. Dabei ist die Experimental- ebenso wie die Kontrollgruppe dem zwischenzeitlichen Geschehen ausgesetzt, sodass dieser Einflussfaktor keinen Unterschied zwischen beiden Gruppen herbeiführen kann. So können sich in der Zwischenzeit persönliche Beziehungen unter den Teilnehmern des Experiments entwickeln, die Einfluss auf die Untersuchung haben können. Auch ein möglicher Informationsaustausch – wenn Probanden innerhalb oder

---

Experimental Mortality (Ausfall), Selection (Selektion durch mangelhafte Randomisierung) und Selection Interaction (Wechselwirkung zwischen Selektion und einem anderen Faktor, zum Beispiel Reifung nur in der Experimentalgruppe) (Wortman 1983).

zwischen den Messungen interagieren (zum Beispiel: „Ich glaube, ich gehöre zur Placebogruppe.") – kann Auswirkungen auf den (nächsten) Messvorgang haben. Effekte der *Konformität* (Gruppenzwang) können die Effekte der Behandlung überlagern. Konformität bedeutet, dass die eigenen Verhaltensweisen, Haltungen, Einstellungen bzw. Meinungen denen der Gruppenmitglieder (unaufgefordert) angepasst werden. Auch kann eine Gruppe darauf reagieren, dass ihre Versuchsbedingungen viel unangenehmer sind als die der anderen Gruppe, zum Beispiel mit Kompensation oder Demotivation. So kommt es zu Spill-over-Effekten, bei denen das Verhalten der Versuchspersonen in der Experimentalgruppe das Verhalten der Versuchspersonen in der Kontrollgruppe beeinflusst (Nickerson 2008).

- *Einflüsse veränderter Messinstrumente ("Instrument Change"):* Während einer Studie können sich die Eigenschaften der Messinstrumente einschließlich der messenden Personen verändern und so die Messwerte beeinflussen. Der Versuchsleiter kann zum Beispiel durch Erfahrungen genauer oder durch wachsende Langeweile ungenauer messen. Auch kann die abhängige Variable durch das Treatment in einen Wertebereich gelangen, in dem das Messinstrument ungenauer ist. Dies kann Boden- oder Deckeneffekte zur Folge haben. Deckeneffekte bezeichnen Messfehler, die auf der Überschreitung des Messbereichs beruhen. Das Gegenstück, ein Messfehler durch Unterschreitung des Messbereichs, heißt Bodeneffekt
- *Nichtbefolgung bzw. Nichtbeantwortung (Non-Compliance):* Für die Nichtbefolgung bzw. Nichtbeantwortung im Experiment kann man sich etwa eine Situation vorstellen, bei der die Probanden zu wissen glauben, worauf das Experiment abzielt. Wenn die Teilnehmer sich etwa sicher sind, dass es sich in der experimentellen Untersuchung um die Überprüfung des Modells des Gefangenendilemmas handelt, werden sie ihr Verhalten dementsprechend anpassen, und zwar unabhängig davon, ob in dem Experiment wirklich ein Gefangenendilemma überprüft wird oder nicht.
Benennen vier unterschiedliche Ausprägungen der Nichtbefolgung im Experiment (siehe auch Horiuchi et al. 2007):
1. Probanden, die die Einteilung zur Versuchs- und Kontrollgruppe durch den Versuchsleiter folgen. Diese werden „Compliers" genannt.
2. Probanden, die genau entgegen der Anweisung handeln: die „Defiers".
3. Probanden, die immer auf das Treatment reagieren, auch wenn sie zur Kontrollgruppe gehören: die „Always-Takers",
4. sowie Probanden, die nicht auf das Treatment reagieren, auch wenn sie zur Experimentalgruppe gehören: die „Never-Takers".

Ob eine der Formen der Nichtbefolgung bzw. Nichtbeantwortung im Experiment aufgetreten ist, kann Teil der Ergebnisanalyse sein und teilweise bereits zu Beginn des Experiments kontrolliert werden. So kann es sich bei der Nichtbefolgung eventuell um Missverständnisse gegenüber den Aufgaben im Experiment handeln, die aus Fehlern bei der Erklärung des Experimentalablaufs resultieren. In einem solchen Fall kann schon während des Experiments geprüft werden, ob mögliche Verzerrungen durch Nichtbefolgung aufgetreten sind. Hierzu ist es notwendig, dass während des Experiments ein Protokoll geführt wird, in dem entsprechende Faktoren vermerkt werden. Außerdem sind Helfer des Experiments im Vorfeld darauf aufmerksam zu machen, auf Abweichungen im Ablauf des Experiments zu achten. In diesem Zuge ist es gängige Praxis in Laborexperimenten geworden, den Teilnehmern die Anweisungen genau vorzulesen und/ oder einen kurzen Fragebogen vor Beginn des Experiments vorzulegen, in dem der Ablauf der Untersuchung als Test abgefragt wird. Hierdurch kann gewährleistet werden, dass alle Teilnehmer den Ablauf und gegebenenfalls auch das Treatment verstanden haben (Hamenstädt 2012, S. 96).

- *Regression zur Mitte („Statistical Regression toward the Mean")*: Extreme Werte im Pretest können bei späterem Posttest zu einer sogenannten „Tendenz zur Mitte" führen. Das heißt, Extremwerte sind eher untypisch und werden bei Wiederholungen oft nicht wieder erreicht (z. B. Kahneman und Tversky 1973). Das bedeutet, dass nach einem besonders hohen oder niedrigen Messwert der nachfolgende Wert meist wieder näher am Durchschnittswert liegt. Dieses statistische Artefakt (Regressionseffekte) kann Behandlungseffekte überlagern, wenn zum Beispiel, um Boden- oder Deckeneffekte zu vermeiden, Probanden mit besonders hohen oder niedrigen Anfangswerten im betreffenden Merkmal von vornherein aus der Untersuchung ausgeschlossen werden.
- *Einflüsse der Reifung („Maturation")*: Auch können Experimental- und Kontrollgruppe vergleichbaren biologischen und psychologischen Veränderungen unterliegen, sodass sich die abhängige Variable, das zu untersuchende Phänomen, durch psychologische Reifung oder Lerneffekte verändert. Die Teilnehmer des Experiments verändern sich also allein durch das Älterwerden zwischen den einzelnen Messungen als auch während der experimentellen Untersuchung.
- *Selektion durch mangelhafte Randomisierung („Selection Bias")*: Sobald Menschen sich durch Selbstselektion der Experimental- oder der Kontrollgruppe zuordnen, sind die Gruppen nicht mehr vergleichbar und die Messung des Treatments wird verfälscht. Die Ergebnisse eines solchen Experiments lassen sich dann nicht kausal interpretieren. Darüber hinaus können sich Geschichts-, Reifungs- und Instrumenteneffekte auf die Gruppen in unterschiedlicher Weise auswirken. Selbstselektion muss daher bei der Rekrutierung von Versuchsper-

sonen bzw. bei der Einteilung in Gruppen unter allen Umständen vermieden werden. Wenn beispielsweise der Einfluss von politischen Werbefilmen von rechten und linken Parteien auf die Wahlentscheidung einer Person untersucht werden soll, dürfen sich die Versuchsteilnehmer nicht selbst entscheiden, welchen der Filme sie sehen wollen, da die Bevorzugung der einen oder anderen Versuchsbedingung mit anderen Persönlichkeitsmerkmalen wie zum Beispiel der Parteizugehörigkeit zusammenhängt (Hamenstädt 2012, S. 102).
- *Wechselwirkung zwischen Selektion und einem anderen Faktor („Selection Interaction")*: Es können Interaktionseffekte bzw. Überlagerungseffekte zwischen verschiedenen Variablen und/oder den Störfaktoren auftreten. Sie treten dann auf, wenn noch weitere Variablen die Untersuchungsergebnisse beeinflussen, sodass nicht mehr eindeutig entschieden werden kann, ob die unabhängige Variable oder eine andere Variable für die Veränderung der abhängigen Variablen verantwortlich ist. Es wird dann von konfundierten Merkmalen und konfundierten Effekten gesprochen (auch „Hawthorne-Effekt"; siehe dazu das unten aufgeführte Beispiel). Konfundierung tritt bei ungenügender experimenteller Kontrolle auf. Cozby (2009) bezeichnet dieses Phänomen auch als „Third-Variable Problem". So führt er an, dass etwa kein direkter Zusammenhang zwischen Freizeitaktivitäten und innerer Unruhe bestehen muss, sondern möglicherweise ein höheres Einkommen mehr Zeit für Freizeitaktivitäten ermöglicht. Wenn Einkommen die erklärende Variable darstellt, lässt sich keine Ursache-Wirkungsbeziehung zwischen den untersuchten Variablen Freizeitaktivität und innerer Unruhe feststellen. Die Beziehung wurde durch eine dritte Variable beeinflusst, die eine alternative Erklärung für die beobachteten Effekte darstellt (Hamenstädt 2012, S. 102).
- *Richtung des Kausalschlusses*: Ein Kausalzusammenhang zwischen der unabhängigen und der abhängigen Variablen wird zweifelhaft, wenn in einer anderen Studie ein umgekehrter Effekt von der abhängigen auf die unabhängige Variable gefunden wird und diese Korrelation nicht durch eine dritte Variable erklärt werden kann. Das heißt, der Forscher kann sich nicht sicher darüber sein, was die unabhängige (Ursache) und was die abhängige (Wirkung) Variable ist (Henne-Ei-Problematik).
- *Systematische Ausfälle von Untersuchungseinheiten/fehlende Daten („Attrition")*: Während einer Studie kann es zu natürlichen oder systematischen Ausfällen von Probanden kommen (zum Beispiel durch Umzug, Selbstauslese der Teilnehmer), was zur Verzerrung der experimentellen Befunde führt. Fehlende Daten stellen bei der Analyse von empirischen Ergebnissen fast immer ein Problem dar. Bei Experimenten besteht dieses im Besonderen, wenn der Abbruch oder die Nichtbeantwortung mit dem Untersuchungsgegenstand direkt in Ver-

bindung steht. Wenn ein Experiment zum Beispiel Lernerfahrungen überprüfen möchte, muss das Design so konzipiert sein, dass nicht diejenigen systematisch aus dem Experiment ausscheiden oder nicht weiter teilnehmen wollen, die in den ersten Runden vergleichsweise schlechte Ergebnisse erzielten. So kann es bei der Überprüfung von formalen Modellen dazu kommen, dass diejenigen Teilnehmer zu weiteren Experimenten kommen, die bereits bei den ersten Experimenten hohe Auszahlungen bekamen, da sie erneut hohe Auszahlungen bzw. Gewinne erwarten. Hingegen haben Probanden, die geringe Auszahlungen erhielten, auch einen geringeren Anreiz, erneut teilzunehmen. Dieser Selbstselektionsprozess über den Zeitablauf darf jedoch nicht mit einem Lernprozess verwechselt werden.[2]

- *Versuchsleitereffekte* („Rosenthal-Effekt"; auch „Pygmalion-Effekt" oder „Greenspoon-Effekt"[3]): Unter dem Begriff Versuchsleitereffekte werden spezifische Störeinflüsse gefasst, die sich aus der sozialen Interaktion zwischen dem Versuchsleiter und den Versuchspersonen sowie durch eventuell implizite Erwartungen des Versuchsleiters ergeben. Letztere werden daher spezifischer als Versuchsleitererwartungseffekte bezeichnet. Zu unterscheiden sind Versuchsleitereffekte, die durch bestimmte Fehler in der Durchführung und Auswertung entstehen, jedoch nicht zufällig, sondern zugunsten der aufgestellten Hypothese ausfallen, und Versuchsleitererwartungseffekte, bei denen die Erwartungen (Motivation, Einstellung) und die Hypothesen des Versuchsleiters unbemerkt die Ergebnisse beeinflussen. Der Versuchsleiter verrät beispielsweise unbewusst durch Gestik, Mimik oder Wortwahl mehr über das Experiment, als der Proband eigentlich wissen sollte. Dabei lassen sich Autosuggestion und Suggestion unterscheiden. Bei der Autosuggestion erhebt der Versuchsleiter trotz aller Bemühungen um Neutralität tendenziell Daten, die seine Erwartungen und Hypothesen stützen. Bei der Suggestion teilen sich diese Erwartungen der Versuchsperson mit, die gemäß den Vorerwartungen des Versuchsleiters handelt und passende Daten liefert. Dies wird auch als „Good Subject Effect" bezeichnet (Nichols und Maner 2008).

Es ist daher stets zu berücksichtigen, dass die Probanden, sobald sie wissen, dass sie an einem Experiment teilnehmen, die Anwesenheit des Versuchsleiters und entsprechende Instruktionen, aber auch andere Teilnehmer immer einen

---

[2] Zum Umgang mit fehlenden Daten siehe Morton und Williams (2010, S. 182–195).

[3] Auf der Grundlage eines 1955 durchgeführten Experiments bezeichnet der Greenspoon-Effekt den Einfluss von bestätigenden Reaktionen des Versuchsleiters auf das Antwortverhalten der Probanden, beispielsweise durch sprachliche Verstärker: Positiv verstärkte Antworten werden häufiger gegeben als solche, die nicht verstärkt werden (siehe hierzu ausführlich Greenspoon 1955).

6.1 Methodische Fragen

Einfluss auf das Verhalten der Versuchsteilnehmer haben. Dabei können sie auch (un)beabsichtigte Handlungshinweise des Forschers oder anderer Probanden wahrnehmen und ihr Handeln danach anpassen. Diese „Effekte der Reaktivität" (Liebe 2015, S. 146) können bei allen Typen eines Experiments auftreten und müssen in bei der Interpretation der Befunde berücksichtigt werden.

- *Unklare zeitliche Abfolge*: Es besteht in der Wissenschaft Einigkeit darüber, dass bei Kausalbeziehungen eine zeitliche Reihenfolge bestehen muss, nach der die Wirkung nicht vor der Ursache auftreten kann. Ob und wie lang der zeitliche Abstand ist, der zwischen Ursache und Wirkung auftritt, wird dagegen eher als eine empirische Frage betrachtet, die jeweils zu untersuchen und adäquat abzuwägen ist. Um den zeitlichen Abstand zu berücksichtigen, können die betrachteten Variablen mit einem Zeitindex versehen werden, der angibt, wann die Realisierung einer Variablen beobachtet wird.

Auch die externe Validität der Ergebnisse kann stark beeinträchtigt werden, teilweise durch ähnliche Störfaktoren wie bei der internen Validität. Beispiele hierfür sind die Rekrutierung und Auswahl der Versuchspersonen, Versuchsleitereffekte oder auch das Auftreten von Konfundierung (McDermott 2002).

Generell wird die externe Validität beeinträchtigt, wenn wechselseitige Beziehungen zwischen dem untersuchten kausalen Vorgang und 1. den Untersuchungseinheiten, d. h. den Probanden (Units), 2. der Variation des Treatments (Treatment Variation), 3. der Art der abhängigen Variablen (Outcomes), 4. den Umgebungen (Settings) und 5. kontextabhängig wirkenden Effekten (Context-dependent Mediation) bestehen. Beispielsweise ist die externe Validität einer experimentellen Untersuchung der Einflüsse von Medien auf Einstellungsänderungen eingeschränkt, wenn Effekte nur für bestimmte Gruppen von Probanden, etwa hochgebildete Personen, nachgewiesen werden können (Units), nur durch bestimmte Treatments, etwa nur Fernsehberichte, nicht aber Zeitungsartikel, erzeugt werden (Treatment Variation), nur hinsichtlich bestimmter abhängiger Variablen, etwa den Einstellungen zur Mülltrennung und nicht den Einstellungen zum Verzicht auf einen Pkw, auftreten (Outcomes) und nur in bestimmten räumlichen Umgebungen, etwa nur in der Stadt, nicht aber auf dem Land, beobachtet werden können (Settings) (Eifler 2014, S. 205).

Die stärkste Gefährdung der externen Validität liegt jedoch, wie bereits in Kapitel 4 beschrieben, in der Künstlichkeit von experimentellen Situationen, vor allem bei Laboruntersuchungen. Hamenstädt (2012) kritisiert jedoch, dass dieser Argumentation ein grobes Missverständnis vom Begriff der Realitätsnähe zugrunde liegt. Die Formalisierung und Modellierung von kausalen Zusammenhängen zielt nicht darauf, die Realität perfekt abzubilden, sondern den Untersuchungsgegenstand mit seinen relevanten Einflussfaktoren zu modellieren und durch die gezielte Variation der Einflussfaktoren auf einen möglichen Kausalzusammenhang hin zu untersuchen. Darüber hinaus wurde dieser Kritikpunkt bereits im *Cambridge Handbook of Experimental Political Science* entkräftet und auch im *Jahrbuch für Handlungs- und Entscheidungstheorie* ausführlich besprochen (Hamenstädt 2015; Glatzmeier und Hilgert 2015).[4] Nach stellt die vielfach kritisierte Künstlichkeit von Experimenten gleichzeitig auch dessen Hauptvorteil dar, da so die Kontrolle über relevante Variablen möglich ist und damit Aussagen über Kausalzusammenhänge getroffen werden können. Oft sind politische Ereignisse aufgrund der Vielzahl von Variablen schwierig zu untersuchen. Ein experimentelles, kontrolliertes Umfeld ermöglicht dem Forscher jedoch, komplexe Ereignisse in kleinere Einheiten aufzuspalten, um zu untersuchen, wie diese Komponenten getrennt voneinander funktionieren und miteinander interagieren. Selbst wenn die experimentelle Wahl einer wirklichen Wahl so ähnlich wie möglich ist, zum Beispiel durch Verwendung ähnlicher Wahlkabinen und Stimmzettel wie bei einer Bürgermeisterwahl in Deutschland, kann daraus nicht geschlussfolgert werden, dass dieses Experiment auch für eine Wahl in Italien oder Indien gilt. Die externe Validität ist also davon abhängig, inwieweit die Ergebnisse eines Datensatzes für einen anderen Datensatz verallgemeinert werden können. Somit hat die Realitätsnähe des Experiments nichts unbedingt mit dessen externer Validität zu tun.

Darüber hinaus gibt es einige Möglichkeiten, die externe Validität von Experimenten zu verbessern. Dabei ist die wichtigste die bereits angesprochene Replikation von Studien zu unterschiedlichen Zeitpunkten, mit unterschiedlichen Versuchspersonen und unterschiedlichen Spezifikationen der Versuchsbedingungen oder Entscheidungsumgebungen (McDermott 2002).

Insgesamt stellt die interne wie auch externe Validität in (politikwissenschaftlichen) Experimenten ein überwindbares Problem dar (McDermott 2002). So können etwa durch Standardisierungen, eine computergestützte Durchführung und eine automatische Registrierung Versuchsleiterfehler vermindert werden. Erwartungseffekten kann mithilfe von Anonymisierung (Blinding) bzw. einem Doppelblindversuch, entgegengewirkt werden. Ein Doppelblindversuch ist ein Forschungsdesign, bei dem weder die Probanden noch der Versuchsleiter zum Zeitpunkt der

---

[4] Auch McDermott (2002, S. 56) führt dazu an, dass „[u]nfortunately, experiments have been slower to acquire a dedicated following of practitioners in political science, mostly because of concerns about external validity. In many cases, this concern merely reflects a misunderstanding of the replication requirements necessary to establish external validity. […] Unfortunately, many political scientists assume that experimental results in political science need to be able to stand on their own, as in biology, and that if they cannot, they are useless."

6.1 Methodische Fragen

Datenerhebung wissen, ob der Teilnehmer zur Experimental- oder zur Kontrollgruppe gehört. Damit die Erwartungen des Versuchsleiters nicht das Verhalten der Probanden beeinflussen, werden die Rollen des forschenden Versuchsleiters und des Versuchsleiters, der die Untersuchung letztendlich durchführt, getrennt (Bortz und Döring 2009; Hamenstädt 2012, S. 120).

Nach können Versuchsleitereffekten vor allem durch eine strenge Standardisierung des Versuchsablaufs vermindert werden. Der gesamte Ablauf der Untersuchung – von der eventuellen Ankunft der Versuchspersonen am Durchführungsort (z. B. im Labor), der Begrüßung durch den Versuchsleiter über die Instruktion der Versuchspersonen bis hin zu eventuellen Rückmeldungen an die Versuchspersonen im Verlauf der Untersuchung – sollte so weit wie möglich einheitlich sein. Insbesondere die Anleitungen der Probanden, mit der ihnen ihre Aufgabe in der Untersuchung erklärt wird, hat stets in der gleichen Weise zu erfolgen. Die Instruktion sollte daher, wann immer es möglich ist, in schriftlicher Form festgehalten und den Teilnehmern präsentiert und vorgelegt werden. Nach ist es oft auch ratsam, die Aufgabe anhand von Beispielen zu veranschaulichen. Es wird auch immer erforderlich sein, durch Rückfragen mögliche Verständnisschwierigkeiten zu klären und die Aufgabe eventuell nochmals zu verdeutlichen. Auch dieses Vorgehen sollte in möglichst einheitlicher Art und Weise erfolgen. Eine Protokollierung oder eventuell sogar eine Videoaufzeichnung des Untersuchungsablaufs ermöglicht es, mögliche Störvariablen im Nachhinein zu entdecken und bei der Datenauswertung zu berücksichtigen. Die Versuchspersonen müssen hierüber genau informiert werden und ihr Einverständnis erteilen. Auch eine Nachbefragung der Versuchspersonen nach Abschluss der Untersuchung kann zu einer nachträglichen Identifizierung von Störeffekten beitragen. Die Versuchspersonen können darin beispielsweise zum Verständnis ihrer Aufgabe oder zu auffälligen Besonderheiten befragt werden.

Darüber hinaus kann eine Anonymisierung in Experimenten sowohl für den Forscher als auch für die Helfer und Probanden hilfreich sein. Wenn der Forscher nicht weiß, welche Ergebnisse von welcher Gruppe im Experiment stammen, kann die Interpretation der Daten nicht von den Erwartungen des Forschers oder vom Forschungsinteresse beeinflusst werden. Ähnliches gilt für die Helfer und Versuchsteilnehmer während des Datenerhebungsprozesses. Hierbei kann es zu „Experimental Effects" bzw. Versuchsleitereffekten kommen werden (Morton und Williams 2010). In der populärwissenschaftlichen Psychologie wird dieses Phänomen auch oftmals als Schlauer-Hans-Effekt bezeichnet; benannt nach einem Pferd, das gelernt hatte, den unterbewussten Zeichen seines Besitzers zu folgen. Das heißt, wenn bestimmte Erwartungen an die Probanden gestellt werden, können diese auch (unterbewusst) kommuniziert und aufgenommen werden (Hamenstädt

2012). Dies kann durch einen Doppelblindversuch verhindert werden. In der Forschungspraxis ist diese Form der Anonymisierung jedoch nicht immer ohne Weiteres umgesetzt worden, wie das folgende Beispiel zeigt.

Beispiel: Hawthorne-Experimente

Ein bekanntes Beispiel für das Auftreten von Konfundierung sind die sogenannten Hawthorne-Experimente von Roethlisberger und Dickson (1939), die von 1927–1932 in den USA durchgeführt worden sind. Der bei diesen Beobachtungsstudien auftretende Hawthorne-Effekt beschreibt den Einfluss von Störvariablen auf die interne und externe Validität der experimentellen Untersuchung. Der Hawthorne-Effekt verdeutlicht, wie Probanden einer Studie ihr natürliches Verhalten ändern, da sie wissen, dass sie an einer Studie teilnehmen und unter Beobachtung stehen. In den Hawthorne-Hallen der Western Electric Company in Kalifornien, in denen Fernsprechanlagen produziert wurden, wurde in mehreren Versuchen gezielt das Arbeitsumfeld verändert, um die Zufriedenheit der Mitarbeiter zu erhöhen und damit zu einer höheren Produktionsleistung zu motivieren.

Neben einer besseren Arbeitsbeleuchtung wurde die Wandfarbe in den Räumen, die Temperatur, sowie der Führungsstil und die Entlohnungsstruktur verändert. Es zeigte sich, dass nach jeder Veränderung sich die Arbeitsleistung der Mitarbeiter zwar unmittelbar erhöhte, diese jedoch nach einigen Tagen wieder auf das Ausgangsniveau zurückfiel. Damit führte keine der Veränderungen des Arbeitsumfelds zu einer langfristigen Erhöhung der Produktionsrate, sondern es lag eher an einer Vermischung verschiedener Variablen bzw. das Auftreten einer dritten Variable, also Konfundierung. Die kurzzeitig erhöhte Arbeitsleistung ließ sich somit durch eine kurzfristig bewirkte gestiegene Arbeitsmotivation und nicht durch die Verbesserung der Lichtverhältnisse, der Entlohnung, die Veränderung der Wandfarbe, des Führungsstils oder der erhöhten Raumtemperatur erklären. So wird vermutet, dass durch den Umstand der Beobachtung sich die Mitarbeiter zum einen selbst stimulierten; zum anderen, dass die Zufriedenheit und Arbeitsleistung der Probanden im Wesentlichen von der Gruppenzugehörigkeit innerhalb des Betriebes abhängt.

An vielen weiteren Beispielen zeigt sich, dass die Gefahr einer Konfundierung steigt, je komplexer ein Treatment ist, da der Forscher weniger Kontrolle über den Untersuchungsablauf hat. Um das Problem der Konfundierung zu umgehen, wäre es demnach sinnvoller, nur ein minimales Detail zu manipulieren, in dem sich die Experimental- und die Kontrollgruppe unterscheiden. Denn je stärker der experi-

6.1 Methodische Fragen

mentelle Untersuchungsablauf kontrolliert wird und je geringer das Ausmaß der experimentellen Manipulation ist, desto unwahrscheinlicher ist das Auftreten von Konfundierungen.

Eifler (2014, S. 200) führt ein weiteres Beispiel für das Auftreten von Störfaktoren an: Wenn etwa bei Probanden Einstellungen zum Umweltschutz vor und nach der Präsentation eines Fernsehberichts über den Umweltschutz erfasst werden sollen, können für das Auftreten von Einstellungsänderungen gleichzeitig mehrere Alternativerklärungen zutreffen: Das Ergebnis der Studie kann etwa darauf zurückzuführen sein, dass nur Personen an der Untersuchung teilgenommen haben, die auch am Thema Umweltschutz interessiert sind (Selection Bias). Es kann auch vermutet werden, dass nur Probanden teilnahmen, die entweder extrem positive oder negative Einstellungen zum Umweltschutz besitzen. In diesem Fall wäre aufgrund eines Effekts (Regression zur Mitte) auch ohne experimentelles Treatment eine Tendenz dahin gehend zu erwarten, dass sich die extremen Einstellungen zum Umweltschutz eher in Richtung moderaterer Einstellungen entwickeln (Regression). Außerdem können die Befunde der Nachher-Untersuchung von der Vorher-Untersuchung beeinflusst worden sein (Testing). Veränderungen zwischen den beiden Untersuchungen können dabei auf Veränderungen der Messinstrumente (Instrumentation) oder aber auf Einflüsse anderer, zeitgleich wirkender Faktoren wie etwa einen Umweltskandal (History) oder auf Reifungsvorgänge (Maturation) zurück zu führen sein. Schließlich kann es aufgrund fehlender Motivation der Probanden Ausfälle von Untersuchungseinheiten zum zweiten Untersuchungszeitpunkt geben, etwa weil die Probanden am Thema Umweltschutz kaum interessiert waren (Attrition). Vor diesem Hintergrund ist es für die Konzeption des Experiments von Bedeutung, ein Design zu entwerfen, das eine Kontrolle der Faktoren ermöglicht, die die Validität beeinträchtigen. Mithilfe von Randomisierung und Standardisierung im Untersuchungsablauf können zahlreiche dieser Störfaktoren reduziert werden (Eifler 2014, S. 200).

6.1.2 Generalisierbarkeit

Die Frage nach der Generalisierbarkeit experimenteller Ergebnisse ist eine der häufigsten Kritikpunkte von Vertretern nichtexperimenteller Methoden.[5] Hierbei sind die Probleme der „Künstlichkeit" von Laborsituationen, der Teilnehmerauswahl und des Kontrollverlusts seitens des Forschers Kernpunkte der Kritik. Die Frage,

---

[5] Eng verwandt mit dem Problem der Generalisierbarkeit ist das der „Artifizialität". Siehe hierzu Schram (2005).

die im Zusammenhang mit der Generalisierbarkeit experimenteller Ergebnisse gestellt wird, betrifft jedoch vor allem die Repräsentativität der Forschungsergebnisse. Oft wird dabei argumentiert, dass es den Experimenten an externer Validität fehlt, da die verwendeten Probanden keine repräsentative Stichprobe der Bevölkerung darstellen. Genauer gesagt wird kritisiert, dass die absolute Höhe der gemessenen abhängigen Variablen nicht von der Stichprobe auf die Grundgesamtheit hochgerechnet werden kann. Hier muss jedoch betont werden, dass es das generelle Ziel von repräsentativen Bevölkerungsumfragen ist, verallgemeinerbare Aussagen über eine bestimmte Population zu treffen, demgegenüber zielen Experimente darauf, relative Aussagen zu treffen. Messergebnisse im Experiment sind demnach nur so weit generalisierbar, wie ein beobachteter Unterschied zwischen Experimental- und Kontrollgruppe unabhängig von der jeweiligen Teilgruppe existiert. Die genaue Größe des Unterschieds ist nicht zu verallgemeinern. Entscheidend ist dabei jedoch immer, dass der Einfluss von soziodemografischen Merkmalen auf die gefundenen Effekte bei der Interpretation der Ergebnisse berücksichtigt wird und möglichst ausgeschlossen werden kann. Das heißt, es geht bei der Generalisierbarkeit von Befunden stets darum, zu klären, ob die Ergebnisse, die sich durch die Fallauswahl ergeben, verallgemeinert werden dürfen und wenn ja, in welcher Form dies geschehen könnte. Häufig wird hierzu auch angeführt, dass die Frage nach der Generalisierbarkeit experimenteller Befunde häufig als Frage nach der externen Validität von Ergebnissen missverstanden wird (Hamenstädt 2012). Denn die Frage nach einer möglichen Verallgemeinerung experimenteller Befunde bezieht sich oftmals auf die interne Validität, genauer gesagt: auf die Konstruktvalidität des Experiments. Dennoch wird das Konzept der Generalisierbarkeit oftmals unter dem Begriff der externen Validität behandelt. Dass dies bei der experimentellen Methode im Besonderen jedoch nicht zutrifft, ist eine Quelle der Fehlbewertung experimenteller Ergebnisse. Diese Fehlerquelle könnte auf das sogenannte „law of the instrument" (Kinder und Palfrey 1993, S. 4) zurückgeführt werden, das besagt, dass auch Wissenschaftler stets nur das Instrument für Untersuchungen nutzen, mit dem sie sich am besten auskennen und am sichersten fühlen. Übertragen auf die Anwendung des Kriteriums der Generalisierbarkeit für die Bewertung von Ergebnissen bedeutet das, dass das gleiche Bewertungsinstrument für unterschiedliche Methoden angewendet wird. Wenn Politikwissenschaftler dann die Frage nach der Generalisierbarkeit experimenteller Ergebnisse als ein Problem der externen Validität betrachten, liegt bereits in der Form der Formulierung ein Missverständnis vor. Ein weiteres häufiges Missverständnis beruht auf einer fast synonymen Verwendung der beiden unterschiedlichen Konzepte der Repräsentativität und der Generalisierbarkeit (Blanton und Jaccard 2008; Hamenstädt 2012). Insbesondere in Bezug auf die experimentelle Forschung müssen diese jedoch voneinander abge-

6.1 Methodische Fragen

grenzt werden. Denn grundsätzlich ist es nicht das Ziel experimenteller Forschung, eine repräsentative Grundgesamtheit der Bevölkerung zu untersuchen, um Generalisierungen zu treffen. Oft werden in Experimenten auch Personen untersucht, die von der Grundgesamtheit der Bevölkerung durch bestimmte Eigenschaften abweichen, wie zum Beispiel Wechselwähler oder Personen, die keine Zeitungen lesen. Der Einfluss von Medienmeldungen über politische Ereignisse wird dann auch nur für die spezielle Gruppe gemessen. Außerdem geschieht dies, wie bereits ausgeführt, durch die zufällige Aufteilung auf Experimental- und Kontrollgruppe, mit Hilfe derer versucht wird, einen signifikanten Unterschied zwischen den Gruppen zu messen. Dass sich beide Gruppen hinsichtlich spezifischer Eigenschaften von der Grundgesamtheit der Bevölkerung unterscheiden, ist nach Hamenstädt (2012) zunächst nicht problematisch, da nur der Unterschied zwischen den Gruppen gemessen und nicht bezüglich der Grundgesamtheit unterstellt wird. Dadurch ergeben sich bei der Durchführung von Experimenten die Probleme, die bei Befragungen durch die Forderung nach Repräsentativität des Samples gelöst werden sollen, zunächst gar nicht. Das heißt, es zeigt sich hierin der Unterschied zwischen zufälliger Auswahl und zufälliger Zuweisung der Teilnehmer in der Untersuchung, wobei ersteres implizit und missverständlich auch als Ziel experimenteller Untersuchungen unterstellt wird (Imai et al. 2008; Hamenstädt 2012, S. 111). Jedoch stellt sich immer noch die Frage nach der Generalisierbarkeit experimenteller Ergebnisse. Denn wenn eine bestimmte Zielgruppe oder Grundgesamtheit gewählt wird, sind die Befunde auch nur auf diese Gruppe zu verallgemeinern. Deshalb ist es von Bedeutung, dass der Forscher genaue Informationen über das Auswahlverfahren der Teilnehmergruppe zur Verfügung stellt und gegebenenfalls hieraus resultierende Probleme diskutiert. In Anlehnung an die Medizin benennt die Sozialpsychologie in diesem Zusammenhang vier Punkte, die weiterhin berücksichtigt werden sollten (Blanton und Jaccard 2008): Erstens müssen die Personeneigenschaften der Teilnehmer am Experiment dargelegt werden. Zweitens müssen auch die Charakteristika einer größeren Personengruppe berücksichtigt werden, auf die die Ergebnisse aus der Teilnehmergruppe generalisiert werden sollen. Drittens müssen relevante Unterschiede herausgearbeitet werden und viertens mögliche Quellen von Verzerrungen aufgezeigt werden, die die Generalisierbarkeit der Befunde einschränken können. Zuletzt kann durch Veränderungen der Umgebung oder der Teilnehmergruppe die Robustheit der Ergebnisse und somit auch die Möglichkeit der Generalisierbarkeit erhöht werden. Die Ergebnisse von Laborexperimenten beziehen sich jedoch auf die Teilnehmer am jeweiligen Laborexperiment und diejenigen von Feldexperimenten auf eine spezifische Region oder Kultur. Es ist daher bei Experimenten wichtig, dass sie zu unterschiedlichen Zeiten an unterschiedlichen Orten wiederholt werden, um allgemeingültige Aussagen ableiten zu können (Green und

Gerber 2002). Somit ist die Replikation auch eine Lösung für das Problem der Generalisierbarkeit von experimentellen Ergebnissen. Ein weiterer Lösungsansatz ist die Diversifikation von Probandenpools. Hierbei wird darauf geachtet, dass die Teilnehmer, die zur Randomisierung im Experiment aus dem Pool gezogen werden, gerade nicht besonders homogen in Bezug auf spezifische Eigenschaften (zum Beispiel die Bildung bei Studierenden) sind, sondern hinsichtlich dieser der durchschnittlichen Bevölkerung entsprechen. Abhängig von der jeweiligen Fragestellung der experimentellen Untersuchung lassen sich auf diese Art Ergebnisse besser generalisieren.

Insgesamt gilt für experimentelle Untersuchungen, dass zwischen der Theorieprüfung, bei der die Generalisierbarkeit von Befunden eine weniger tragende Rolle spielt bzw. eher die Stützung der Theorie erfolgt, und dem Anspruch auf Geltung der Ergebnisse in anderen Kontexten, unterschieden werden muss. Abhängig vom Ziel der experimentellen Untersuchung sollte demnach die Entwicklung des Forschungsdesigns erfolgen.

6.1.3 Studierende in Experimenten

Auch wenn Probanden bei echten Experimenten zufällig den Versuchsgruppen zugeteilt werden, geschieht die Auswahl des gesamten Probandenpools jedoch nur selten zufällig. Wie besprochen, handelt es sich meist um eine bewusste, keine repräsentative Auswahl. Dies lässt sich kaum vermeiden, da die Verfügbarkeit von Versuchspersonen ein häufiges Problem darstellt. Für die Forschung liegt es daher nahe, Probanden immer an Orten zu rekrutieren, wo sie zumeist aus beruflichen Gründen zusammenkommen und zur Verfügung stehen. In einem Großteil politikwissenschaftlicher Experimente wird auf sogenannte Convenience-Samples zurückgegriffen, also auf eine in der Regel nicht repräsentative Auswahl leicht zugänglicher Probanden. Besonders häufig werden deshalb Studierende oder Schüler in Experimenten untersucht (Shadish et al. 2002; Mintz et al. 2006).

Wenn Studierende an Experimenten teilnehmen, ist es in einigen Disziplinen üblich, insbesondere in der Psychologie, Studierenden für die Teilnahme an Experimenten Studienleistungen anstelle finanzieller Anreize anzuerkennen (Stodder 1998; Blanton und Jaccard 2008). Diese Praxis wird oft als problematisch angesehen, da zum einen ein Abhängigkeitsverhältnis dafür genutzt wird, Probanden für eine Teilnahme zu motivieren, und da auf diese Weise zum anderen die Forschung eines Dozenten mit den Studienleistungen seiner Studenten verknüpft wird. Diese beiden Faktoren führen dazu, dass inzwischen viele Forscher die Teilnahme

6.1 Methodische Fragen

ihrer Studierenden an ihren Experimenten grundsätzlich ablehnen und keine Daten auswerten, bei denen Studierende die Rolle der Probanden übernommen haben (Morton und Williams 2010). Auch wenn dies in der Psychologie immer wieder diskutiert wird, basiert dennoch ein Großteil psychologischer Experimente auf studentischen Samples. Neben den Kostengründen ist ein Hauptargument dafür, dass sich die untersuchten Verhaltensweisen von Studierenden nicht systematisch von der Restbevölkerung unterscheiden (Shadish et al. 2002). Ob studentische Versuchspersonen geeignet sind, hängt jedoch letztendlich von der Art der jeweiligen Studie und der zu untersuchenden Fragestellung ab. Kam et al. (2007) zeigen etwa in ihrem Beitrag auf, dass in den drei etabliertesten englischsprachigen politikwissenschaftlichen Journals *(American Political Science Review, American Journal of Political Science, Journal of Politics)* im Zeitraum von 1990 bis 2006 etwa 25 % aller experimentellen Untersuchungen auf Studierende als Probanden zurückgriffen. In den Zeitschriften *Political Psychology* und *Political Behavior* waren es sogar 70 % aller Artikel zur experimentellen Forschung.

Auch stellt sich die Frage nach den Motiven der Teilnehmer und deren Auswirkung auf die Ergebnisse experimenteller Untersuchungen[6]. Dabei stellen sich Fragen wie „Interessiert die Probanden das Thema, brauchen sie das Geld usw.?", „Ist ihre Teilnahme freiwillig oder erzwungen?", „Wie haben die Probanden von der Teilnahmemöglichkeit erfahren (durch Zeitungsanzeige, Aushang usw.)?". Häufig nehmen Freiwillige auch an Experimenten teil, da sie Interesse an der Wissenschaft haben. Die Teilnahme dieser sogenannten „scientific do gooders" sind insofern sehr beliebt, da der gesamte Einladungsprozess und schließlich die endgültige Teilnahme und Durchführung des Experiments ein bestimmtes Maß an Kooperationswillen und Verbindlichkeit benötigt (Ball und Cech 1996, S. 241; Levitt und List 2007, S. 165). Diese Versuchspersonen können auch wiederum dazu tendieren, entweder die vermuteten Hypothesen des Experiments mit ihrem Verhalten zu bestätigen oder sich entsprechend gegensätzlich zu verhalten („Reaktanz"). Beide Verhaltensweisen können die Validität der Ergebnisse beeinträchtigen (Franzen und Pointner 2015).

---

[6] Siehe hierzu auch: „Induced Value Theory" (Smith 1976) und der Induktion sozialer Präferenzen durch die geeignete Wahl der Entlohnung der Teilnehmer. Kanitsar und Kittel (2015, S. 381) führen hierzu an, dass in politikwissenschaftlichen Experimenten, die sich eher an den Normen der Ökonomie orientieren, häufig Präferenzen zu verschiedenen Allokationen über monetäre Mittel induziert werden, indem die Auszahlungen der Probanden von ihren Entscheidungen sowie von jenen der anderen Probanden in Abhängigkeit stehen. Dabei wird angenommen, dass die gesetzten finanziellen Anreize stärkeren Einfluss auf die Entscheidungen der zumeist studentischen Teilnehmer haben als andere Motive.

Auch verweist McDermott (2002, S. 38) auf die Gefahr sogenannter professioneller studentischer Probanden, die mit der Teilnahme an Experimenten regelmäßig Geld verdienen und sehr erfahren sind[7]: „On large and relatively anonymous college campuses, a student eager to earn money can participate in many experiments across departments without any one experimenter realizing how experienced this subject has become. However, overly experienced subjects may be more likely to guess the underlying hypothesis or manipulation in an experiment if they have participated in similar ones in the past."

Eine wachsende Zahl von politikwissenschaftlichen Experimenten versucht deshalb, nicht ausschließlich auf Studierende zurückzugreifen. Zudem sind verschiedene Typen von Experimenten in unterschiedlichem Ausmaß von Einschränkungen der externen Validität betroffen. Im Fall von Online-Experimenten etwa, die zum Teil mit repräsentativen Bevölkerungsstichproben arbeiten, stehen Experimente gängigen Befragungen in nichts nach (Sniderman 2011). Ähnliches gilt auch für Laborexperimente, für die bewusst auch nichtstudentische Probanden rekrutiert werden (Lau und Redlawsk 2006; Hamenstädt 2012).

Nicht zuletzt hat die Arbeit mit Studierenden auch große Vorteile, da deren Rekrutierung mit einem relativ geringen finanziellen und organisatorischen Aufwand verbunden ist. Die Studierendenschaft stellt einen sich ständig erneuernden Pool dar, dessen Eigenschaften im Zeitverlauf relativ stabil sind. Diese Stabilität erlaubt es, experimentelle Ergebnisse über längere Zeiträume hinweg zu vergleichen (Morton und Williams 2010).

6.1.4 Bezahlung von Probanden

Im Gegensatz zu anderen Disziplinen wie der Ökonomie gibt es hinsichtlich der Bezahlung bzw. Belohnung von Probanden noch kein einheitliches Verständnis in der Politikwissenschaft. Ob finanzielle Anreize, die an die Entscheidungen der Probanden im Experiment geknüpft sind, zu „falschen" Ergebnissen führen oder ob sie es umgekehrt gerade ermöglichen, zu „besseren" bzw. valideren Ergebnissen zu gelangen, stellt noch immer einen Widerstreit unterschiedlicher Anschauungen in den Sozialwissenschaften insgesamt dar.

Wie bereits aufgeführt, zeigt sich im Umgang mit der Bezahlung von Probanden der größte Unterschied insbesondere zwischen ökonomischen und psychologi-

---

[7] Wenn es beispielsweise um die Untersuchung von Verhalten unter egoistisch-nutzenmaximierenden Bedingungen geht, muss dies nicht immer problematisch sein. Jedoch muss dabei berücksichtigt werden, dass damit die externe Validität sinkt.

6.1 Methodische Fragen

schen Experimenten. Aus der ökonomischen Perspektive sind finanzielle Anreize vor allem dazu geeignet, unterschiedliche Präferenzen der Probanden abzubilden. Finanzielle Anreize werden damit auch als ein Element der Kontrolle im Forschungsdesign verstanden (Morton und Williams 2010). Aus der psychologischen Tradition heraus wird jedoch oft argumentiert, dass entscheidungsabhängige Auszahlungen in Experimenten zu einer Fehleinschätzung bestimmter Eigenschaften der Probanden führen können (Dickson 2011). Diese Überlegungen beziehen sich auf einen möglichen Verdrängungseffekt (Crowding-out) altruistischen Verhaltens der Versuchsteilnehmer. Aus der spieltheoretischen experimentellen Forschung gibt es einige Beispiele, die zeigen, wie komplex und wie wenig linear der Verdrängungsprozess ablaufen kann (Diekmann 2008). So wurde in einem Experiment in zehn israelischen Kindergärten über 18 Wochen untersucht, ob die Einführung einer Geldstrafe für eine Verspätung die Eltern dazu motiviert, ihre Kinder stets pünktlich abzuholen (Gneezy und Rustichini 2000). So mussten die Eltern etwa 2 € für mehr als zehn Minuten Verspätungen zahlen. Entgegen der Annahme führte die Geldbuße jedoch zu einer Erhöhung der verspäteten Abholungen der Kinder. Der Grund hierfür war, dass viele Eltern der Meinung waren, nun für ihre Verspätung zu bezahlen und kein schlechtes Gewissen für ihre Verspätungen mehr haben zu müssen. Diese Verdrängung altruistischer Motivationen durch finanzielle Anreize wurde auch in anderen Experimenten festgestellt wie beispielsweise bei der Blutspende (Rapport und Maggs 2002; Hamenstädt 2012).

Morton und Williams (2010) fassen zur Frage nach den Auswirkungen von finanziellen Anreizen unterschiedliche Experimente und Überblicksartikel aus der Ökonomie, Sozialpsychologie und Bildungsforschung zusammen. Sie stellen hierbei fest, dass eine Verdrängung altruistischen Verhaltens durch finanzielle Anreize nicht stattfindet, jedoch sollten die Geldsummen hoch genug sein, um eine Wirkung zu erlangen, und auch an das im Experiment gezeigte Verhalten geknüpft sein. Das folgende Zitat veranschaulicht deren Annahme: „Although some quibble about the methodology employed in these studies, it is clear that financial incentives based on performance have not had a negative impact on subjects' behavior as some psychologists have argued" (Morton und Williams 2010, S. 360).

Generell gibt es bei Experimenten zwei Formen von Auszahlungen: zum einen die Grundvergütung (Show-up Fees) und zum anderen die verhaltensabhängige Auszahlung. Für die Höhe der verhaltensabhängigen Auszahlung hat Smith (1976) hierzu allgemeine Kriterien für die Geltung der sogenannten „induced value theory" genannt. Die Auszahlungen sind jedoch an die spezifische Fragestellung des Experiments bzw. deren Umsetzung durch das Forschungsdesign gebunden. Darüber hinaus können die zur Verfügung stehenden Ressourcen begrenzt sein. Eine Umsetzung im Rahmen der vorhandenen Ressourcen des Forschers ist somit an individuelle Setzungen gebunden. Bei der Frage, ob den Teilnehmern an Experimenten eine Aufwandsentschädigung für ihre Teilnahme gezahlt werden sollte (Show-up Fees), sind sich Vertreter der Psychologie und Ökonomie einig und betrachten sie als weitestgehend unproblematisch (Dickson 2011).

Orientierung für die Angemessenheit der Auszahlungen bietet also eher die konkrete Fragestellung bzw. die Umsetzung der Fragestellung im Forschungsdesign. Bei der Grundvergütung der Teilnehmer lässt sich hingegen ein ungefährer Rahmen abstecken. So formulieren Morton und Williams (2010) Grundregeln für den Einsatz von finanziellen Grundvergütungen in politikwissenschaftlichen Experimenten. Als Faustregel gilt zum einen die Orientierung am Mindestlohn im jeweiligen Land. Konkret bedeutet dies, dass die Teilnehmer am Experiment den einfachen oder den anderthalbfachen ortsüblichen Mindestlohn erhalten sollten. Eine weitere Orientierung, die immer wieder als Referenz angegeben wird, ist die finanzielle Vergütung äquivalent zur Bezahlung studentischer Hilfskräfte. Diese Werte sind jedoch nur als Orientierung zu sehen, denn spätestens durch die konkrete Fragestellung des Experiments, durch die Arbeit im Feld und abhängig davon, wer die Probanden sind, werden diese Orientierungswerte an die jeweiligen Bedürfnisse angepasst. So werden Manager oder Politiker für eine Teilnahme am Experiment nicht unbedingt für eine niedrige Entlohnung in ein Labor kommen.[8]

Für Politikwissenschaftler stellt sich die Frage, ob das Selbstverständnis der Disziplin die Verwendung von entscheidungsgebundenen finanziellen Auszahlungen in Experimenten zulässt. Hierbei zeigt sich zunächst, dass einige politikwissenschaftliche Forschungsdesigns, etwa aus der politischen Psychologie, die Verwendung von finanziellen Anreizen nicht zulassen. Nach Dickson (2011) etwa ist die Integration finanzieller Anreize in experimentelle Forschungsdesigns für Politikwissenschaftler oftmals nur begrenzt sinnvoll. So macht es keinen Sinn, die Wahrnehmung von Wahlwerbung oder politischen Kolumnen in Tageszeitungen als richtig oder falsch einzuordnen und dementsprechend die Entscheidung der Probanden zu bestrafen oder zu belohnen (Hamenstädt 2012, S. 92–93).

---

[8] Hierzu führt Hamenstädt (2012, S. 92) ein Studie von Bahry und Wilson (2004) an. Sie führten Experimente in den ehemaligen Mitgliedsländern der Sowjetunion durch, um zu testen, inwieweit das Vertrauen von Personen während sogenannter Ultimatums- und Vertrauensspiele im Zusammenhang mit der jeweiligen ethnischen Zugehörigkeit der Mitspieler steht. Da die Forscher den gleichen Auszahlungsbetrag wie bei in den USA durchgeführten Experimenten verwendeten, konnten einige Probanden aus den ehemaligen Mitgliedsländern der Sowjetunion fast ortsübliche Monatsgehälter bei den Experimenten verdienen. Dieses Beispiel verdeutlicht, dass mit den unterschiedlichen Kontexten auch die Bezahlung der Teilnehmer am Experiment variieren kann, obwohl der Betrag gleich bleibt.

Es gibt jedoch auch Studien zum politischen Wissen der Bürger, die zeigen, dass finanzielle Anreize die Motivation der Probanden erhöhen, sich intensiver mit den Inhalten und vor allem mit den gestellten Fragen im Experiment auseinanderzusetzen. Das heißt, die Probanden verwendeten in diesen Studien mehr Zeit für die Beantwortung der Fragen und waren auch stärker bemüht, akkurate Antworten zu geben (Prior und Lupia 2008).

Insgesamt ist die Verwendung finanzieller Anreize in experimentellen Forschungsdesigns nicht grundsätzlich abzulehnen. Vielmehr ist darauf zu achten, dass die Verwendung solcher Anreize mit Blick auf die Forschungsfrage und das Forschungsdesign sinnvoll ist. Die Anreize sollten zudem hoch genug sein, um einen Effekt zu zeigen und eine Verknüpfung an die Entscheidungen der Teilnehmer zu sichern (Hamenstädt 2012).

6.2 Forschungsethische Fragen

6.2.1 Umgang mit Täuschungen

Ethische Aspekte experimenteller Forschung sind stark durch historische Erfahrungen und normative Einstellungen geprägt – insbesondere nach Bekanntwerden der Menschenversuche in nationalsozialistischen Konzentrationslagern während des Zweiten Weltkriegs –, denn Experimentieren in den Sozialwissenschaften bedeutet in der Regel ein Experimentieren mit Menschen (Morton und Williams 2010).[9] Solange Probanden nach ihren Routinen im Alltag befragt oder dabei beobachtet werden, stellt sich die Frage nach den Grenzen des zulässigen Handelns des Forschers in einer anderen Form als im Falle eines Experiments, bei dem die Umgebung erst durch den Eingriff in den Datengenerierungsprozess entsteht. Zusätzlich muss unterschieden werden, dass insbesondere bei Laborexperimenten, Personen teilnehmen, die sich bewusst dafür entschieden haben und wissen, dass sie an einer experimentellen Untersuchung teilnehmen; während dies bei Feld- und Umfrageexperimenten nicht immer der Fall ist. Wie mit möglichen Gefahren für die Probanden oder mit Betrug und Täuschung durch den Versuchsleiter umgegangen wird, ist eine essentielle Frage bei der Durchführung von Experimenten.

Das Thema der Täuschung nimmt in der experimentellen Sozialwissenschaft immer wieder eine besondere Stellung ein, da es lange Zeit keine klaren ethischen Forschungsrichtlinien gab (siehe hierzu überblicksartig Hegtvedt 2007. Das Mil-

---

[9] Hiervon stark abzugrenzen, sind also Experimente „am" Menschen, die etwa während des Nationalsozialismus mit Insassen von Konzentrationslagern durchgeführt worden sind.

gram-Experiment (1963) ist ein bekanntes Beispiel dafür und wäre in der damaligen Form heute nicht mehr durchführbar. Insbesondere durch die emotionalen Belastungen, denen die Probanden in den Milgram-Experimenten ausgesetzt waren, wurde eine Diskussion in der Psychologie angestoßen, die zur Schaffung von einheitlichen Normen und Richtlinien führte. Die psychologischen Fachverbände haben daher ethische Richtlinien verabschiedet, die der Berufsausübung im Allgemeinen und der Forschung im Besonderen zugrunde zu legen sind. Experimente wie die von Milgram wären daher heute in dieser Form nicht mehr möglich, denn sie lassen sich nicht mehr durch die Formel „Der Nutzen des Experiments muss größer sein als der angerichtete Schaden" begründen (Hamenstädt 2012, S. 115).

Täuschung meint im Rahmen eines Experiments, dass den Teilnehmern nicht die ganze Wahrheit über das Untersuchungsziel oder den experimentellen Aufbau mitgeteilt wird. Mithilfe von Täuschung wird vor allem versucht, den Zweck einer bestimmten Studie zu verbergen. Ein Forscher könnte etwa das Thema Egoismus erforschen wollen, teilt den Probanden aber mit, dass das Experiment die Empathie der Teilnehmer untersucht. So soll vermieden werden, dass sich die Teilnehmer sozusagen vorbereiten und bereits in eine „empathische" Stimmung versetzen. Das würde wiederum zu einer Verzerrung der Ergebnisse der Untersuchung führen. Einige Experimente machen von sehr starken Formen der Täuschung Gebrauch, wenn die Versuchspersonen etwa bezüglich der Identität der Forscher irregeführt werden oder sie falsche Informationen über die Entscheidung anderer Teilnehmer oder zu im Experiment verwendeten Materialen erhalten. Die meisten Forschungsstellen, die Experimente zu Themen der Politischen Ökonomie durchführen, lehnen diese Formen der Täuschung ab, da weitgehend Einigkeit darüber besteht, dass solche Maßnahmen einen Teilnehmerpool „vergiften" können. So wird auch oft argumentiert, dass durch Täuschungsversuche im Experiment die Menschenwürde und Selbstbestimmungsrechte der Probanden verletzt werden. Selbst durch eine spätere Aufklärung könnte psychologischer Stress und sogar Langzeitschäden ausgelöst werden, wie etwa ein sinkendes Selbstwertgefühl und Vertrauen in die Umwelt seitens der Teilnehmer. Zusätzlich kann davon ausgegangen werden, dass die getäuschten Probanden auch bei weiteren Studien erwarten, getäuscht zu werden. Diese Personen werden dann nicht mehr glauben, was ihnen während eines Experiments mitgeteilt wird, sodass der Versuchsleiter Gefahr läuft, die Kontrolle über die Einstellungen und die Motivation der Teilnehmer zu verlieren (Morton und Williams 2010; Hamenstädt 2012).

Insgesamt lassen sich zwei Dimensionen von Täuschung im Zusammenhang experimenteller Untersuchungen unterscheiden. Zum einen die Täuschung, durch die die moralische Integrität der einzelnen Versuchsteilnehmer kompromittiert wird, wie es der Fall beim Milgram-Experiment und Kernpunkt der kritischen Diskussion war. Zum anderen, die Täuschung, durch die die Befunde eines Experiments selbst oder sogar späterer Experimente verfälscht werden können. Daher ist immer zu empfehlen, sich an den geltenden Regelungen für die experimentelle (politikwissenschaftliche) Forschung zu orientieren, insbesondere, wenn der Versuchsleiter Täuschungen der Probanden in der experimentellen Untersuchung vorgesehen hat. Einheitliche und geltende Richtlinien für die Einhaltung ethischer Grundüberzeugungen bei politikwissenschaftlichen Experimenten sind jedoch kaum zu finden. 1967 wurde von der American Political Science Association der erste *Guide to Professional Ethics in Political Science* herausgegeben. In der aktuellsten Fassung von 2012 werden auch Experimente thematisiert: „The methodology of political science includes procedures which involve human subjects: surveys and interviews, observation of public behavior, experiments, physiological testing, and examination of documents. Possible risk to human subjects is something that political scientists should take into account. Under certain conditions, political scientists are also legally required to assess the risks to human subjects."

An Hochschulen sind daher Ethikkommissionen mit der Begutachtung von Forschungsskizzen zu Experimenten betraut, an die sich in den häufigsten Fällen auch Politikwissenschaftler wenden können. Diese können ihre Vorhaben und die Einhaltung ethischer Standards prüfen. Politikwissenschaftler sollten sich dennoch stets strikten ethischen Grundsätzen verpflichtet fühlen und sich dabei an den geltenden Gepflogenheiten der freiwilligen Zustimmung der Probanden zum Experiment, der Aufklärungs- und Abschlussgespräche, der Kosten-Nutzen-Abwägung seitens des Forschers und der vorsätzlichen Täuschung orientieren (Zimbardo et al. 2008; Hamenstädt 2012, S. 115).

Zudem haben sich gewisse inoffizielle Standards herausgebildet, wie der Umgang mit Studierenden in Experimenten verdeutlicht. Aus der Medizin und Psychologie lassen sich auch einige Punkte zu geltenden Normen für die experimentelle Forschung übertragen. Dennoch sollte eine Erarbeitung eines eigenen Normenkatalogs für die Politikwissenschaft erfolgen, da auch die Übertragung von Normen anderer Disziplinen problematisch sein kann (Morton und Williams 2010; Stoker und Margetts 2010).[10]

---

[10] Auch Stoker und Margetts (2010, S. 323) führen dazu an: „Political scientists who favor the method will need to start developing the norms and guidelines that other disciplines have already established. Economists are clear about their own rules. Economics journals, for example, will not publish experiments that involve deception, so it is universally deplored. Social psychologists routinely practise deception and are comfortable with this norm. Currently, any political scientists running experiments must make their own decision on this

Dennoch führen einige Wissenschaftler an, dass eine Täuschung von Probanden aus Forschungsgründen teilweise notwendig ist, damit sich die Teilnehmer aufgrund des Wissens hinsichtlich des Erkenntnisinteresses anders verhalten, als sie es sonst tun würden (zum Beispiel in der Persuasionsforschung[11]). Spätestens im Anschluss an das Experiment sollten die Versuchspersonen jedoch über das wahre Erkenntnisinteresse der Untersuchung aufgeklärt werden. Dieser Vorgang der Nachbesprechung wird *Debriefing* genannt. Es muss jedoch erneut betont werden, dass Täuschung eher eine Frage psychologischer Experimente ist und die Politikwissenschaft oft nicht betrifft, da sie stark der Ökonomie ähnelt. Beide Disziplinen sind in ihrer Forschung in der Regel nicht auf die Täuschung von Probanden angewiesen (Morton und Williams 2010).

Vor Beginn eines Experiments sollte also in jedem Fall ein Gespräch mit den Teilnehmern stattfinden, das über den Verlauf des Experiments, die damit verbundenen Erwartungen und Risiken aufklärt und erläutert, wie die Sicherstellung der Privatsphäre gewährleistet wird. Zum Abschluss des Gesprächs sollte eine Erklärung unterschrieben werden, in der der Proband der Teilnahme am Experiment und der wissenschaftlichen Verwertung der erhobenen Daten zustimmt und angibt, dass er über das Experiment aufgeklärt wurde. Es ist auch festzuhalten, dass das Experiment vom Teilnehmer ohne Angabe von Gründen jederzeit abgebrochen werden kann, ohne negative Konsequenzen befürchten zu müssen. Darüber hinaus sollte bei der Durchführung immer eine verantwortliche Person bereitstehen, an die sich die Teilnehmer bei Beschwerden wenden können. Im Anschluss an das Experiment wird dann ein Abschlussgespräch empfohlen bzw. in dem Fall, dass keine Täuschung im Experiment durchgeführt worden ist, ein Information- bzw. Abschlussfragebogen mit entsprechenden Hinweisen auszuteilen. Denn ein Experiment sollte als Informationsaustausch zwischen Forscher und Proband begriffen werden, der auf Gegenseitigkeit beruht. Dieser Austausch sollte nicht nur einseitig die Untersuchung behandeln, um später in einer Publikation zu enden. Zum einen ist es wichtig, dass der Forscher den Probanden so viele Informationen wie möglich gibt, zum anderen ist das Gespräch aber auch eine Bewährungsprobe für das Funktionieren des Experiments sowie die Rückversicherung, dass die Probanden keinerlei Schaden genommen haben. In dem Gespräch bzw. Informations- und Fra-

---

issue, taking a punt that they will be able to persuade future experimentalists of the validity of their own course of action."

[11] Die Persuasionsforschung beschäftigt sich mit persuasiver Kommunikation (von lat. „persuadere"=„überreden"), einer Form der zwischenmenschlichen Kommunikation, die auf das Beeinflussen des Kommunikationspartners zielt. Primäres Ziel der persuasiven Kommunikation ist das Erreichen von Einstellungsänderungen, nicht jedoch Verständigung oder Informationsaustausch.

6.2 Forschungsethische Fragen

gebogen sollte dem Probanden zudem die Möglichkeit gegeben werden, die Zustimmung zur Verwendung von Daten zurückzuziehen. Sollten die Teilnehmer im Experiment getäuscht worden sein, muss dies nach Ende des Experiments offengelegt werden und die Teilnehmer mit ausreichend Informationen versorgt werden. Insgesamt sollte bei der Verwendung von Täuschung im Experiment auf die folgenden Maßgaben geachtet werden:

1. Der „wissenschaftliche Wert"[12] der Untersuchung ist hinreichend, um eine Täuschung im Experiment zu rechtfertigen.
2. Es gibt – und dies muss vom Forscher nachgewiesen werden – kein anderes Verfahren (ohne Täuschung), das die Datenerhebung ermöglicht.
3. Nach der Offenlegung der Täuschung können die Probanden die Verwendung ihrer Daten untersagen. Sollte eine Risiko-Nutzen-Abschätzung vor Beginn des Experiments notwendig sein, muss im Verlauf des Experiments sichergestellt sein, dass die zutage getretenen Risiken so gering wie möglich zu halten sind.
4. Zudem sollten alle notwendigen Vorsichtsmaßnahmen getroffen und die Teilnehmer ausreichend aufgeklärt werden. Sollte ein Politikwissenschaftler bei der Planung eines Experiments auf mögliche Risiken für die Versuchsteilnehmer stoßen, ist es zu empfehlen, eine Ethikkommission einzuschalten (McDermott 2002; Hamenstädt 2012).

Beispiel: Das Milgram-Experiment

Das Milgram-Experiment zählt zu den ethisch als auch methodisch umstrittensten Experimenten in der geschichtlichen Entwicklung sozialwissenschaftlicher Experimente.

1961 hatte der Psychologe Stanley Milgram über eine Zeitungsannonce Probanden für ein Experiment in New Haven rekrutiert. Diesen wurde mithilfe einer Coverstory mitgeteilt, dass es um die Untersuchung des Zusammenhangs von Lernen und Bestrafung gehen würde. Durch eine scheinbar zufällige Rollenauswahl wurden die Teilnehmer in „Lehrer" und „Schüler" eingeteilt. Während die „Schüler" in das Experiment eingeweiht waren, hatten die „Lehrer" die Aufgabe den „Schüler" bei falschen Antworten mit – im Endeffekt vorgetäuschten – Stromschlägen zu bestrafen. Dabei stand ihnen ein Versuchsleiter als hierarchisch und fachlich übergeordnete Instanz zur Seite. Die Frage, die Milgram mit diesem Experiment untersuchen wollte, war, wie weit die Proban-

---

[12] Der Ausdruck „wissenschaftlicher Wert" ist in Anführungszeichen gesetzt, weil sich dieses Kriterium objektiven Bestimmungen entzieht (Hamenstädt 2012, S. 116).

den den Instruktionen des Versuchsleiters Folge leisten und an welcher Stelle sie das Experiment abbrechen würden. Der Versuch zeigte, dass die Mehrzahl der Teilnehmer, genauer 62 Prozent, bereit gewesen wären, auf Anweisung des Versuchsleiters den „Schüler" sogar zu töten, das heißt ihm so starke Stromstöße zu verabreichen, dass der „Schüler" es wahrscheinlich nicht überlebt hätte. Hieraus leitete Milgram einen Zusammenhang seiner Ergebnisse mit den Verbrechen während des Nationalsozialismus ab und versuchte diese sozialpsychologisch zu erklären (Milgram 1963). So bezieht er sich in seinen Ausführungen unter anderem auf Hannah Ahrendts Buch „Eichmann in Jerusalem. Ein Bericht von der Banalität des Bösen" (1963), das beschreibt, dass prinzipiell ganz gewöhnliche, psychisch gesunde Menschen wie der SS-Obersturmbannführer Adolf Eichmann während der nationalsozialistischen Herrschaft nur ihre Pflichten erfüllten und dem Gesetz gehorchten.

Neben den ethischen Problemen weist das Milgram-Experiment zahlreiche methodische Schwächen auf, die im Folgenden näher beschrieben werden (siehe hierzu auch Baumrind 1964; Schmid 2011). Da die Probanden über eine von der Yale University geschaltete Anzeige in einer Tageszeitung angeworben wurden, erfolgte keine Randomisierung der Teilnehmer. Die Selbstselektion der Probanden wurde auch nicht durch eine Zufallsaufteilung auf Gruppen wettgemacht, da über die Zeitungsannonce nur ein bestimmter Adressatenkreis, aber kein repräsentativer Querschnitt erreicht werden konnte. Damit kann kein Kausalzusammenhang in der Untersuchung bestimmt werden, da keine zwei Gruppen vorliegen, die miteinander verglichen werden können. Dies verweist bereits auf das nächste Problem, denn Milgram wollte die Wirkung von Autorität auf die Umsetzung von Entscheidungen messen. Allerdings ist die (Treatment-)Variable, um die es ihm ging, das heißt Autorität, nicht adäquat operationalisiert worden, so dass nicht ersichtlich ist, ob Autorität oder nicht beispielsweise die sogenannte Verantwortungsdiffusion gemessen wurde. Unter Verantwortungsdiffusion wird in der Spieltheorie ein Phänomen verstanden, das in sozialen Interaktionen mit mehr als zwei beteiligten Personen eintreten kann. Dieses Konzept besagt, wenn eine Person Hilfe benötigt und sich viele Leute um sie herum befinden, wird nicht automatisch die Wahrscheinlichkeit erhöht, dass der Person in Not geholfen wird. Ein Beispiel dafür wäre, dass viele Besucher eines Schwimmbades sehen, dass ein Badegast zu ertrinken droht. Anstatt jedoch Hilfe zu leisten, denkt jeder, dass ein anderer dies tun könnte. Je mehr Leute die Situation beobachten, desto stärker steigt die Tendenz, zu schlussfolgern: „Die anderen können doch genauso gut helfen." Genau dieser Diffusionseffekt könnte auch bei Milgram entscheidend für das Verhalten der Probanden gewesen sein.

Oft wird auch als Grund für die Autoritätshörigkeit der Probanden die Anwesenheit des Versuchsleiter mit seinem weißen Kittel genannt. Der weiße Kittel signalisiert hiernach für die Probanden im Experiment wissenschaftliche Autorität, der die Teilnehmer Gehorsam leisten lässt. Dieser Gehorsam im Experiment wird zumeist auf die Verbrechen im Zweiten Weltkrieg verallgemeinert. Bei dieser Argumentation liegen jedoch mehrere Probleme vor: Um Autoritätshörigkeit auf einen weißen Kittel zurückzuführen, wäre es bei der Vorbereitung des Experiments von Vorteil gewesen, die Probanden zufällig auf zwei Gruppen aufzuteilen. In einer Gruppe hätte der Versuchsleiter einen weißen Kittel getragen (Experimentalgruppe), in der anderen Gruppe jedoch nicht (Kontrollgruppe). Des Weiteren lassen sich diese Ergebnisse nicht einfach auf andere historische Ereignisse und Personengruppen übertragen, wie etwa auf Wehrmachtsmitglieder im Zweiten Weltkrieg (Hamenstädt 2012, S. 81).

Milgram wiederholte das Experiment mit zahlreichen Variationen etwa durch die räumliche Nähe zwischen dem „Lehrer" und „Schüler" oder die Autorität des Versuchsleiters und kam immer wieder zu ähnlichen Befunden (siehe auch Milgram 1974). Auch Folgeuntersuchungen anderer Wissenschaftler zeigten kaum andere Ergebnisse. Beispielsweise führte das Experiment mit weiblichen Probanden durch und demonstrierte ähnliche Verhaltensweisen wie das der männlichen Probanden.

6.3 Zusammenfassung

Die Anwendung experimenteller Designs in der Politikwissenschaft ist mit zahlreichen Herausforderungen konfrontiert, die vor allem methodische und forschungsethische Fragen betreffen. Diese beziehen sich auf die Validität und Generalisierbarkeit der experimentellen Ergebnisse, die Auswahl der Teilnehmer, insbesondere die Rekrutierung von Studierenden als Probanden, deren Bezahlung oder den Umgang mit Täuschungen. Insgesamt handelt es sich bei diesen Herausforderungen jedoch um beherrschbare Probleme. So können etwa mit einer computergestützten standardisierten Durchführung von Experimenten Validitätsprobleme eingeschränkt werden. Insgesamt sollte der gesamte Untersuchungsablauf – von der Begrüßung der Versuchspersonen durch den Versuchsleiter über die Instruktion bis hin zu eventuellen Rückmeldungen an die Versuchspersonen im Verlauf der Untersuchung – weitgehend standardisiert werden. Über die Auswahl der Teilnehmer, die Verwendung finanzieller Anreize und den Umgang mit Täuschungen im Experiment muss wiederum der Forscher hinsichtlich seiner Forschungsfrage und des entsprechenden Forschungsdesigns entscheiden. Politikwissenschaftler können in der Regel dazu Ethikkommissionen konsultieren, die ihre Vorhaben und die Einhaltung ethischer Standards prüfen. Darüber hinaus sollten sie sich immer strikten ethischen Grundsätzen verpflichtet fühlen. Ein zentraler Punkt ist hierbei immer der Umgang mit den Teilnehmern am Experiment. So sollte stets sichergestellt sein, dass die Probanden freiwillig und aufgeklärt am Experiment teilnehmen, dass sie keinen Schaden erleiden und dass ihre Daten anonym und vertraulich behandelt werden.

> **Was wichtig ist**
> - Experimentelle Untersuchungen sind in der Politikwissenschaft mit methodischen und forschungsethischen Fragen konfrontiert.
> - Methodische Herausforderungen beziehen sich vor allem auf die Validität, die Generalisierbarkeit der Befunde sowie die Auswahl und Bezahlung der Teilnehmer.
> - Die Auswahl und Bezahlung der Teilnehmer sowie die Anwendung von Täuschung betreffen wiederum forschungsethische Fragen.
> - Einheitliche und geltende Richtlinien für die Einhaltung ethischer Grundüberzeugungen bei politikwissenschaftlichen Experimenten sind bislang kaum zu finden.
> - An Hochschulen sind daher Ethikkommissionen mit der Begutachtung von Forschungsskizzen zu Experimenten betraut, an die sich in den häufigsten Fällen auch Politikwissenschaftler wenden können.
> - Politikwissenschaftler sollten sich darüber hinaus stets strikten ethischen Grundsätzen verpflichtet fühlen und sich dabei an den geltenden wissenschaftlichen Gepflogenheiten orientieren.
> - Es sollte generell sichergestellt sein, dass Probanden freiwillig und aufgeklärt am Experiment teilnehmen, dass sie keinen Schaden erleiden und dass ihre Daten anonym und vertraulich behandelt werden.

Literatur

Bahry, D. L., & Wilson, R. K. (2004). *Trust in transitional societies. Experimental results from Russia*. Paper presented at the American Political Science Association Meeting, Chicago, Illinois.

Ball, S. B., & Cech, P.-A. (1996). Subject pool choice and treatment effects in economic laboratory research. In R. M. Issac (Hrsg.), *Research in Experimental Economics* (Bd. 6, S. 239–292). Greenwich: JAI Press.

Literatur

Baumrind, D. (1964). Some thoughts on ethics of research, after reading Milgram's behavioral study of obedience. *American Psychologist, 19*(6), 421–423.
Blanton, H., & Jaccard, J. (2008). Representing versus generalizing. Two approaches to external validity and their implications for the study of prejudice. *Psychological Inquiry, 19*, 99–105.
Bortz, J., & Döring, N. (2009). *Forschungsmethoden und Evaluation. Für Human- und Sozialwissenschaftler* (4., überarb. Aufl.). Heidelberg: Springer.
Cozby, P. C. (2009). *Methods in behavioral research* (10. Aufl.). Boston: McGraw-Hill.
Dickson, E. S. (2011). Economics vs. psychology experiments. Stylization, incentives, and deception. In J. N. Druckman (Hrsg.), *Cambridge handbook of experimental political science* (S. 102–124). Cambridge: Cambridge University Press.
Diekmann, A. (2008). *Spieltheorie. Einführung, Beispiele, Experimente*. Reinbek: Rowohlt.
Eifler, S. (2014). Experiment. In N. Baur (Hrsg.), *Handbuch Methoden der empirischen Sozialforschung* (S. 195–210). Wiesbaden: Springer VS.
Franzen, A., & Pointner, S. (2015). Anonymisierungstechniken in sozialwissenschaftlichen Laborexperimenten. In M. Keuschnigg & T. Wolbring (Hrsg.), *Experimente in den Sozialwissenschaften*. Sonderband der Sozialen Welt (S. 155–173). Baden-Baden: Nomos.
Glatzmeier, A., & Hilgert, H. (Hrsg.). (2015). *Entscheidungen: Geistes- und sozialwissenschaftliche Beiträge zu Theorie und Praxis*. Wiesbaden: Springer VS.
Gneezy, U., & Rustichini, A. (2000). Pay enough or don't pay at all. *The Quarterly Journal of Economics, 115*(3), 791–810.
Green, D. P., & Gerber, A. S. (2002). Reclaiming the experimental tradition in political science. In I. Katznelson & H. V. Milner (Hrsg.), *Political science. State of the discipline* (S. 805–832). New York: W. W. Norton.
Greenspoon, J. (1955). The reinforcing effect of two spoken sounds on the frequency of two responses. *American Journal of Psychology, 68*, 409–416.
Hamenstädt, U. (2012). *Die Logik des politikwissenschaftlichen Experiments. Methodenentwicklung und Praxisbeispiel*. Wiesbaden: VS Verlag für Sozialwissenschaften.
Hamenstädt, U. (2015). Experimentelle Politikwissenschaft. Über die Untersuchung von Entscheidungen in der experimentellen Forschung. In A. Glatzmeier & H. Hilgert (Hrsg.), *Entscheidungen: Geistes- und sozialwissenschaftliche Beiträge zu Theorie und Praxis* (S. 43–54). Wiesbaden: Springer VS.
Hegtvedt, K. A. (2007). Ethics and Experiments. In M. Webster Jr. & J. Sell (Hrsg.), *Laboratory experiments in the social sciences* (S. 57–86) Amsterdam: Academic Press.
Horiuchi, Y., Imai, K., & Taniguchi, N. (2007). Designing and analyzing randomized experiments. Application to a Japanese election survey experiment. *American Journal of Political Science, 51*(3), 669–687.
Imai, K., King, G., & Stuart, E. A. (2008). Misunderstandings between experimentalists and observationalists about causal inference. *Journal of the Royal Statistical Society, 171*(2), 481–502.
Kahneman, D., & Tversky, A. (1973). On the psychology of prediction. *Psychological Review, 80*(4), 237–251.
Kam, C. D., Wilking, J. R., & Zechmeister, E. J. (2007). Beyond the „narrow data base". Another convenience sample for experimental research. *Political Behavior, 29*(4), 415–440.
Kanitsar, G., & Kittel, B. (2015). Experimentelle Methoden. In G. Wenzelburger & R. Zohlnhöfer (Hrsg.), *Handbuch Policy-Forschung* (S. 379–407). Wiesbaden: Springer VS.

Kinder, D. R., & Palfrey, T. R. (1993). *Experimental foundations of political science*. Ann Arbor: University of Michigan Press.
Lau, R. R., & Redlawsk, D. P. (2006). *How voters decide. Information processing during election campaigns*. Cambridge: Cambridge University Press.
Levitt, S. D., & List, J. A. (2007). What do laboratory experiments tell us about the real world? *Journal of Economic Perspectives, 21*(2), 153–174.
Liebe, U. (2015). Experimentelle Ansätze in der sozialwissenschaftlichen Umweltforschung. In M. Keuschnigg & T. Wolbring (Hrsg.), *Experimente in den Sozialwissenschaften*. Sonderband der Sozialen Welt (S. 132–152). Baden-Baden: Nomos.
McDermott, R. (2002). Experimental methods in political science. *Annual Review of Political Science, 5*(1), 31–61.
Milgram, S. (1963). Behavioral study of obedience. *Journal of Abnormal and Social Psychology, 67*(4), 371–378.
Milgram, S. (1974). *Obedience to authority: An experimental view*. New York: Harper/Collins.
Mintz, A., Redd, S. B., & Vedlitz, A. (2006). Can we generalize from student experiments to the real world in political science, military affairs, and international relations? *Journal of Conflict Resolution, 50*(5), 757–777.
Morton, R. B., & Williams, K. C. (2010). *Experimental political science and study of causality. From nature to the lab*. Cambridge: Cambridge University Press.
Nichols, A. L., & Maner, J. K. (2008). The good-subject effect: Investigating participant demand characteristics. *The Journal of General Psychology, 135*(2), 151–166.
Nickerson, D. W. (2008). Is voting contagious? Evidence from two field experiments. *American Political Science Review, 102*, 49–57.
Prior, M., & Lupia, A. (2008). Money, time, and political knowledge. Distinguishing quick recall and political learning skills. *American Journal of Political Science, 52*(1), 169–183.
Rapport, F. L., & Maggs, C. J. (2002). Titmuss and the gift relationship. Altruism revisited. *Journal of Advanced Nursing, 40*(5), 495–503.
Roethlisberger, F. J., & Dickson, W. J. (1939). *Management and the worker: an account of a research program conducted by the Western electric company, Hawthorne works, Chicago*. Cambridge: Harvard University Press.
Schmid, H. B. (2011). *Moralische Integrität – Kritik eines Konstrukts*. Berlin: Suhrkamp Verlag.
Shadish, W. R.; Cook, T. D., & Campbell, D. T. (Hrsg.). (2002). *Experimental and quasi-experimental designs for generalized causal inference*. Boston: Houghton Mifflin.
Schram, A. (2005). Artificiality: The tension between internal and external validity in economic experiments. *Journal of Economic Methodology, 12*(2), 225–237.
Smith, V. L. (1976). Experimental economics: Induced value theory. *The American Economic Review, 66*(2), 274–279.
Sniderman, P. (2011). The logic and design of the survey experiment. An autobiography of a methodological innovation. In J. N. Druckman (Hrsg.), *Cambridge handbook of experimental political science* (S. 182–205). Cambridge: Cambridge University Press.
Stodder, J. (1998). Experimental moralities. Ethics in classroom experiments. *The Journal of Economic Education, 29*(2), 127–138.

Stoker, G., & Margetts, H. (2010). The experimental method. Prospects for laboratory and field studies. In D. Marsh & G. Stoker (Hrsg.), *Theory and methods in political science* (3. Aufl., S. 308–324). Basingstoke: Palgrave Macmillan.
Wortman, P. M. (1983). Evaluation research: A methodological perspective. *Annual Review of Psychology, 34*(1), 223–260.
Zimbardo, P. G., Gerrig, R. J., & Graf, R. (2008). *Psychologie* (18., aktualisierte Aufl.). München: Pearson.

Empfohlene Literatur

Dickson, E. S. (2011). Economics vs. psychology experiments. Stylization, incentives, and deception. In J. N. Druckman (Hrsg.), *Cambridge handbook of experimental political science* (S. 102–124). Cambridge: Cambridge University Press. (Vergleich zwischen Experimenten in der Ökonomie und der Psychologie)
Druckman, J. N., & Kam, C. D. (2011). Students as experimental participants: A defense of the „narrow data base". In J. N. Druckman, D. P. Green, J. H. Kuklinski, & A. Lupia (Hrsg.), *Handbook of experimental political science* (S. 41–57). New York: Cambridge University Press. (Zum Umgang mit Studierenden als Probanden in Experimenten)
Morton, R. B., & Williams, K. C. (2010a). *Experimental political science and the study of causality. From nature to the lab.* Cambridge: Cambridge University Press. (Darin Kapitel 11–13: History of codes of ethics and human subjects research, S. 403–521. (Überblick zu ethischen Richtlinien in den Sozialwissenschaften)
Morton, R. B., & Williams, K. C. (2010b). *Experimental political science and the study of causality. From nature to the lab.* Cambridge: Cambridge University Press. (Darin Kapitel 13: Deception in experiments, S. 500–521. (Zum Umgang mit Täuschungen)

Idealtypischer Ablauf experimenteller Untersuchungen 7

Für ein konkretes und detailliertes experimentelles Forschungsprojekt soll im Folgenden ein Leitfaden gegeben werden, der den idealtypischen Ablauf einer experimentellen Studie allgemein darstellt und die Überlegungen und Handlungsempfehlungen der vorherigen Kapitel zusammenfasst. Dieser Ablauf muss nicht zwangsläufig in allen Einzelschritten eingehalten werden, soll aber bei der Planung, der Durchführung und der Auswertung der Befunde eigener experimenteller Untersuchungen in der Politikwissenschaft Orientierung und Unterstützung geben. Dabei können je nach gewählter Fragestellung, die die Untersuchung leitet, Veränderungen im Ablauf vorgenommen werden (siehe hierzu Pickel et al. 2015, S. 253–267).[1]

Wichtig ist, dass Kontrolle, Manipulation, Randomisierung, und das entsprechende Design von Experimenten die entscheidenden Kriterien für die Güte experimenteller Forschungen darstellen. Auf diese Kriterien ist daher in der Vorbereitung von Experimenten besonderes Augenmerk zu richten. Insgesamt erfordern Experimente eine weitreichende, vorausschauende Planung und eine stringente Ableitung der Untersuchungsanlage aus der Fragestellung und den dazugehörigen Hypothesen. Andernfalls ist die Gefahr sehr groß, dass die Studie scheitert, wenn sich das Design im Nachhinein als unbrauchbar für die Fragestellung erweist. Die erste wichtige Frage, die ein Versuchsleiter beantworten muss, ist also die Frage, ob das experimentelle Design auch geeignet für die jeweilige Fragestellung ist (Cook und Campbell 1976). Im Folgenden wird dieser idealtypische Ablauf mithilfe eines hypothetischen Beispiels veranschaulicht. Abbildung 7.1 illustriert zunächst den idealtypischen Ablauf politikwissenschaftlicher experimenteller Studien im Allgemeinen.

---

[1] Darüber hinaus ist das Buch „Methoden der Politikwissenschaft" von Bettina Westle (2009) zu empfehlen; insbesondere die Kapitel 3–7.

Abb. 7.1 Idealtypischer Ablauf einer politikwissenschaftlichen experimentellen Studie. (Quelle: in Anlehnung an Pickel et al. (2015, S. 254))

7.1 Planung

7.1.1 Theorie und Festlegung der Fragestellung

Jede experimentelle Untersuchung sollte in einem geeigneten theoretischen Bezugsrahmen, unter Berücksichtigung bereits durchgeführter Untersuchungen und in Kenntnis von deren Ergebnissen und Problemen erfolgen. Vor allem sollte sie jedoch eine bestimmte Fragestellung aufweisen, die es in der Untersuchung zu bearbeiten gilt.

Zur ersten Phase der Arbeit gehört neben der Beschreibung der Problemstellung bzw. der Relevanz der Untersuchung demnach die Auswahl der Fragestellung, die die Möglichkeiten des zu wählenden Forschungsdesigns bestimmt. Die Entscheidung, ob das gewählte experimentelle Design angemessen für die Bearbeitung der zugrunde liegenden Fragestellung ist, hängt dabei von der jeweiligen Zielsetzung des Experiments ab, das heißt von der Frage, was genau untersucht werden soll. Hierbei ist erneut daran zu erinnern, dass der Datengenerierungsprozess in der Regel nicht darauf ausgerichtet ist, das zu untersuchende Phänomen vollständig in den Blick zu nehmen, sondern vielmehr einzelne Teilaspekte der Theorie auf ihre Gültigkeit hin zu überprüfen (Hyde 2010). Es kann nicht alles erklärt werden. Darüber hinaus sind Experimente in der Regel auf Untersuchungen von individuellen Verhaltensweisen auf der Mikroebene ausgerichtet und sind deshalb auf der Makroebene nicht ohne größere Probleme zu realisieren. Ein gelungenes Forschungsdesign sowie das „Herunterbrechen" spezifischer Forschungsfragen können die Mikro-Makro-Ebenen-Problematik jedoch reduzieren helfen. Deshalb ist es von großer Bedeutung, eine geeignete Fragestellung zu wählen. Diese ist in den meisten Fällen zum Anfang oftmals noch sehr vage und wird zu breit gefasst. Daher ist es notwendig, das Forschungsproblem durch die Formulierung der Forschungsfrage klar ein- und abzugrenzen und so präzise wie möglich zu stellen. Sie kann sich aus verschiedenen Motivationsgründen ergeben, wie zum Beispiel sozialen Problemen, dem theoretischen Interesse oder der Entdeckung einer Forschungslücke. Sie umreißt das Forschungsgebiet und konkretisiert es über die ursprünglichen Überlegungen hinaus für eine konkrete wissenschaftliche Bearbeitung. Dabei ist wichtig, dass die Forschungsfrage zu einem Erkenntnisgewinn, das heißt einem Fortschritt im Wissen über den Forschungsgegenstand, beiträgt. Das heißt jedoch nicht, dass jedes Forschungsprojekt sich mit einer ganz neuen Thematik auseinandersetzen muss, vielmehr heißt das, dass eine wissenschaftlich relevante Fragestellung mit zumindest einer neuen Idee behandelt werden sollte. Diese Ausrichtung und ihre kontrollierte methodische Anlage unterscheidet die wissenschaftliche Forschungsfrage von einer Alltagsfrage (Pickel et al. 2015).

Für die folgenden Ausführungen soll beispielhaft die Forschungsfrage beantwortet werden, ob ein Zusammenhang zwischen der Akzeptanz von Flüchtlingen in einem Bundesland und der Einbeziehung der dort lebenden Bevölkerung in den Integrationsprozess der Flüchtlinge besteht. Diese Fragestellung ist aufgrund der ansteigenden weltweiten Flüchtlingsströme und der damit zusammenhängenden negativen Ereignisse in einigen deutschen Gemeinden wie Anschlägen auf Flüchtlingsheime hochrelevant. Im Folgenden wird dieses Beispiel immer wieder aufgegriffen.

Grundsätzlich sollte eine Fragestellung in der Theorie verankert und aus dieser abgeleitet sein. Die Theorie stellt den Rahmen der Untersuchung dar und gibt Orientierungspunkte für empirisch zu testende Fragestellungen und Hypothesen. Dabei wird grundsätzlich zwischen allgemeinen Theorien, Theorien mittlerer Reichweite und Mikrotheorien unterschieden. Während allgemeine Theorien sehr umfassend sind und auf einem kohärenten Theoriegebäude aufbauen, sind Theorien mittlerer Reichweite meist stärker gegenstandsbezogen und leichter in spätere Hypothesen umzusetzen (Merton und Sztompka 1996).

Einige Theorien besitzen ein sehr hohes Abstraktionsniveau, was ihre empirische Anwendung oftmals vor Schwierigkeiten stellt, sodass Analysekonzepte in dieser Hinsicht gedehnt werden müssen („Conceptual Strechting"), um vergleichbare Kategorien herzustellen (Jahn 2013). Darüber hinaus erweisen sich viele dieser Theorien als inadäquat für den jeweiligen Forschungsgegenstand und lassen eine Fallsensibilität vermissen. Theorien mittlerer Reichweite versuchen hingegen, die Nachteile von allgemeinen Theorien auszugleichen, und konzentrieren sich auf bestimmte Funktionen von spezifischen Institutionen, Prozessen oder auch Gruppen von Ländern (Merton und Sztompka 1996). Damit wird jedoch die Universalität der Erklärungskraft aufgegeben, sodass die theoretischen Aussagen nicht mehr allgemeingültig sind, sondern sich auf die untersuchten Aspekte beziehen. Im Gegenzug sind Theorien mittlerer Reichweite für den untersuchten Forschungsbereich präziser und bieten somit eine bessere Orientierung für insbesondere vergleichende Studien als hochabstrakte allgemeine Theorien.

Im Zusammenhang mit experimentellen Untersuchungen ist vor allem die Anwendung von Mikrotheorien zu empfehlen, da diese auf der sozialen Einstellungsebene von Individuen ansetzen und auf verhaltensorientierte Erklärungsmodelle zurückgreifen. Da das vorrangige Ziel bei der Durchführung von Experimenten die Klärung der Frage nach der Kausalbeziehung zwischen zwei Variablen ist, sind in diesem Zusammenhang Theorien oder Theorieelemente wichtig, die Kausalbeziehungen unterstellen, denn diese Elemente oder Axiome von Theorien sind es, die durch Experimente empirisch untersucht werden (Morton und Williams 2012).

Natürlich kann nicht immer vollständig auf bereits existierende Theorien zurückgegriffen werden. Dennoch sollte bei jeder Studie versucht werden, vor der

Durchführung der Studie herauszufinden, inwieweit Bestandteile der aufgekommenen Fragestellung bereits in theoretischen Annahmen verankert sind. Dabei sollte der Forscher sich nicht nur auf einen Theoriestrang beschränken, sondern auch Teile verschiedener theoretischer Strömungen berücksichtigen. So erweist sich die Begrenzung von Forschern auf nur einen Theorieansatz oft als eines der größten Probleme eines Erkenntnisprozesses, da dadurch die Perspektive eingeschränkt wird und die Tendenz zur Bestätigung der eigenen, meist selektiven Annahmen entsteht. Oft ist es sogar angebracht, konkurrierende Theoriestränge in die Überlegungen einzubeziehen. Dies erfolgt meist in Form von sich widerstreitenden Aussagen, also von dann in der empirischen Analyse konkurrierenden Erklärungsansätzen und Hypothesen (Pickel et al. 2015, S. 255). Wenn für einen ausgewählten Forschungsgegenstand keine ausgearbeitete Theorie vorliegt, ist es möglich, Theorien verwandter oder allgemeiner Gegenstandsbereiche zu übertragen. So bieten etwa soziologische, sozialpsychologische und ökonomische Theorien Ansatzpunkte für die Theoriebildung in der Politikwissenschaft. Zur Lösung von Problemen ist es sinnvoll, bevorzugt solche theoretischen Erkenntnisse heranzuziehen, die sich etabliert haben (Pickel et al. 2015).

Für unsere eher interdisziplinäre Fragestellung sollte auf eine Theorie mittlerer Reichweite etwa aus dem Bereich der Integrations- oder Migrationstheorien zurückgegriffen werden, da eine solche Theorie stärker gegenstandsbezogen ist und sich leichter in Hypothesen umsetzen lässt. Als einer der führenden Vertreter dieser Theorieströmungen ist Esser (2006) zu nennen, der sich insbesondere mit Themen wie Assimilation, Integration und ethnischen Konflikten beschäftigt (siehe dazu auch ausführlicher Schatz et al. 2000). In seinen Ausführungen stellt Esser immer wieder die Bedeutung der Kommunikation zwischen Migranten bzw. Flüchtlingen und den Einwohnern des aufnehmenden Landes in den Mittelpunkt.

Festzuhalten bleibt, dass die experimentelle Untersuchung weder die perfekte Abbildung der Realität noch des formalen Modells anstrebt, da diese meist zu viele Details enthalten, die in ihrer Komplexität kaum zu erfassen und darzustellen sind. Außerdem sind Zusammenhänge zwischen Ursache und Wirkung bei zu komplexen Designs kaum nachzuweisen. Experimente sollten also nur dann durchgeführt werden, wenn Kausalannahmen im Vordergrund der Forschungsfrage stehen und es sich um fokussierte Fragestellungen mit klaren Annahmen handelt. Auch sollte es den Forschenden möglich sein, unabhängige Variablen zu identifizieren, die in ethisch akzeptabler Weise und unabhängig von anderen unabhängigen Variablen manipuliert werden können, sowie mindestens eine abhängige Variable zu benennen, die reliabel und valide gemessen werden kann. Aufgrund der meist mangelnden externen Validität von Experimenten ist es zu empfehlen, dass eine Fragestellung nicht spezifisch für eine bestimmte ausgewählte Untersuchungsgruppe ist, sondern auch auf andere Teilnehmerpools anwendbar ist.

In unserem Fall ist die abhängige Variable die Veränderung der Akzeptanz von Flüchtlingen in einem Bundesland seitens der Einwohner des aufnehmenden Landes. Die unabhängige Variable (Treatment) ist die Einbeziehung der Einwohner in den Integrationsprozess der Flüchtlinge.

7.1.2 Hypothesenformulierung

Nach der Erläuterung und der theoretischen Einbettung der Fragestellung ist der nächste Schritt, das Untersuchungsgebiet für die experimentelle Untersuchung zu strukturieren und möglichst eng einzugrenzen. Jedem Experiment geht dabei die genaue Beschreibung der zu untersuchenden Problemsituation und der Annahmen voraus, wobei die wesentlichen Begriffe definiert und expliziert werden. Dies beinhaltet die Suche nach geeigneten Erklärungshypothesen für die beschriebene Situation. Hypothesen beziehen sich dabei meist auf allgemeine Aussagen über Zusammenhänge zwischen empirischen und logischen Sachverhalten (Pickel et al. 2015, S. 256).

Nach Pickel et al. (2015, S. 258) gehört auch zur Hypothesenbeschreibung die statistische Formulierung der Hypothesen und die Angabe der statistischen Prüfverfahren, die angewendet werden sollen. Dabei wird zwischen einer deduktiven Hypothesenbildung, die sich auf bestehende Theorien bezieht, und einer induktiven Hypothesenbildung, die sich auf bestehende Fakten bezieht, differenziert. Zur Lösung wissenschaftlicher Probleme werden meist Vermutungen darüber getroffen, wie eine mögliche Lösung aussehen könnte. Die grundlegende Hypothesenform lautet: „wenn A, dann B" oder „je mehr A, desto wahrscheinlicher ist B". Von Hypothesen abzugrenzen sind Thesen, also Behauptungen in Form von „A ist eine bestimmte Institution". Oft werden Thesen aufgestellt, die implizit Hypothesen enthalten. Dabei wäre es jedoch sinnvoll, auch die Hypothesenform zu wählen. So wird behauptet, „A ist die Ursache von B"; die Hypothesenform lautet hier: „wenn A, dann B". Um Erklärungen zu finden, werden verschiedene – meist aus Übersichts- und Ressourcengründen wenige – Hypothesen spezifiziert, für die einige Gründe bzw. theoretische Annahmen sprechen. Der Ausgangspunkt einer experimentellen Untersuchung sind demnach immer theoretische Vorstellungen. Wichtig ist, dass bei der Formulierung der Hypothesen grundsätzlich festgelegt wird, was die abhängigen oder unabhängigen Variablen im späteren Erklärungsmodell sind. Darüber hinaus muss die Versuchsplanung gewährleisten, dass die Voraussetzungen für die Anwendung derjenigen statistischen Verfahren erfüllt sind, die zu einer Beantwortung der Forschungsfrage beitragen können (Pickel et al. 2015, S. 256).

Für unser Beispiel ergibt sich die folgende Hypothese, die sich aus der Theorie von Esser (2006) ableitet: „Je stärker die Bevölkerung der aufnehmenden Gesellschaft in den Integrationsprozess der Flüchtlinge involviert ist, desto höher ist die Akzeptanz der dort lebenden Flüchtlinge." Das heißt, es kann vermutet werden, dass etwa durch die Aufklärung der Einwohner der aufnehmenden Gesellschaft und ihre Einbeziehung in den Integrationsprozess der Flüchtlinge, zum Beispiel durch Informationsveranstaltungen und Treffen, eine höhere Akzeptanz entsteht. Dies kann durch Informationsveranstaltungen, die gegebenenfalls vom Landkreis, der Kommune, der Stadt organisiert werden, und Aufklärungsgespräche vollzogen werden.

7.1.3 Literaturanalyse und Konzeptspezifikation

Zur nochmaligen Konzentration auf die und Konkretisierung der leitenden Fragestellung der experimentellen Untersuchung erweist sich eine Literaturanalyse, die den Forschungsstand aufarbeitet, als unabdingbar. Fragen, die dabei beantwortet werden sollten, sind: Wie sieht der gegenwärtige Forschungsstand zum Thema aus? Wo bestehen Forschungslücken in der gegenwärtige Literatur? Wie lässt sich das ausgesuchte Thema und die Fragestellung an den derzeitigen Forschungsstand anbinden? Wie können die eigenen Ergebnisse zum Forschungsstand beitragen? (Pickel et al. 2015, S. 255).

Um zu verstehen, was eine Theorie impliziert, und um feststellen zu können, inwieweit eine Theorie zutrifft, werden die in der Theorie benutzten zentralen Begriffe und Ausdrücke präzisiert. Neben der Einbettung in den theoretischen Rahmen erfolgt außerdem eine Abgrenzung von ähnlichen Begriffen oder Begriffsverständnissen. Diese Phase wird im Forschungsprozess als Konzeptspezifikation bezeichnet. Das heißt, in dieser Phase müssen Entscheidungen getroffen werden, die unter anderem die Wahl der Begriffe, Definitionen und die Auswahl möglicher Kategorien und Typologien betreffen. Dabei ist zu fragen, ob die benutzten Begriffe einen empirischen Bezug haben, ob die gemeinten Sachverhalte beobachtbar bzw. operationalisierbar sind und welche Probleme dabei auftreten könnten. Hierzu zählt beispielsweise die Frage, inwieweit die gewählte Methode in anderen kulturellen Regionen einsetzbar ist. Dieser Aspekt bezieht sich auf das sogenannte Travelling-Problem. Das Travelling-Problem behandelt die Frage, wie weit ein Konzept oder Begriff „reisen" bzw. auf andere Kulturkreise übertragen werden kann, ohne einen Cultural Bias[2] zu erzeugen bzw. ohne Gefahr zu laufen, nicht mehr den konkreten Gegenstand zu treffen. Im allgemeinen Verständnis hängt diese Einschätzung vom Abstraktionsgrad des Konzepts bzw. Begriffs ab. Je höher dieser ist, desto stärker ist seine „Reisefähigkeit" ausgeprägt (Pickel et al. 2015).

---

[2] Bias ist ein systematischer (nicht zufälliger) Fehler, der das Ergebnis der Untersuchung verfälscht (Pickel et al. 2015).

Für unsere zu untersuchende Fragestellung müssen beispielsweise Begriffe wie Flüchtling, Migrant, Integration, Integrationsprozess oder Akzeptanz definiert werden, um zu verdeutlichen, was der jeweilige Forscher unter diesen Begriffen versteht und wie diese von anderen Begriffen und Konzepten abzugrenzen sind und später operationalisiert werden können.

7.1.4 Festlegung des Forschungsdesigns

Nachdem die Fragestellung festgelegt wurde, die Hypothesen aufgestellt sind, der Forschungsstand dargestellt und das Konzept konkretisiert wurde, muss für das Forschungsdesign entschieden werden, welche Art von Daten wann, wo und wie häufig erhoben werden soll. Die entscheidende Frage für die Wahl des Forschungsdesigns, das heißt für die Wahl zwischen beispielsweise Labor-, Feld- oder Umfrageexperiment, ist somit diejenige nach der geeignetsten Untersuchungsmöglichkeit einer Kausalbeziehung. Durch die Festlegung des genauen Forschungsdesigns wird bestimmt, wie die spätere Analyse der Daten erfolgen wird (Pickel et al. 2015, S. 257).

Um die Frage beantworten zu können, ob ein Zusammenhang zwischen der Akzeptanz von Flüchtlingen in einem Bundesland und der Einbeziehung der dort lebenden Bevölkerung in den Integrationsprozess der Flüchtlinge besteht, wird ein Feldexperiment[3] geplant. So könnte die Bevölkerung in einem Bundesland durch Informationsveranstaltungen, Aufklärungsarbeit und Treffen beider Gruppen in den Integrationsprozess einbezogen werden (Experimentalgruppe), während dies in einem anderen Bundesland nicht erfolgt (Kontrollgruppe). Der Zeitraum wird dabei auf ein Jahr festgelegt. Dieses Experiment könnte jedoch auch über einen längeren Zeitraum angelegt sein, um Veränderungen der Akzeptanz der Bevölkerung im Laufe der Zeit zu erfassen. Auch ist es bei einer solchen langfristigen experimentellen Untersuchung überlegenswert, nach einem Jahr den Integrationsprozess zu „unterbrechen" bzw. das Treatment auszusetzen, das heißt keine Aufklärungsgespräche und Informationsveranstaltungen mehr stattfinden zu lassen, um analysieren zu können, welchen Einfluss dies auf das Akzeptanzverhalten der Einwohner hat. Um dies überprüfen zu können, erhalten die Einwohner der beiden Bundesländer einen Fragebogen vor- und nach der Einführung des Treatments (Experimentalgruppe) bzw. zu Beginn und am Ende des Jahres (Kontrollgruppe),

---

[3] Auch wenn das Feldexperiment die komplizierteste und umstrittenste Form des Experiments ist, ist es dennoch die geeignetste für die oben aufgeführte derzeit sehr relevante Fragestellung. Das Forschungsdesign könnte zunächst im Labor getestet werden, um anschließend im Feld durchgeführt zu werden.

mit dem die Einstellungen bzw. Akzeptanz gegenüber Flüchtlingen abgefragt bzw. kontrolliert werden.

7.1.5 Operationalisierung der zu erhebenden Variablen

Ist die Untersuchungsform festgelegt, müssen die bislang ausgewählten Elemente der Untersuchung operationalisiert werden. Operationalisierung ist die Angabe, wie einem theoretischen Begriff beobachtbare Indikatoren zugeordnet werden. Indikatoren sind dabei beobachtbare Sachverhalte, die die Begriffe in der Realität möglichst genau abbilden. Es werden also Anweisungen ausgearbeitet sowie Messungen für einen bestimmten Begriff vorgenommen. Die operationalen Kriterien sollten dabei auch für andere Forscher deutlich erkennbar sein, Eindeutigkeit besitzen und nachvollziehbar dokumentiert werden. Eine strenge Operationalisierung wird dabei nur in statistischen Designs verwendet. Soweit möglich, orientiert sich der Forscher bei der Bildung von Indikatoren an den bestehenden Konventionen. Der Begriff der Operationalisierung umschreibt in der Regel eine weitere Präzisierung der zu untersuchenden Variablen. Für statistische Zugänge ist die Operationalisierung nicht nur zwingend notwendig, sondern auch ein Prozess, in dem viele Fehler auftreten können. Schließlich gilt es an dieser Stelle, die Erhebungsfragen zu finden, die am ehesten geeignet sind, die dahinter stehenden theoretischen Konstrukte abzubilden. Nur wenn die entwickelten Instrumente valide und reliabel sind, können wissenschaftlich verwertbare Ergebnisse erzielt werden (Pickel et al. 2015, S. 257–258).

Wie bereits angesprochen, müssen für das geplante Feldexperiment Begriffe wie Flüchtling, Migrant, Integration, Integrationsprozess oder Akzeptanz operationalisiert bzw. messbar gemacht werden. Das heißt, es muss klar festgelegt werden, wer zum Beispiel ein Flüchtling ist, wie Integration und der jeweilige Integrationsprozess gemessen wird (zum Beispiel durch die Anzahl der Informationsveranstaltungen und Treffen der Flüchtlinge und der jeweiligen Einwohner), ab wann von Akzeptanz gesprochen wird etc. Hierbei ist zu empfehlen, sich nochmals an der Theorie zu orientieren und sich beispielsweise auf mögliche Operationalisierungen von Esser (2006) zu stützen.

7.1.6 Auswahl der Untersuchungsstichprobe

Fast gleichzeitig zur Operationalisierung erfolgt die Fallauswahl bzw. die Festlegung der Untersuchungsstichprobe, mit der die Untersuchungseinheiten der empirischen Analyse bestimmt werden. Auch diese Entscheidung gehört zur Spezifikation des Forschungsdesigns. Bei der Fallauswahl stellt sich die Frage, auf welche Grundgesamtheit sich die Aussagen beziehen. Sollen beispielsweise Aussagen über die Akzeptanz von Flüchtlingen in Deutschland von jungen Bürgern untersucht werden, dann sind deutsche Bürger zwischen 18 und 30 Jahren eine mögliche Grundeinheit.

Der Auswahl der Untersuchungsstichprobe wurde in der Politikwissenschaft in den letzten Jahren eine große Bedeutung zuteil (Geddes 1990). So setzten sich King et al. (1994) eindrücklich mit den Problemen der Stichprobenverzerrung (Selection Bias), also Fehlern bei der Fallauswahl, auseinander. Eine Stichprobenverzerrung ist eine statistische Verzerrung bei der Auswahl von Stichprobeneinheiten. Diese kann nicht nur bei der Teilnehmerauswahl auftreten, sondern vor allem dann, wenn länder- bzw. kulturübergreifende vergleichende Experimente durchgeführt werden sollen. Immer wieder werden die Fälle nach nicht plausiblen Kriterien ausgewählt und führen dann zu falschen oder verzerrten Forschungsergebnissen (siehe hierzu auch die Kapitel 6.1 und 6.2).

Entscheidend für die Fallauswahl ist die Angemessenheit für das Forschungsproblem, eine noch bestehende Varianz der abhängigen Variablen – ohne diese können keine Untersuchungsergebnisse erzielt werden – und eine möglichst breite Untersuchungsanlage (möglichst viele Fälle der Grundgesamtheit) (Peters 1998; Pickel et al. 2015). Viele Forscher werden sich aufgrund begrenzter Ressourcen dennoch mit einer kleineren Fallzahl zufrieden geben müssen. Umso wichtiger ist es dann, diese Auswahl zu begründen. Es ist davon auszugehen, dass eine vollständige Erfassung im Rahmen einer sogenannten Vollerhebung aller Untersuchungseinheiten in der Regel in den Sozialwissenschaften nicht möglich sein wird. Zumeist beziehen sich die Untersuchungen dann auf Realitätsausschnitte, die möglichst nahe an einer Abbildung der Grundgesamtheit (Gesamtheit aller Elemente, Ereignisse, Einheiten, die es gibt) liegen sollten oder aber nach gezielten theoretischen Kriterien ausgewählt werden. Diese Auswahl ist die Stichprobe. Eine Stichprobe sollte die zu untersuchende Grundgesamtheit über eine möglichst repräsentative Auswahl abbilden. Bei individualbasierten statistischen Verfahren wird versucht, diese Repräsentativität durch Zufallsstichproben zu erreichen. Wenn dies nicht der Fall ist – wie oft bei experimentellen Untersuchungen –, dann wird entweder auf eine klare theoretische Begründung der ausgewählten Untersuchungseinheiten zurückgegriffen und/oder sie werden im Fall von Ländern nach den Prinzipien des Most-Similar-Cases-Designs (MSCD) bzw. des Most-Different-Cases-Designs (MDSD) geordnet und zur Analyse ausgewählt. Das MSCD beinhaltet die Konstruktion einer Vergleichslage mit möglichst ähnlichen Fällen, bei denen bei gegebener Varianz der abhängigen Variablen eine unabhängige Variable

7.1 Planung

variiert. Das MDSD beinhaltet hingegen die Konstruktion einer Vergleichslage mit möglichst unterschiedlichen Fällen ohne Varianz der abhängigen Variablen (Pickel et al. 2015, S. 259–260).

Zur erleichterten Durchführung politikwissenschaftlicher Experimente, insbesondere zur Stichprobenauswahl und Randomisierung der Teilnehmer, existieren verschiedene Softwarepakete: hroot ist beispielsweise eine webbasierte Software zur Verwaltung von Teilnehmern, die es ermöglicht, Einladungen zu Experimenten aus vorgefilterten, spezifizierten Subjektpools kontrolliert zu randomisieren. Außerdem kann der Auswahlprozess potenzieller Probanden präzise für den Zweck der Replikation dokumentiert werden und die Software bietet kombinierbare Filterwerkzeuge sowie einen internen Kalender. ORSEE und SoPHIE sind weitere Softwareprogramme zur Umsetzung von Experimenten, die durch die Bereitstellung von fertigen Bausteinen einen einfachen Einstieg für Forscher ohne Programmierkenntnisse ermöglicht.[4]

Diese Designphase endet häufig mit der Festlegung eines Forschungsplans, der die verschiedenen Entscheidungen während der vorangegangenen Schritte festhält und zugleich die weiteren Forschungsschritte in ihrer zeitlichen Reihenfolge fixiert. Er beinhaltet zumeist einen Zeitplan, einen Kostenplan und zeitlich zugeordnete Forschungsschritte (Pickel et al. 2015).

Für das geplante Experiment gilt es, sich auf die Untersuchungsteilnehmer festzulegen und jeweils ein Bundesland auszuwählen, in dem die Einwohner in den Integrationsprozess einbezogen werden, und ein Bundesland, in dem dies nicht der Fall ist. Dabei sollte darauf geachtet werden, dass sich beide Bundesländer möglichst ähnlich sind (Fläche, Einwohnerzahl, Zusammensetzung der Bevölkerung, Religion, Einkommen etc.), um Störvariablen so weit wie möglich einzuschränken. Die Untersuchungsstichprobe muss nicht unbedingt ein Bundesland sein. Die experimentellen Untersuchungen können auch in ähnlichen Landkreisen, Städten oder Dörfern durchgeführt werden.

---

[4] Folgende weitere webbasierte Plattformen stehen Forschern online für die Durchführung von Experimenten zur Verfügung: EconPort (http://www.econport.org), ExCEN (http://expecon.gsu.edu/Software.html), FEELE (http://projects.exeter.ac.uk/feele/), Vecon Lab (http://veconlab.econ.virginia.edu/), MobLab (http://www.moblab.com/), AEE Lab Experiments Archive (http://www.aton.com.au/activeexperiments.html), jMarkets (http://jmarkets.ssel.caltech.edu/), JessX (http://rb.ec-lille.fr/jessx/index.php), XBuildR (http://xbuildr.org), Seaweed (http://sourceforge.net/projects/c-weed/), WebLab (https://github.com/tomrutter/WebLab) und jars (https://github.com/s-plum/jars).

7.2 Durchführung

7.2.1 Feldphase und Datenerhebung

Der Bestimmung der Untersuchungseinheiten und der Konzeption des Forschungsplans folgt die eigentliche Durchführungsphase mit der konkreten Datenerhebung. Vor der eigentlichen Durchführung des Experiments sollten unbedingt Vortests (Pretests) des Designs durchgeführt werden, um dessen Verwendbarkeit für die Datenerhebung zu testen.

Auch ist darauf zu achten, dass experimentelle Untersuchungen standardisierte Ablaufpläne benötigen, die gut vorbereitet sind. Darüber hinaus sollten Reisen und vor allem viel Zeit zur Datenerhebung und der anschließenden Überprüfung der Datenqualität eingeplant werden (Pickel 2015, S. 261).

Zur Untersuchung der vorgeschlagenen Fragestellung heißt es an dieser Stelle, die Experimente durchzuführen. Das heißt, es müssen Orte (bzw. Probandenpools) gesucht werden, an denen Informationsveranstaltungen und Aufklärungsarbeit stattfinden (Treatment). Von Bedeutung ist dabei, dass die jeweiligen Einwohner sowohl vorher als auch nachher befragt werden, um Veränderungen in den Einstellungen gegenüber und der Akzeptanz von Flüchtlingen feststellen zu können. Auch in der Kontrollgruppe, dem Bundesland, das kein Treatment erhält, müssen möglichst zu einem ähnlichen Zeitpunkt die Einstellungen gegenüber und die Akzeptanz von Flüchtlingen erfasst werden. Dies erfolgt über einen standardisierten Fragebogen, der zuvor erstellt wurde.

7.2.2 Datenerfassung und Datenkontrolle

Nach der Durchführung des Experiments werden die erhobenen Daten im Rahmen der Datenerfassung in eine datentechnische Form gebracht. Bevor mit deren Auswertung begonnen werden kann, müssen die Daten eine bestimmte, oftmals EDV-gerechte Struktur aufweisen, die eine Weiterarbeit ermöglicht. Die Vercodung der erzielten Informationen stellt dabei das Zentrum für eine weitere Bearbeitung der Daten dar. Die Verfassung eines sogenannten Codebuchs, in dem Variablen, Fragen und auch deskriptive Ergebnisse erfasst sind, ist ein wichtiges Vorgehen, das sorgfältig durchgeführt werden sollte. Selbst vorliegende Strukturdaten müssen nicht selten für die angestrebte Analyse umcodiert werden. Quantitative Daten werden in Dateien gespeichert und aufbereitet, sodass die entsprechenden Analyseprogramme angewendet werden können. Auch qualitative Informationen werden aufgearbeitet, sodass sie effizient und zuverlässig ausgewertet werden können. Hierzu existieren Analyseprogramme wie WinMax oder Testpack (Pickel et al. 2015). Die erhobenen Daten werden zudem hinsichtlich ihrer Herkunft protokolliert, aufbereitet und bereinigt. Dabei werden sie auf technische Fehler wie Übertragungsfehler, Fehleingaben und Auffälligkeiten wie unerklärliche Abweichungen im Antwortmuster von Personen untersucht und Probleme der Intercoder-Reliabilität identifiziert. Intercoder-Reliabilität bezeichnet die Übereinstimmung von Codierungen durch voneinander unabhängigen Codierern. Anhand von Kontrollen der externen Validität der Daten (etwa durch den Vergleich mit Ergebnissen aus ähnlichen Untersuchungsprojekten) und der internen Validität (Analyse innerhalb des Datensatzes, zum Beispiel durch Beziehungsanalysen zu ähnlichen theoretischen Konzepten) wird versucht, die Gültigkeit der erhobenen Daten zu sichern. Fehlerhafte oder überflüssige Daten werden aus dem Datensatz entfernt, andere auffällige Daten noch einmal überprüft. Nach der Datenaufbereitung und Kontrolle beginnt dann die eigentliche Phase der Datenanalyse (Pickel et al. 2015, S. 262).

Nach der Durchführung des Beispielexperiments müssen die Daten der Einwohner auf Grundlage der Fragebögen, sowohl von der Experimental- als auch der Kontrollgruppe, erfasst werden. Das heißt, die Informationen zu möglichen Veränderungen in ihren Einstellungen gegenüber und in ihrer Akzeptanz von Flüchtlingen werden in einen Datensatz übertragen, um feststellen zu können, ob das Treatment gewirkt hat.

7.3 Datenanalyse und Auswertung der Ergebnisse

Zur Auswertung der Daten steht eine Vielzahl unterschiedlicher Auswertungstechniken zur Verfügung, die in Abhängigkeit von der gewählten methodischen Ausrichtung zum Einsatz kommen können. Dabei ist darauf zu achten, dass zur Analyse der Daten möglichst angemessene Modelle eingesetzt und alle für die Problemformulierung relevanten Daten ausgewertet werden. Bei den meisten experimentellen Untersuchungen fallen die Messdaten in Form stochastisch schwankender Zahlenwerte an und müssen dann mit statistischen Methoden einschließlich statistischer Tests ausgewertet werden. Das heißt, der Forscher sollte mit den zahlreichen experimentellen Untersuchungsformen vertraut sein, um die entsprechenden Daten adäquat analysieren können. Die Auswertung experimenteller Untersuchungen erfolgt in den häufigsten Fällen mithilfe statistischer Verfahren. Diese werden hauptsächlich angewendet, um den Wert bisher unbekannter quantitativer Größen zu schätzen oder um Aussagen auf ihre Gültigkeit hin zu überprüfen. Die

Interpretation der experimentellen Ergebnisse erfolgt dabei stets im Kontext der angewandten (politikwissenschaftlichen) Theorien (Pickel et al. 2015). Im Optimalfall sollte der Unterschied zwischen Experimental- und Kontrollgruppe bereits aus einer deskriptiven Darstellung anhand eines Diagramms der Mittelwerte, der Streuung und eventuell des zeitlichen Verlaufs der Daten ersichtlich sein. Für eine genaue Analyse der Unterschiede zwischen den beiden Gruppen werden zumeist der t-Test sowie der Wilcoxon-Mann-Whitney-Test genutzt. Dabei sollten sich die Mittelwerte der abhängigen Variablen bei der Messung in der Kontroll- und Experimentalgruppe nicht nur zufällig voneinander unterscheiden. Sowohl die deskriptive als auch die analytische Auswertung des Experiments lassen jedoch die Kernfrage offen, ob das Experiment wirklich das gemessen hat, was es messen sollte (Validität der Ergebnisse), und ob das gewählte Design hierfür schlussendlich geeignet war. Auf diese Frage fokussiert sich im Kern die (angemessene) Diskussion experimenteller Ergebnisse. Diese Diskussion kann in verschiedene Abschnitte gegliedert werden, die dann in eine Reihenfolge nach zunehmendem Abstraktionsgrad gebracht werden: 1) (Kontext-)Beschreibung, 2) Hypothesentestung, 3) Generalisierung und Prognosefähigkeit (Pickel et al. 2015, S. 263–265). Im Folgenden werden die einzelnen Schritte genauer betrachtet:

7.3.1 (Kontext-)Beschreibung

Die Kontextbeschreibung ist vor allem in der vergleichenden Analyse von Forschungsgegenständen von Bedeutung. Sie beinhaltet die Beschreibung von sozialen und politischen Phänomenen und Ereignissen in einer Region oder einem Land. So können Beschreibungen der Ergebnisse auf der Mikroebene und Makroebene (zum Beispiel die Akzeptanz von Flüchtlingen) erste Informationen über die spezifische Situation eines Landes oder Region (bzw. hier: Bundeslandes) geben. Zudem besteht dann die Möglichkeit, landesinterne Beziehungsmuster und Zusammenhänge (etwa den Individualzusammenhang zwischen der Akzeptanz von Flüchtlingen und Vorhandensein von Integrationsprogrammen) zu bestimmen. Auch die Kontextbeschreibung von Basisindikatoren des (Bundes-)Landes ist hilfreich, da sie ermöglicht Unterschiede und Gemeinsamkeiten zwischen Untersuchungsländern bereits grob einschätzen zu können. Daher kommt ihr eine tragende Bedeutung für die weitere vertiefende Analyse zu. Landman (2008, S. 5) drückt dies mit den folgenden Worten aus, „that all systematic research begins with good description". Um einen systematischen Vergleich zu erhalten, ist der weitere Schritt eine Klassifikation oder aber eine statistischen Analyse. Bei einzelnen

7.3 Datenanalyse und Auswertung der Ergebnisse

Fallanalysen dagegen kann bereits die Kontextbeschreibung und die präzise Beschreibung des Falls ein weiterführendes Instrumentarium sein, unter der Voraussetzung, dass diese in der erforderlichen Tiefe erfolgt (Pickel et al. 2015, S. 263). Für unser Beispiel sollten die gewählten Bundesländer, das heißt, die Zusammensetzung der Bevölkerung, die Fläche und Größe des Bundesland, die Erfahrungen mit Flüchtlingen und mögliche damit im Zusammenhang stehende Vorkommnisse in der Vergangenheit, genau beschrieben werden.

7.3.2 Hypothesentest

In den empirischen Sozialwissenschaften ist die Frage nach „Wenn-dann"- bzw. „Je-desto"-Beziehungen bzw. nach Formen kausaler oder probabilistischer Erklärung von besonderer Bedeutung. Die Erklärung für ein Phänomen erfolgt dabei meist unter Rückgriff auf den statistischen Test von Hypothesen. Dies geschieht zum Beispiel durch eine Korrelationsanalyse zwischen den Indikatoren „Akzeptanz von Flüchtlingen" und „Vorhandensein von Integrationsprogrammen". Findet sich ein Zusammenhang, dann kann die Hypothese als bestätigt gelten. Wenn dies nicht der Fall ist, wird sie vorläufig verworfen. Eine letztendliche Entscheidung ist mit diesem vorläufigen Ergebnis jedoch nicht zu treffen. Für die bestehende Untersuchung muss aber von den erzielten Ergebnissen ausgegangen werden. Beim Hypothesentest handelt es sich um die entscheidende Phase innerhalb der Forschungsstudie. Sie nimmt häufig einen größeren Zeitraum ein, da verschiedene empirische Modelle getestet werden müssen. Dabei können unterschiedliche Testverfahren eingesetzt werden. Auch ist es interessant, zu prüfen, inwieweit bei solchen konkurrierenden Testverfahren die Resultate übereinstimmen. Die hier erzielten Befunde sind dann die zentrale Grundlage für spätere Veröffentlichungen (Pickel et al. 2015, S. 264–265).

Für die zu untersuchende Fragestellung sollte also neben einem Mittelwertvergleich der abhängigen Variablen (Akzeptanz von Flüchtlingen) beider Gruppen (Experimental- und Kontrollgruppe) eine Korrelationsanalyse zwischen den Variablen „Akzeptanz von Flüchtlingen im Bundesland" und „Einbeziehung der dort lebenden Bevölkerung in den Integrationsprozess der Flüchtlinge" durchgeführt werden. Bei einer Veränderung der Mittelwerte und einer bestehenden Korrelation kann die Hypothese also „Je stärker die Bevölkerung der aufnehmenden Gesellschaft in den Integrationsprozess der Flüchtlinge involviert ist, desto höher ist die Akzeptanz der dort lebenden Flüchtlinge" bestätigt werden.

7.3.3 Generalisierung und Prognosefähigkeit

Der letzte Schritt bei der Datenauswertung ist die Diskussion, inwieweit die experimentellen Daten generalisiert bzw. verallgemeinert werden können. Dieser Schritt ist die logische Erweiterung des vorgenommenen Hypothesentests. Damit sind nicht nur Prognosen für noch nicht untersuchte Fälle möglich, sondern es besteht auch die Möglichkeit, erste Implikationen für die Bildung neuer Theorien zu gewinnen. Kernziele dieser Forschungsphase sind die Interpretation und die Übertragung der bislang erzielten empirischen Ergebnisse auf ein (theoretisches) allgemein testbares Muster, das anschließend weiteren Tests unterzogen werden kann. Auf diese Art ergibt sich die Möglichkeit, auch Prognosen von Ereignissen zu treffen. Grundlage für die Umsetzung dieses Analyseziels ist neben den erlangten Ergebnissen eine Einbeziehung alternativer Ergebnisse – etwa auch im Sinne eines Mixed-Method-Designs – und insbesondere theoretischer Implikationen. Die Prognosefähigkeit der Ergebnisse hängt dabei von der Tragfähigkeit und Stabilität und der theoretischen Plausibilität der vorgefundenen Zusammenhangsergebnisse ab. Dabei besitzen statistische Verfahren häufig den Vorzug einer einfacheren Generalisierbarkeit, da sie diese bereits als Ziel für ihre Analyse ausweisen (Pickel et al. 2015, S. 265). Hierbei von Bedeutung sind die genaue Beschreibung der verwendete Stichprobe und der umfassende Einbezug des Kontexts (siehe hierzu auch Kapitel 6.1.2 „Generalisierbarkeit").

7.4 Interpretation und Dokumentation der Ergebnisse

Die Datenanalyse und Auswertungsphase endet in der Regel mit einer und mehreren Publikationen, in die neben den erzielten Ergebnissen auch die Erfahrungen des Forschers einfließen. Es werden sowohl die Entscheidungen, die im Rahmen einer Untersuchung getroffen wurden, dokumentiert als auch aufgetretene Probleme festgehalten. Die so entstehende Dokumentation des Forschungsprojekts soll anderen Wissenschaftlern bei der Vorbereitung ähnlicher Untersuchungen weiterhelfen, aber auch zentrale Erkenntnisse des Projekts festhalten.

Die Besprechung und Dokumentation wissenschaftlicher Ergebnisse bildet damit die Brücke zwischen dem methodischen und dem empirischen Teil der Arbeit. Die Ergebnisse der Studie sollten sowohl für Wissenschaftler als auch für Nichtwissenschaftler verständlich, nachvollziehbar und überprüfbar sein.[5] Dabei ist zu

---

[5] Dies ist in der Praxis jedoch nicht immer der Fall und kann bei der Darstellung von experimentellen Forschungsergebnissen in der Politikwissenschaft zu erheblichen Missver-

7.4 Interpretation und Dokumentation der Ergebnisse

betonen, dass alle (beobachteten) Vorgänge und Abläufe dokumentiert werden müssen. Auch fehlgeschlagene Versuche, die keine Resultate oder unerwartete Ergebnisse vorhergebracht haben, sollten besprochen werden. Denn gerade diese können wichtige Informationen liefern und zu neuen Hypothesen führen. Vor allem in der experimentellen Forschung zeigt sich immer wieder ein Publikationsbias, das heißt eine statistisch verzerrte Darstellung der Datenlage in wissenschaftlichen Zeitschriften aufgrund einer bevorzugten Veröffentlichung von Studien mit „positiven" bzw. signifikanten Befunden (Franco et al. 2014; Berning und Weiß 2015).[6] Deshalb muss die Dokumentation aussagekräftig sein und bekannte oder mögliche Unsicherheiten und Messfehler benennen und diese auch diskutieren. Die Vorenthaltung von Versuchsdaten, die die Befunde beeinflussen könnten, kann teilweise auch unbewusst stattfinden.

Neben diesen Tätigkeiten liegt die wichtigste Aufgabe einer Publikation in der Aufbereitung und Interpretation der erzielten Ergebnisse, die den Kern der Arbeit bilden. Sie erfolgt unter Berücksichtigung des Hintergrundwissens des Forschers und theoretischer Bezüge. Hierzu zählen sowohl die theoretischen Vorannahmen zu Beginn der Untersuchung als auch grundsätzliche Aussagen zum Themenbereich relevanter Theorien (Pickel et al. 2015, S. 265). Das heißt, im Forschungsbericht sollte deutlich gemacht werden, inwieweit die Ergebnisse des Forschungsvorhabens in einem systematischen Zusammenhang mit bereits bekannten Theorien und mit den benutzten Methoden stehen. Dabei ist es möglich, selbst in die Theoriebildung einzusteigen und so durch gut begründete Interpretationen neuer Ergebnisse bislang verfügbares Hintergrundwissen korrigieren. Dies kann in der Folge zum Ausgangspunkt neuer Forschungsprojekte werden, die einen weiteren Erkenntnisfortschritt ermöglichen. Der Anlass der Forschung und die Gewinnung von neuen Hypothesen wird im Allgemeinen Entdeckungszusammenhang genannt. Der Weg zur Lösung des Forschungsproblems heißt Begründungszusammenhang, da er sich auf die Geltung der Ergebnisse bezieht. Der Effekt wiederum, der von einer

---

ständnissen führen. Daher ist es gerade hier wichtig, die Darstellung von Ergebnissen der Forschung zu besprechen. Die Option der Überprüfung ist für Popper eine der zentralen Verantwortungen bei der Darstellung wissenschaftlicher Ergebnisse. „Ganz analog muß jeder empirisch-wissenschaftliche Satz durch Angabe der Versuchsanordnung u. dgl. in einer Form vorgelegt werden, daß jeder, der die Technik des betreffenden Gebietes beherrscht, imstande ist, ihn nachzuprüfen." (Popper 2005, S. 75). Andere Disziplinen, wie beispielsweise die experimentelle medizinische Forschung, zeigen jedoch, dass es unterschiedliche Standards für die Darstellung von Ergebnissen gibt (Boutron et al. 2010; Hamenstädt 2012).

[6] Häufig wird auch der Begriff „File-Drawer-Problem" („Schubladenproblem") synonym zu Publikationsbias genutzt. Damit wird beschrieben, dass Wissenschaftler ihre nichtsignifikanten Ergebnisse in der Regel erst gar nicht zur Veröffentlichung einreichen, sondern gleich in der Schreibtischschublade verschwinden lassen.

Untersuchung ausgeht, wird als Verwertungszusammenhang bezeichnet. Hierzu zählen vor allem die praktische Nutzung der erarbeiteten Ergebnisse oder auch die Erfahrungen für die Weiterentwicklung eines methodischen Instruments (Pickel et al. 2015, S. 265–267).

Nach Abschluss aller vorhergehenden Schritte kann die Studie als abgeschlossen gelten. Die Daten sollten archiviert werden, da gegebenenfalls zu geeigneten Anlässen noch einmal auf die erzielten Ergebnisse zurückgegriffen werden muss. Oft geschieht dies noch bis zu fünf Jahre nach Abschluss des Projekts. Im besten Fall bietet sich eine Replikationsstudie an, die eine zeitliche Vergleichsperspektive eröffnet. Auch sollte aus Gründen der wissenschaftlichen Redlichkeit und der Transparenz Fachkollegen, die an der Überprüfung der Ergebnisse und deren Diskussion interessiert sind, die Möglichkeit zur Reanalyse gegeben werden. Das den Interpretationen zugrunde liegende Datenmaterial wird zu Kontrollanalysen zur Verfügung gestellt, beispielsweise über das Internet oder auf Nachfrage. Dies eröffnet anderen Forschern die Möglichkeit, die gezogenen Schlüsse zu überprüfen und gegebenenfalls alternative Erklärungsmodelle aufzuzeigen. Forschungsarbeiten von Studierenden fallen aus den bereits genannten Gründen begrenzter Ressourcen knapper aus, sodass längst nicht alle der genannten Forschungsschritte umfassend ausgeführt werden können. Trotzdem bleibt die Logik des Forschungsprozesses ähnlich und die einzelnen beschriebenen Phasen müssen durchgeführt werden. Die genannten Standards gelten für den wissenschaftlichen Forschungsbereich und dienen der Orientierung und Unterstützung. Ihnen kann sich schrittweise von der Bachelorarbeit, der Master- bzw. Magister- und Diplomarbeit bis hin zur Dissertation immer stärker genähert werden (Pickel et al. 2015, S. 267).

Auch für unser Beispielexperiment sollten alle einzelnen Schritte von der Planung über die genaue Durchführung bis hin zur Auswertung der Daten dokumentiert werden. Auch sollten Probleme, die aufgetreten sind, thematisiert werden, etwa unerwartete Vorkommnisse wie zwischenzeitliche Anschläge auf Flüchtlingsheime, den Ausfall von Teilnehmern oder auch eventuell zwischenzeitlich eingeführte Integrationsprogramme (siehe dazu auch Kapitel 6 „Herausforderungen experimenteller Forschung", insbesondere die Ausführungen zur Validität). Auch ist die Generalisierbarkeit der Ergebnisse zu diskutieren, zu fragen ist beispielsweise, inwieweit die experimentellen Befunde auch auf andere Bundesländer oder etwa auf die gesamte Bundesrepublik zu übertragen sind. In einem weiteren Schritt können mögliche politische Implikationen diskutiert werden, zum Beispiel, wie eine bessere Einbeziehung der Bevölkerung in den Umgang mit der Flüchtlingsproblematik im Allgemeinen erfolgen könnte.

7.5 Zusammenfassung

Es zeigt sich, dass Experimente eine weitreichende, vorausschauende Planung und eine stringente Ableitung der Untersuchungsanlage aus der Fragestellung und den dazugehörigen Hypothesen erfordern. Denn, wenn sich das Design im Nachhinein als unbrauchbar hinsichtlich der Fragestellung zeigt, ist die Gefahr sehr groß, dass die gesamte Studie scheitert. Der idealtypische Ablauf einer experimentellen Studie setzt sich aus den Phasen der Planung (Theorie und Festlegung der Fragestellung, Hypothesenformulierung, Literaturanalyse und Konzeptspezifikation, Festlegung des Forschungsdesigns, Operationalisierung der zu erhebenden Variablen, Auswahl der Untersuchungsstichprobe), der Durchführung (Feldphase und Datenerhebung, Datenerfassung und Datenkontrolle), der Datenanalyse und Auswertung der Ergebnisse ((Kontext-)Beschreibung, Hypothesentest, Generalisierung und Prognose) und Interpretation und Dokumentation der Ergebnisse zusammen und endet mit einer Publikation. Dieser Ablauf muss nicht zwangsläufig in allen Einzelschritten eingehalten werden, soll aber bei der Durchführung eigener experimenteller Untersuchungen in der Politikwissenschaft Orientierung und Unterstützung geben. Letztendlich sollte der Forscher sich stets bewusst sein, dass es keinen Königsweg in der experimentellen Forschung gibt und Bemühungen auch scheitern können. Dennoch gilt: Ohne den Versuch, kausale Beziehungen zwischen Variablen als Grundziel experimenteller Studien aufzuzeigen, kann es keinen Erkenntnisfortschritt geben.

Was wichtig ist
- Experimentelle Untersuchungen benötigen eine weitreichende, vorausschauende Planung und eine stringente Ableitung der Untersuchungsanlage aus der Fragestellung und den dazugehörigen Hypothesen.
- Der idealtypische Ablauf einer experimentellen Studie setzt sich aus den Phasen der Planung, der Durchführung, der Datenanalyse und Auswertung, der Interpretation und Dokumentation der Ergebnisse zusammen und endet in der Regel mit mindestens einer Publikation.
- Die Planungsphase umfasst die Auswahl der Theorie und die Festlegung der Fragestellung, die Hypothesenformulierung, die Literaturanalyse und Konzeptspezifikation, die Festlegung des Forschungsdesigns, die Operationalisierung der zu erhebenden Variablen und die Auswahl der Untersuchungsstichprobe.

- Die Durchführungsphase beinhaltet die Feldphase und die Datenerhebung sowie die Erfassung und Kontrolle der Daten.
- Die Datenanalyse- und Auswertungsphase setzt sich zusammen aus der Kontextbeschreibung, Hypothesentests sowie der Generalisierung und Prognose der experimentellen Ergebnisse.
- Die letzte Phase umfasst die Interpretation und Dokumentation der Befunde und endet mit einer Publikation.
- Dieser Ablauf muss nicht zwangsläufig in allen Einzelschritten eingehalten werden, sondern soll eher bei der Durchführung eigener experimenteller Untersuchungen in der Politikwissenschaft Orientierung und Unterstützung geben.

Literatur

Berning, C. C., & Weiß, B. (2015). Publication bias in the German social sciences: An application of the caliper test to three top-tier German social science journals. *Quality & Quantity*. doi:10.1007/s11135-015-0182-4.

Boutron, I., John, P., & Torgerson, D. J. (2010). Reporting methodological items in randomized experiments in political science. In D. P. Green & P. John (Hrsg.), *Field experiments in comparative politics and policy* (S. 112–131). Thousand Oaks: SAGE.

Cook, T. D., & Campbell, D. T. (1976). The design and conduct of quasi-experiments and true experiments in field settings. In M. D. Dunnette (Hrsg.), *Handbook of industrial and organizational psychology* (S. 223–326). Chicago: Rand McNally College.

Esser, H. (2006). *Sprache und Integration. Die sozialen Bedingungen und Folgen des Spracherwerbs von Migranten*. Frankfurt a. M.: Campus.

Franco, A., Malhotra, N., & Simonovits, G. (2014). Social science. Publication bias in the social sciences: Unlocking the file drawer. *Science, 345*(6203), 1502–1505.

Geddes, B. (1990). How the cases you choose affect the answers you get. Selection bias in comparative politics. *Political Analysis, 2*(1), 131–150.

Hamenstädt, U. (2012). *Die Logik des politikwissenschaftlichen Experiments. Methodenentwicklung und Praxisbeispiel*. Wiesbaden: VS Verlag für Sozialwissenschaften.

Hyde, S. D. (2010). Experimenting in democracy promotion. International observers and the 2004 presidential elections in Indonesia. *Perspectives on Politics, 8*(2), 511–527.

Jahn, D. (2013). *Einführung in die vergleichende Politikwissenschaft* (2. Aufl.). Wiesbaden: VS Verlag für Sozialwissenschaften.

King, G., Keohane, R. O., & Verba, S. (1994). *Designing social inquiry. Scientific inference in qualitative research*. Princeton: Princeton University Press.

Landman, T. (2008). *Issues and methods in comparative politics. An introduction* (3. Aufl.). Milton Park: Routledge.

Merton, R. K., & Sztompka, P. (1996). *On social structure and science*. Chicago: University of Chicago Press.
Morton, R. B., & Williams, K. C. (2012). Experimente in der Politischen Ökonomie. In T. Bräuninger, A. Bächtiger, & S. Shikano (Hrsg.), *Jahrbuch für Handlungs- und Entscheidungstheorie, Bd. 7: Experiment und Simulation* (S. 13–30). Wiesbaden: VS Verlag für Sozialwissenschaften.
Peters, B. G. (1998). *Comparative politics. Theory and methods*. New York: New York University Press.
Pickel, S., Pickel, G., Lauth, H.-J., & Jahn, D. (2015). *Methoden der vergleichenden Politik- und Sozialwissenschaft. Neue Entwicklungen und Anwendungen*. Wiesbaden: VS Verlag für Sozialwissenschaften.
Popper, K. (Hrsg.). (2005). *Logik der Forschung*. Tübingen: Mohr Siebeck.
Schatz, H., Holtz-Bacha, C., & Nieland, J.-U. (Hrsg.). (2000). *Migranten und Medien*. Wiesbaden: VS Verlag für Sozialwissenschaften.
Westle, B. (Hrsg.). (2009). *Methoden der Politikwissenschaft*. Baden-Baden: Nomos.

Empfohlene Literatur

Pickel, S., Pickel, G., Lauth, H.-J., & Jahn, D. (2015). *Methoden der vergleichenden Politik- und Sozialwissenschaft. Neue Entwicklungen und Anwendungen*. Wiesbaden: VS Verlag für Sozialwissenschaften. (Darin Kapitel 7: Leitfaden zur Durchführung vergleichender Forschung, S. 253–267. (Überblick zum Ablauf einer idealtypischen empirischen Untersuchung in der Vergleichenden Politikwissenschaft)).
Westle, B. (Hrsg.). (2009). *Methoden der Politikwissenschaft*. Baden-Baden: Nomos. (Darin Kapitel 3–7, S. 115–205 (Überblicksartikel zum wissenschaftlichen Forschungsprozess)).

Forschungsfelder der experimentellen Politikwissenschaft

8

Experimentelle Designs werden in der Politikwissenschaft in nahezu allen Forschungsfeldern angewandt. Die Vielzahl und thematische Vielfalt experimenteller Untersuchungen ist mittlerweile so groß, dass es im Rahmen eines Literaturberichts nicht möglich ist, diese auch nur annähernd vollständig darzustellen. Insgesamt zeigt sich, dass dabei auf alle Typen und Varianten des experimentellen Designs zurückgegriffen wird. Inzwischen gibt es einige Überblicksdarstellungen (zum Beispiel Faas und Huber 2010; Druckman 2011), die verschiedene Teilbereiche der experimentellen Politikwissenschaft illustrieren. Im Folgenden werden einige Forschungsbereiche beispielhaft herausgegriffen und überblicksartig vorgestellt, um das Potenzial und die Entwicklungsmöglichkeiten experimenteller Forschung noch einmal zu verdeutlichen.

8.1 Politische Einstellungen und Wahlverhalten

Den größten Umfang hat die experimentelle Forschung in der Politikwissenschaft bislang in der politischen Einstellungs- und Wahlforschung erreicht (Kuklinski et al. 2000; Druckman et al. 2006; Faas und Huber 2010). Dies zeigt sich sowohl im angloamerikanischen als auch im deutschsprachigen Raum. Das *American Journal of Political Science* veröffentlichte im Zeitraum von 2003 bis 2014 nahezu 50 Beiträge innerhalb dieses Forschungsfeldes, in der deutschsprachigen *Politischen Vierteljahresschrift* waren es etwa zehn.

Generell beschäftigen sich die Studien mit Prozessen der Einstellungsbildung und Informationsverarbeitung von Individuen, mit der Wirkung von medialen Informationsangeboten sowie den Möglichkeiten von Medien oder politischen Parteien, Einfluss auf die Meinungsbildung von Wählern zu nehmen (Faas und Huber 2010). Beispielsweise wurde die Untersuchung von Priming- und Framing-Prozessen erst durch experimentelle Studien möglich (Nelson und Kinder 1996; Miller und Krosnick 2000). Insbesondere am Beispiel von Framing-Studien lässt sich der schrittweise Fortschritt experimenteller Forschung nachzeichnen (Brader et al. 2008; Gartner 2008). Während die klassischen Laborexperimente von Tversky und Kahneman (1981) noch sehr allgemein in ihrer Untersuchung waren, berücksichtigten die eher politikwissenschaftlich ausgerichteten Framing-Experimente in den 1990er Jahren bereits Aspekte des politischen Kontexts und variierten den Bezugsrahmen politischer Sachfragen mit unterschiedlichem ideologischen Inhalt (Nelson et al. 1997). So konnte gezeigt werden, dass das unterschiedliche Framing von Sachfragen einen verzerrenden Einfluss auf die Meinungsbildung von Wählern hat. Sniderman und Theriault (2004) haben allerdings in einer Studie darauf hingewiesen, dass das klassische experimentelle Design von Framing-Studien, das daraus besteht, einer Versuchsgruppe einen ersten Bezugsrahmen und einer anderen Versuchsgruppe einen zweiten Bezugsrahmen zu präsentieren, die politische Wirklichkeit nur unzureichend abbildet. Darauf aufbauend hat Druckman in einer Reihe von Experimenten gezeigt, welchen Einfluss Wettbewerbsbedingungen, Wissen und abweichende Meinungen innerhalb der Gruppe auf die potenzielle Wirkung von Framing haben (Chong und Druckman 2007; Chong und Druckman 2013). Schließlich wurde in einer großen Anzahl von experimentellen Studien der direkte Einfluss verschiedener Faktoren des politischen Angebots auf das Wahlverhalten untersucht. Zu diesen Faktoren gehören die Positionierung von Parteien oder Kandidaten (Nicholson 2012), die Eigenschaften, das Geschlecht und die Ethnie von Kandidaten (McGraw et al. 2002; Hutchings und Valentino 2004; Carlson 2015), das Äußere von Kandidaten (Young et al. 2014), Koalitionssignale (Meffert und Gschwend 2011), die Negativität von Wahlkampfstrategien (Ansolabehere und Iyengar 1997), TV-Duelle und Wahlwerbung (Faas und Maier 2004; Huber und Arceneaux 2007). Darüber hinaus wurde die Wirkung sogenannter „Election Day Festivals" (Addonizio et al. 2007), von „Street Signs" (Panagopoulos 2009) oder von SMS zur Wahlmobilisierung von Bürgern (Dale und Strauss 2009) geprüft.

Ansätze hingegen, die allgemein am Prozess der politischen Einstellungsbildung und der Verarbeitung von Informationen interessiert sind, untersuchen etwa den Einfluss von Entscheidungsheuristiken auf die Meinungsbildung von Bürgern (Lupia und McCubbins 1998; Glaser 2003). Dabei haben sowohl Labor- als auch Online-Experimente (Berinsky 2002; Lau und Redlawsk 2006) wichtige Erkenntnisse über die Rationalität und Irrationalität von Wahlentscheidungen hervorgebracht. Ein anderer Forschungsstrang, der sich mit Prozessen der Meinungsbildung beschäftigt, unterscheidet zwischen unbewusstem, emotionsgeladenem Online-Processing und bewusstem, eher kognitivem Memory-based Processing (Lodge et al. 1989). Auch hier haben Experimente eine zentrale Rolle bei der Überprüfung und Weiterentwicklung von Theorien gespielt.

8.2 Kollektivgüter und kollektives Handeln

Kollektives Handeln und der Umgang mit Kollektivgütern sind die Basis vieler sozialer und politischer Phänomene. Die spieltheoretische Modellierung dieser Phänomene hat in großem Maße dazu beigetragen, die zugrunde liegenden Mechanismen zu verstehen (Ostrom 2014). In der AJPS wurden in diesem Themenbereich etwa 20 Artikel veröffentlicht, in der deutschsprachigen Literatur gibt es kaum Studien in diesem Zusammenhang.

Experimentelle Studien, insbesondere Feldexperimente, ermöglichten es, die empirische Varianz bei Kollektivgutproblemen besser zu erklären, und haben entscheidend dazu beigetragen, jene Faktoren zu identifizieren, die das Zustandekommen von öffentlichen Gütern und Kollektivgütern erleichtern. Nach den Annahmen der Theorie sollten öffentliche Güter, Kollektivgüter und kollektives Handeln fast nie realisiert werden können. Die Empirie zeigt jedoch ein anderes Bild. So wurde nachgewiesen, dass die Möglichkeit zur Kommunikation einen starken Einfluss auf die Kooperation zwischen Versuchspersonen hat (Sally 1995; Miettinen und Suetens 2008). Für Kollektivgüter wurde zudem gezeigt, dass Probanden, wenn sie die Möglichkeit dazu haben, dazu bereit sind, sich vertraglich zu binden, um effiziente Ergebnisse für die Gruppe zu erreichen und nicht später in Versuchung geführt zu werden, doch zu defektieren. Gleichzeitig wurde festgestellt, dass Versuchspersonen nichtkooperatives Verhalten anderer Teilnehmer bestrafen, selbst wenn diese Sanktionen mit hohen eigenen Kosten verbunden sind (Ostrom et al. 1994; Gintis 2005).

Die Befunde aus Laborexperimenten wurden wiederholt mit Beobachtungen aus Fallstudien und anderen Daten verglichen (Coleman und Steed 2009). Insgesamt zeigt sich in diesem Forschungsfeld eine nahezu idealtypische Verbindung unterschiedlicher Methoden, die in ihrer Kombination überzeugende Einsichten für die untersuchten Phänomene aufzeigten (Chaudhuri 2011). Dabei spielte auch die Tatsache eine Rolle, dass Laborexperimente nicht nur mit Studierenden durchgeführt wurden, sondern auch im Feld zur Anwendung kamen. Um den Einfluss ethnischer Heterogenität auf die Bereitstellung von Kollektivgütern zu testen, führten Habyarimana et al. (2007) beispielsweise eine Reihe von kontrollierten Laborexperimenten mit Probanden in Uganda durch. Cardenas (2000) untersuchte den Einfluss verschiedener Normen bei der Nutzung von Kollektivgütern bei Versuchspersonen in Kolumbien – mit Teilnehmern also, die tatsächlich häufig mit Kollektivgutproblemen zu kämpfen haben. Diese und andere Experimente, die in unterschiedlichen Kontexten mit Versuchspersonen durchgeführt wurden, stärkten die ursprünglichen Befunde und deckten weitere potenzielle Variationen auf (siehe hierzu Faas und Huber 2010).

8.3 Soziales Vertrauen

Spätestens seit Putnams Studie *Making Democracy Work. Civic Traditions in Modern Italy* wird soziales Vertrauen als elementarer Faktor für die Funktionsweise und Stabilität politischer Institutionen und politischer Partizipation angesehen (Putnam et al. 1993; Putnam 2000). Inzwischen hat sich eine eigene Tradition ökonomischer wie auch politikwissenschaftlicher Forschung herausgebildet, die soziales Vertrauen experimentell untersucht (Carlin und Love 2013; Wiens 2013). So veröffentlichte die AJPS in den letzten Jahren rund 40 Beiträge zu diesem Forschungsgebiet. Im Gegensatz dazu gab es in der deutschsprachigen experimentellen Politikwissenschaft kaum Beiträge dazu.

Soziales Vertrauen wird häufig mithilfe sogenannter Vertrauensspiele analysiert, bei denen Versuchspersonen, in der Erwartung etwas zurückzuerlangen, freiwillig etwas von dem ihnen zur Verfügung gestellten Guthaben abgeben können. Johnson und Mislin (2011) führten eine Meta-Analyse durch, die auf mehr als 160 Vertrauensspiel-Experimenten mit etwa 23.000 Teilnehmern basierte. Sie konnten unter anderem aufzeigen, dass Probanden afrikanischer Staaten weniger Vertrauen in ihre Mitspieler hatten als etwa Teilnehmer aus Nordamerika. Das Vertrauensspiel stellt ein soziales Dilemma dar, das im Rahmen der Spieltheorie analysiert wird. Es handelt sich um ein Zwei-Personen-Spiel mit einem Vertrauensgeber A und einem Vertrauensnehmer B. Person A gewährt Person B einen Vertrauensvorschuss und betraut diese mit einer Aufgabe bzw. Guthaben. Die Anreizstruktur ist in diesen Experimenten meist so gewählt, dass sich das abgegebene Guthaben vervielfacht und es dem Empfänger ermöglicht, seinerseits wieder etwas zurückzugeben und auf diese Weise das in ihn gesetzte Vertrauen zu belohnen. Das Vertrauensspiel lässt sich als sogenanntes sequenzielles Spiel abbilden. Eine Rolle spielt dabei, ob und wie die Probanden miteinander kommunizieren. Dabei hat das persönliche Gespräch eine deutlich stärkere Wirkung auf das Vertrauensverhalten als unpersönliche Kommunikationsformen (Fröhlich und Oppenheimer 1998). Diese Experimente zeigten zunächst, dass nur die wenigsten Probanden die optimale Strategie wählen, überhaupt nichts abzugeben. Tatsächlich gaben die Versuchspersonen laut der Meta-Analyse von Johnson und Mislin (2011) im Durchschnitt circa die Hälfte ihres Guthabens ab und bekamen auch im Durchschnitt wieder so viel zurück, dass sich ihre ursprüngliche Investition gelohnt hat. Von Bedeutung sind diese Experimente insofern, als sie mit ihrer Durchführung an verschiedenen Orten, mit unterschiedlichen Personengruppen und mit ihren Variationen im Design helfen, Erkenntnisse aus der Umfrageforschung zu ergänzen und zu validieren. So kommen Sutter und Kocher (2007) sowie Bellemare und Kröger (2007) in ihren Experimenten zu ähnlichen Ergebnissen, wie beispielsweise zum

Einfluss des Alters bzw. des Einkommens wie Uslaner (2002), der Umfragedaten verwendet. Von noch größerer Relevanz sind experimentelle Studien, die Antworten auf Fragen geben, die sich mit Umfragedaten nur eingeschränkt beantworten lassen. Eine Reihe von Experimenten hat beispielsweise die Charaktereigenschaften des Gegenübers der Versuchspersonen systematisch variiert. Demnach haben Versuchspersonen ein höheres Vertrauen zu Menschen mit höherer Attraktivität („beauty premium") und positiven Gesichtsausdrücken (Eckel und Wilson 2003; Wilson und Eckel 2006), zu Menschen mit hellerer Haut (Fershtman und Gneezy 2001) und generell zu Frauen (Croson und Gneezy 2009). So werden Frauen häufiger als rechtschaffener und tugendhafter eingeschätzt als Männer. Insgesamt verdeutlichen experimentelle Untersuchungen, dass attraktive Menschen öfter für intelligenter, fleißiger und sozial kompetenter und demnach auch für kooperationsbereiter und vertrauenswürdiger eingeschätzt werden (Jackson et al. 1995). Auch das Alter spielt eine Rolle. So hat sich gezeigt, dass je älter die Versuchspersonen sind, deren Vertrauenswürdigkeit ansteigt (Sutter und Kocher 2007; Ermisch et al. 2009; Van den Bos et al. 2010). Andere Experimente haben den Einfluss unterschiedlicher institutioneller Arrangements auf das soziale Vertrauen in dyadischen Beziehungen untersucht und festgestellt, dass Sanktionsmöglichkeiten einer dritten Partei das Vertrauen innerhalb einer Zweierbeziehung beschädigen können (Van Swol 2003). Zum besseren Verständnis von sozialem Vertrauen haben auch Studien beigetragen, die den positiven Einfluss von Kommunikation und „Klatsch" auf Reputationsbildung und soziales Vertrauen untersuchten, indem sie die Kommunikationsmöglichkeiten zwischen den Versuchspersonen systematisch variierten (Sommerfeld et al. 2008; Faas und Huber 2010).

Dennoch lassen sich aus den genannten Untersuchungen bislang noch keine allgemeingültigen Aussagen treffen und benötigen weitere (Replikations-)studien (siehe hierzu auch Bozoyan 2015).

8.4 Entscheidungen und Verhandlungen

Entscheidungen von Individuen, innerhalb sowie zwischen Gruppen sind in den letzten Jahren zunehmend in den Fokus politikwissenschaftlicher Untersuchungen gerückt. In der AJPS gab es etwa 20 Beiträge hierzu. Dabei haben sich in den letzten Jahren unterschiedliche Mischformen experimenteller Aufbauten etabliert. Diese beginnen mit der Idee, das Labor ins Feld zu bringen, um eine bessere Durchmischung des Teilnehmerpools zu ermöglichen (Hamenstädt 2015).

Experimente zu legislativen Entscheidungen gehören dabei zu den ältesten in der Politikwissenschaft. Ausgehend vom theoretischen Befund der Instabilität von Mehrheitsentscheidungen in Parlamenten oder Ausschüssen wurde in Experimenten untersucht, welche Faktoren deren Stabilität bzw. Instabilität beeinflussen. Wie Fiorina und Plott (1978, S. 590) festhalten, ist die ursprüngliche theoretische Annahme über zyklische Mehrheiten im zweidimensionalen Policy-Raum sehr spezifisch: „McKelvey's result induces an interesting either-or hypothesis: if equilibrium exists, then equilibrium occurs; if not, then chaos." Beobachtungsdaten tatsächlicher legislativer Entscheidungen zeigen aber nur in den seltensten Fällen das vorhergesagte Chaos (Wilkerson 1999), denn offensichtlich sind die realen Ausprägungen nicht dichotom (Gleichgewicht oder Chaos), sondern spiegeln graduelle Abstufungen wider. Experimentelle Studien der vergangenen Jahre haben ausgehend von der ursprünglichen experimentellen Überprüfung von Fiorina und Plott (1978) versucht, die Faktoren zu identifizieren, die den Stabilitätsgrad bei Mehrheitsentscheidungen beeinflussen. Bottom et al. (1996) zeigten, dass bestimmte Gruppennormen die Stabilität von Entscheidungen begünstigen können. Ähnlich wie bei der Untersuchung der Stabilität von Mehrheitsentscheidungen wurden Experimente zu legislativen Verhandlungen stark von spieltheoretischen Modellen inspiriert (Baron und Ferejohn 1989). In einer Reihe von Experimenten wurde das Modell getestet und zumindest teilweise bestätigt (zum Beispiel Austen-Smith und Duggan 2005). Beispielsweise lehnten Versuchspersonen in den Experimenten – häufiger als vom Modell angenommen – Vorschläge ab, die sie als unfair einschätzten. Dieses Ergebnis entspricht wiederum den Befunden von eher psychologisch orientierten Experimenten zu Verhandlungen, die angesichts der Komplexität vieler Verhandlungen den Einfluss einfacher Entscheidungsregeln wie der „Gleichheits"-Heuristik zeigen konnten (Bazerman et al. 2000). Experimentelle Studien haben also sowohl in der Forschung zu politischen Entscheidungen als auch Verhandlungen geholfen, vorherrschende theoretische Modelle zu testen und weiterzuentwickeln (Faas und Huber 2010; Kittel und Luhan 2013).

8.5 Zusammenfassung

Experimente werden in der Politikwissenschaft inzwischen in nahezu allen Forschungsfeldern angewandt. Die Bereiche der politischen Einstellungen und Wahlen, des Umgangs mit Kollektivgütern und des kollektiven Handelns, des sozialen Vertrauens und der politischen Entscheidungen und Verhandlungen sind nur beispielhaft zu nennen und konnten in diesem Werk auch nur überblicksartig vorgestellt werden. Es zeigt sich, dass in den jeweiligen Forschungsfeldern auf alle Typen und Varianten des experimentellen Designs zurückgegriffen wird. Inzwischen gibt es einige, sehr gute Überblicksdarstellungen (zum Beispiel Faas und Huber

2010; Druckman 2011), die verschiedene Teilbereiche der experimentellen Politikwissenschaft illustrieren. Die Anzahl an Publikationen in angloamerikanischen wie auch deutschsprachigen Zeitschriften zeigt, dass die experimentelle Forschung insbesondere in der politischen Einstellungs- und Wahlforschung Anwendung findet und so zu wichtigen Erkenntnissen gelangt ist. Hervorzuheben ist, dass die Befunde der experimentellen Forschung dabei vorherrschende theoretische Modelle bestätigt, widerlegt oder ergänzt haben. Auch komplementieren diese Untersuchungen Studien, die mit nichtexperimentellen Daten wie Beobachtungs- oder Befragungsdaten gearbeitet haben.

Was wichtig ist
- Experimentelle Untersuchungen werden inzwischen in nahezu allen politikwissenschaftlichen Forschungsfeldern angewandt und konnten zahlreiche wichtige Befunde für die Disziplin hervorbringen.
- Die Bereiche der politischen Einstellungen und Wahlen, des Umgang mit Kollektivgütern und des kollektiven Handelns, des sozialen Vertrauens und der politischen Entscheidungen und Verhandlungen sind beispielhaft zu nennen.
- Es zeigt sich, dass in den jeweiligen Forschungsfeldern auf alle Typen und Varianten des experimentellen Designs zurückgegriffen wird.
- Insbesondere in der politischen Einstellungs- und Wahlforschung finden Experimente Anwendung.
- Die Ergebnisse der experimentellen Forschung konnten dabei vorherrschende theoretische Modelle bestätigen, widerlegen oder ergänzen.
- Auch komplementieren diese Untersuchungen Studien, die mit nichtexperimentellen Daten wie Beobachtungs- oder Befragungsdaten arbeiten.

Literatur

Addonizio, E. M., Green, D. P., & Glaser, J. M. (2007). Putting the party back into politics. An experiment testing whether election day festivals increase voter turnout. *Political Science and Politics, 40,* 721–727.
Ansolabehere, S., & Iyengar, S. (1997). *Going negative. How political advertisements shrink and polarize the electorate.* New York: Free Press.

Austen-Smith, D., & Duggan, J. (Hrsg.). (2005). *Social choice and strategic decisions*. Berlin: Springer.
Baron, D. P., & Ferejohn, J. A. (1989). Bargaining in legislatures. *The American Political Science Review, 83*(4), 1181.
Bazerman, M. H., Curhan, J. R., Moore, D. A., & Valley, K. L. (2000). Negotiation. *Annual Review of Psychology, 51,* 279–314.
Bellemare, C., & Kröger, S. (2007). On representative social capital. *European Economic Review, 51*(1), 183–202.
Berinsky, A. J. (2002). Political context and the survey response. The dynamics of racial policy opinion. *Journal of Politics, 64,* 567–584.
Bottom, W. P., Eavey, C. L., & Miller, G. J. (1996). Getting to the core: Coalitional integrity as a constraint on the power of agenda setters. *Journal of Conflict Resolution, 40*(2), 298–319.
Bozoyan, C. (2015). Vertrauen und Vertrauenswürdigkeit. In M. Keuschnigg & T. Wolbring (Hrsg.), *Experimente in den Sozialwissenschaften*. Sonderband der Sozialen Welt (S. 195–216). Baden-Baden: Nomos.
Brader, T., Valentino, N. A., & Suhay, E. (2008). What triggers public opposition to immigration? Anxiety, group cues, and immigration threat. *American Journal of Political Science, 52*(4), 959–978.
Cardenas, J.-C. (2000). How do groups solve local commons dilemmas? Lessons from experimental economics in the field. *Environment, Development and Sustainability, 2*(3), 305–322.
Carlin, R. E., & Love, G. J. (2013). The politics of interpersonal trust and reciprocity: An experimental approach. *Political Behavior, 35*(1), 43–63.
Carlson, E. (2015). Ethnic voting and accountability in Africa: A choice experiment in Uganda. *World Politics, 67*(2), 1–33.
Chaudhuri, A. (2011). Sustaining cooperation in laboratory public goods experiments: A selective survey of the literature. *Experimental Economics, 14*(1), 47–83.
Chong, D., & Druckman, J. N. (2007). Framing public opinion in competitive democracies. *American Political Science Review, 101*(4), 637–655.
Chong, D., & Druckman, J. N. (2013). Counterframing effects. *The Journal of Politics, 75*(1), 1–16.
Coleman, E. A., & Steed, B. C. (2009). Monitoring and sanctioning in the commons: An application to forestry. *Ecological Economics, 68*(7), 2106–2113.
Croson, R., & Gneezy, U. (2009). Gender differences in preferences. *Journal of Economic Literature, 47,* 448–475.
Dale, A., & Strauss, A. (2009). Don't forget to vote. Text message reminders as a mobilization tool. *American Journal of Political Science, 53*(4), 787–804.
Druckman, J. N. (Hrsg.). (2011). *Cambridge handbook of experimental political science*. New York: Cambridge University Press.
Druckman, J. N., Green, D. P., Kurklinski, J. H., & Lupai, A. (2006). The growth and development of experimental research in political science. *American Political Science Review, 100*(4), 627–635.
Eckel, C. C., & Wilson, R. K. (2003). Conditional trust: Sex, race and facial expressions in a trust game. *Trust and Institutions, 24,* 1–23.
Ermisch, J., Gambetta, D., Laurie, H., Siedler, T., & Uhrig, S. C. N (2009). Measuring people's trust. *Journal of the Royal Statistical Society: Series A (Statistics in Society), 172*(4), 749–769.

Faas, T., & Huber, S. (2010). Experimente in der Politikwissenschaft. Vom Mauerblümchen zum Mainstream. *Politische Vierteljahresschrift, 51*(4), 721–749.
Faas, T., & Maier, J. (2004). Mobilisierung, Verstärkung, Konversion? Ergebnisse eines Experiments zur Wahrnehmung der Fernsehduelle im Vorfeld der Bundestagswahl 2002. *Politische Vierteljahresschrift, 45,* 55–72.
Fershtman, C., & Gneezy, U. (2001). Discrimination in a segmented society. An experimental approach. *Quarterly Journal of Economics, 116*(1), 351–377.
Fiorina, M. P., & Plott, C. R. (1978). Committee decisions under majority rule: An experimental study. *American Political Science Review, 72*(2), 575–598.
Fröhlich, N., & Oppenheimer, J. (1998). Some consequences of e-mail vs. face-to-face communication in experiment. *Journal of Economic Behavior & Organization, 35*(3), 389–403.
Gartner, S. S. (2008). The multiple effects of casualties on public support for war: An experimental approach. *American Political Science Review, 102*(1), 95–106.
Gintis, H. (2005). *Moral sentiments and material interests. The foundations of cooperation in economic life.* Cambridge: MIT Press.
Glaser, J. M. (2003). Social context and inter-group political attitudes: Experiments in group conflict theory. *British Journal of Political Science, 33*(4), 607–620.
Habyarimana, J., Humphrey, J., Posner, D., & Weinstein, J. (2007). Why does ethnic diversity undermine public goods provision? *American Political Science Review, 101*(4), 709–725.
Hamenstädt, U. (2015). Experimentelle Politikwissenschaft. Über die Untersuchung von Entscheidungen in der experimentellen Forschung. In A. Glatzmeier & H. Hilgert (Hrsg.), *Entscheidungen: Geistes- und sozialwissenschaftliche Beiträge zu Theorie und Praxis* (S. 43–54). Wiesbaden: Springer VS.
Huber, G. A., & Arceneaux, K. (2007). Identifying the persuasive effects of presidential advertising. *American Journal of Political Science, 51,* 957–977.
Hutchings, V. L., & Valentino, N. A. (2004). The centrality of race in American politics. *Annual Review of Political Science, 7*(1), 383–408.
Jackson, L. A., Hunter, J. E., & Hodge, C. N. (1995). Physical attractiveness and intellectual competence: A meta-analytic review. *Social Psychology Quarterly, 58*(2), 108–122.
Johnson, N. D., & Mislin, A. A. (2011). Trust games. A meta-analysis. *Journal of Economic Psychology, 32*(5), 865–889.
Kittel, B., & Luhan, W. (2013). Decision making in networks. An experiment on structure effects in a group dictator game. *Social Choice and Welfare, 40*(1), 141–154.
Kuklinski, J. H., Quirk, P. J., Jerit, J., Schwieder, D., & Rich, R. F. (2000). Misinformation and the currency of democratic citizenship. *Journal of Politics, 62,* 729–751.
Lau, R. R., & Redlawsk, D. P. (2006). *How voters decide. Information processing during election campaigns.* Cambridge: Cambridge University Press.
Lodge, M., McGraw, K., & Stroh, P. (1989). An impression-driven model of candidate evaluation. *American Political Science Review, 83,* 399–419.
Lupia, A., & McCubbins, M. D. (1998). *The democratic dilemma. Can citizens learn what they need to know?* New York: Cambridge University Press.
McGraw, K. M., Lodge, M., & Jones, J. M. (2002). The pandering politicians of suspicious minds. *Journal of Politics, 64*(2), 362–383.
Meffert, M. F., & Gschwend, T. (2011). Polls, coalition signals and strategic voting. An experimental investigation of perceptions and effects. *European Journal of Political Research, 50*(5), 636–667.

Miettinen, T., & Suetens, S. (2008). Communication and guilt in a prisoner's dilemma. *Journal of Conflict Resolution, 52*(6), 945–960.
Miller, J. M., & Krosnick, J. A. (2000). News media impact on the ingredients of presidential evaluations. Politically knowledgeable citizens are guided by a trusted source. *American Journal of Political Science, 44*(2), 301–315.
Nelson, T. E., & Kinder, D. R. (1996). Issue frames and group-centrism in American public opinion. *Journal of Politics, 58*(4), 1055–1078.
Nelson, T. E., Clawson, R. A., & Oxley, Z. M. (1997). Media framing of a civil liberties conflict and its effect on tolerance. *American Political Science Review, 91*(3), 567–583.
Nicholson, S. P. (2012). Polarizing cues. *American Journal of Political Science, 56*(1), 52–66.
Ostrom, E. (2014). Collective action and the evolution of social norms. *Journal of Natural Resources Policy Research, 6*(4), 235–252.
Ostrom, E., Gardner, R., & Walker, J. (1994). *Rules, games, and common-pool resources*. Ann Arbor: University of Michigan Press.
Panagopoulos, C. (2009). Street fight. The impact of a street sign campaign on voter turnout. *Electoral Studies, 28,* 309–313.
Putnam, R. D. (2000). *Bowling alone. The collapse and revival of American community*. New York: Simon & Schuster.
Putnam, R. D., Leonardi, R., & Nanetti, R. (1993). *Making democracy work. Civic traditions in modern Italy*. Princeton: Princeton University Press.
Sally, D. (1995). Conversation and cooperation in social dilemmas: A meta-analysis of experiments from 1958 to 1992. *Rationality and Society, 7*(1), 58–92.
Sniderman, P., & Theriault, S. M. (2004). The structure of political argument and the logic of issue framing. In W. E. Saris & P. M. Sniderman (Hrsg.), *Studies in public opinion* (S. 133–165). Princeton: Princeton University Press.
Sommerfeld, R. D., Krambeck, H.-J., & Milinski, M. (2008). Multiple gossip statements and their effect on reputation and trustworthiness. *Proceedings. Biological Sciences/The Royal Society, 275*(1650), 2529–2536.
Sutter, M., & Kocher, M. G. (2007). Trust and trustworthiness across different age groups. *Games and Economic Behavior, 59*(2), 364–382.
Tversky, A., & Kahneman, D. (1981). The framing of decisions and the psychology of choice. *Science, 211*(4481), 453–458.
Uslaner, E. M. (2002). *The moral foundations of trust*. New York: Cambridge University Press.
Van den Bos, W., Westenberg, M., van Dijk, E., & Crone, E. A. (2010). Development of trust and reciprocity in adolescence. *Cognitive Development, 25*(1), 90–102.
Van Swol, L. M. (2003). The effects of regulation on trust. *Basic and Applied Social Psychology, 25*(3), 221–233.
Wiens, M. (2013). *Vertrauen in der ökonomischen Theorie. Eine mikrofundierte und verhaltensbezogene Analyse*. Berlin: LIT.
Wilkerson, J. D. (1999). „Killer" amendments in Congress. *American Political Science Review, 93*(3), 535–552.
Wilson, R. K., & Eckel, C. C. (2006). Judging a book by its cover. Beauty and expectations in the trust game. *Political Research Quarterly, 59,* 189–202.
Young, A. I., Ratner, K. G., & Fazio, R. H. (2014). Political attitudes bias the mental representation of a presidential candidate's face. *Psychological Science, 25*(2), 503–510.

Fazit und Ausblick 9

Seit Jahrzehnten gilt das Experiment in vielen Disziplinen als „Goldstandard" wissenschaftlicher Forschung und hat sich nicht nur in den Naturwissenschaften, sondern auch in der Psychologie, der Ökonomie und der Kommunikationswissenschaft als wichtige Methode etabliert. In der Politikwissenschaft rückt das Experiment nun ebenfalls aus seinem Schattendasein heraus, hat an Reputation gewonnen und sich als Methode etabliert. Dies verdeutlicht die steigende Anzahl publizierter Experimente in etablierten Fachzeitschriften, Konferenzbeiträgen und die Durchführung von Methodenkursen zu Experimenten.

Die Gründe für den Einzug des Experiments in das politikwissenschaftliche Methodenrepertoire sind vielfältig. Zentral ist jedoch, dass experimentelle Untersuchungen im Gegensatz zu etablierten Methoden wie der Befragung oder Beobachtung es ermöglichen, Kausalzusammenhänge genauer zu analysieren. Technologische Fortschritte, die Verschiebung von Forschungsinteressen von der Makro- auf die Meso- und Mikroebene und die steigende Nachfrage nach Testverfahren zur empirischen Überprüfung formaler Modelle haben darüber hinaus zu dieser Entwicklung beigetragen (Morton und Williams 2012).

Seit Jahren gewinnen Experimente nicht nur in der internationalen Politikwissenschaft an Bedeutung, sondern auch innerhalb der deutschsprachigen Politikwissenschaft wächst die Anwendung experimenteller Designs stetig. Das vorliegende Buch sollte deshalb das Potenzial von Experimenten für die Politikwissenschaft aufzeigen und eine erste Orientierung für und Übersicht über den Bereich der experimentell arbeitenden Politikwissenschaft geben sowie in deren sichere Anwendung einführen. Dazu wurden neben der Beschreibung der geschichtlichen Entwicklung experimenteller Forschung, der Logik des experimentellen Vorgehens, ihrer Gütekriterien und Grundtypen nicht nur die Vorteile erläutert, sondern es wurde auch auf Schwächen und Herausforderungen experimentellen Arbeitens hingewiesen. Denn mit experimentellen Forschungsdesigns sind auch einige Unsicherheiten und

Fehlerquellen verbunden. Dies verdeutlicht etwa das Milgram-Experiment, das kein gutes Vorbild für eine gelungene experimentelle Studie darstellt. Das vorliegende Buch hat daher zentrale Merkmale des politikwissenschaftlichen Experiments anhand von einigen Beispielen herausgestellt und schlussendlich einen idealtypischen, allgemeinen Ablauf eines politikwissenschaftlichen Experiments beschrieben. Insgesamt zielt das Buch darauf ab, Kenntnisse zu vermitteln, die grundlegend für eine experimentelle Erforschung politikwissenschaftlicher Forschungsgegenstände sind, sowie Experimente als eine Methode zu verstehen, die als komplementäre Ergänzung zu anderen Methoden, Theorien und zur Überprüfung zugrunde liegender Axiome geeignet ist (Green und Gerber 2002; Druckman et al. 2006). Schlussendlich sollte die Lehre der experimentellen Methode auch zentraler Bestandteil der politikwissenschaftlichen Ausbildung sein.

Insgesamt konnte festgehalten werden, dass Kontrolle, Manipulation und Randomisierung und das entsprechende Design von Experimenten die entscheidenden Kriterien für die Güte experimenteller Forschungen und ihrer Befunde darstellen. Auf diese Kriterien ist daher in der Vorbereitung, das heißt die genaue und langfristige Planung, von Experimenten besonderes Augenmerk zu richten. Gerade die Möglichkeit, einzelne Aspekte von Theorien im Experiment zu überprüfen, lässt die Methode als eine geeignete komplementäre Ergänzung zu bereits bestehenden und weitestgehend etablierten methodischen Ansätzen hervortreten. Ihr Mehrwert liegt zum einen in der Verwendung für die Grundlagenforschung, im Rahmen derer theoretische Annahmen der beobachtenden und befragenden Forschung in geeigneter Umgebung überprüft werden können. Innovative Impulse sind vor allem dadurch zu erwarten, dass die traditionelle experimentelle Logik der Kausalitätsprüfung, wie sie hier vorgestellt wurde, mit anderen methodischen Verfahren und Designs der Datengewinnung wie der Beobachtung oder Befragung verknüpft wird, denn die Erkenntnismöglichkeiten, die das Experiment als Untersuchungsanlage bietet, sind längst nicht ausgeschöpft (Klimmt und Weber 2013). So werden nach experimentellen Untersuchungen die Teilnehmer befragt, um ihre Verhaltensmotive zu ermitteln. Idealerweise kann somit eine hohe interne Validität, die durch die Anwendung von Laborexperimenten erzielt wird, mit einer hohen externen Validität durch die Anwendung von Feldexperimenten ermöglicht werden. So kann es zu kumulativen Erkenntnisgewinnen in den einzelnen Forschungsbereichen der Politikwissenschaft kommen. Viele angeführte Beispiele aus diesem Buch belegen dies, angefangen bei der Wahl- und Einstellungsforschung über die Forschung zu Kollektivgütern und kollektivem Handeln bis hin zur Forschung zu sozialem Vertrauen und zu legislativen Entscheidungen und Verhandlungen. In diesen Bereichen waren es experimentelle Untersuchungen, die den wissenschaftlichen Erkenntnisfortschritt vorangebracht haben – sowohl im Sinne einer Theorieentwicklung als

9 Fazit und Ausblick

auch im Sinne der Bestätigung vorhandener oder Auflösung widersprüchlicher Ergebnisse.

Am Schluss bleibt dennoch festzuhalten, dass experimentellen Untersuchungen kein Allzweckmittel sind. Wie jede andere Methode hat das Experiment nicht nur Stärken, sondern besitzt auch Schwächen. Auch wenn sie sich als eine der besten Methoden auszeichnet, um Kausalzusammenhänge zwischen Variablen mit hoher interner Validität genau zu bestimmen, wird dies meist über einen Trade-off hinsichtlich der externen Validität erkauft. Daher sollte berücksichtigt werden, dass das Laborexperiment nicht unbedingt die richtige Methode ist, wenn der Forscher Ergebnisse mit einer hohen externen Validität, also Daten mit einer guten Generalisierbarkeit, erhalten möchte.

Aber nicht nur die große Anzahl von Variablen, die oftmals in politikwissenschaftlichen Analysen Berücksichtigung finden, erscheint zunächst als ein Problem; auch viele relevante Variablen der politikwissenschaftlichen Forschung entziehen sich der experimentellen Forschung, da an ihnen höchstwahrscheinlich keine Manipulation vorgenommen werden kann. Green und Gerber (2003, S. 102) führen dazu an: „The real big social science variables – culture, economic development, ethnic heterogeneity – probably could not be manipulated even if political scientists were permitted to try. For this reason, it is commonly thought that political science can never hope to become an experimental science. And that is where the discussion of experimentation typically ends." Dies sollte zukünftig jedoch nicht mehr der Fall sein, da das Potenzial bzw. die methodischen Innovationen innerhalb der experimentellen Politikwissenschaft noch lange nicht ausgeschöpft sind. Die Anzahl und die Art der politikwissenschaftlichen Variablen sind letztendlich Fragen des Untersuchungsgegenstands und des entsprechenden experimentellen Designs. Es handelt sich somit nicht um spezifische Probleme experimenteller Forschung, sondern um grundsätzliche konzeptionelle Fragen, wie sie sich bei jeder Forschung stellen. Zum einen ersetzen Experimente nicht den Entwicklungsprozess von Theorien und können diesen höchstens komplementär unterstützen. Zum anderen können Experimente durch die Fokussierung auf bestimmte Kontextbedingungen einer Theorie auch nicht unbedingt neue Hypothesen über einen komplexen Gegenstand generieren. Überdies stellen Experimente auch keine universell einsetzbare Methode dar.

Vielmehr sollten hier die Möglichkeiten einer komplementären Ergänzung unterschiedlicher Methoden und des in der Forschung immer wichtiger werdenden Methodenmixes in den Blick genommen werden. In den häufigsten Fällen bietet es sich an, nach der Durchführung einer experimentellen Untersuchung zusätzlich Befragungsdaten zu erheben, um zusätzliche Informationen der Probanden etwa hinsichtlich ihres Handelns zu erhalten. Zudem kann die Verwendung unterschiedlicher Mischformen wie die Verlegung des Labors ins Feld oder die Durchführung des Experiments direkt als Feldexperiment in Betracht gezogen werden. Hierbei sollte das Augenmerk jedoch weiterhin auf den Möglichkeiten des Forschungsdesigns liegen und kritisch geprüft werden, ob zentrale Elemente des Experiments wie die Randomisierung zwischen den Gruppen auch umgesetzt wurden.

Trotz vieler Herausforderungen sind Experimente nach wie vor ein besonderes nützliches Werkzeug im Methodenbaukasten der Politikwissenschaft. Sie werden daher auch zukünftig in vielen politikwissenschaftlichen Forschungsfeldern eine bedeutende Rolle spielen. So verweist Eifler (2014, S. 207) etwa auf die Strategie, Techniken der Umfrageforschung mit experimentellen Forschungsstrategien zu kombinieren. Hierzu gehören beispielsweise die Technik der gegabelten Befragung, die Vignettentechnik, die besonders zur Abbildung von Kosten- Nutzen bzw. Präferenzsituationen von Probanden eingesetzt wird, und die Randomized-Response-Technik (Franzen und Pointner 2015). Im Mittelpunkt von gegabelten Befragungen stehen Themen der Methodenforschung wie die Analyse der Einflüsse verschiedener Antwortformate. Bei einer gegabelten Befragung wird die Untersuchungsstichprobe zufällig in mindestens zwei Gruppen geteilt, die im Rahmen einer Umfrage unterschiedliche Stimuli erhalten (siehe dazu auch Petersen 2002). In der Umfrageforschung werden häufig Techniken verwendet, bei denen Vignetten, das sind kurze verbale oder visuelle Darstellungen fiktiver Personen oder Situationen, eingesetzt werden. Dabei werden Vignetten experimentell variiert und seitens der Probanden bewertet. Randomized-Response-Techniken zielen hingegen auf die Erhebung von Antworten zu bedenklichen Inhalten ab. Dabei wird den Befragten zufällig eine heikle oder eine belanglose, nebensächliche Frage vorgelegt (Eifler 2014).

Dieses Buch wollte die Potenziale von experimentellen Designs in der Politikwissenschaft aufzeigen und dazu ermuntern, diese langfristig zu nutzen und das daraus entstehende Wissen in die Lehre, politikwissenschaftliche Beiträge und Diskussionen einfließen zu lassen. Dies sollte eine der zentralen Zukunftsaufgaben der experimentellen politikwissenschaftlichen Forschung sein.

Literatur

Druckman, J. N., Green, D. P., Kurklinski, J. H., & Lupai, A. (2006). The growth and development of experimental research in political science. *American Political Science Review, 100*(4), 627–635.

Eifler, S. (2014). Experiment. In N. Baur (Hrsg.), *Handbuch Methoden der empirischen Sozialforschung* (S. 195–210). Wiesbaden: Springer VS.

Literatur

Franzen, A., & Pointner, S. (2015). Anonymisierungstechniken in sozialwissenschaftlichen Laborexperimenten. In M. Keuschnigg & T. Wolbring (Hrsg.), *Experimente in den Sozialwissenschaften. Sonderband der Sozialen Welt* (S. 155–173). Baden-Baden: Nomos.

Green, D. P., & Gerber, A. S. (2002). Reclaiming the experimental tradition in political science. In I. Katznelson & H. V. Milner (Hrsg.), *Political science. State of the discipline* (S. 805–832). New York: W. W. Norton.

Green, D. P., & Gerber, A. S. (2003). The underprovision of experiments in political science. *The Annals of the American Academy of Political and Social Science, 589*(1), 94–112.

Klimmt, C., & Weber, R. (2013). Das Experiment in der Kommunikationswissenschaft. In W. Möhring & D. Schlütz (Hrsg.), *Handbuch standardisierte Erhebungsverfahren in der Kommunikationswissenschaft* (S. 125–144). Wiesbaden: Springer VS.

Morton, R. B., & Williams, K. C. (2012). Experimente in der Politischen Ökonomie. In T. Bräuninger, A. Bächtiger, & S. Shikano (Hrsg.), *Jahrbuch für Handlungs- und Entscheidungstheorie, Bd. 7: Experiment und Simulation* (S. 13–30). Wiesbaden: VS Verlag für Sozialwissenschaften.

Petersen, T. (2002). *Das Feldexperiment in der Umfrageforschung*. Frankfurt a. M.: Campus.

Glossar

Abhängige Variable Die zu untersuchende Variable, die von den unabhängigen Variablen in ihrer Ausprägung verändert und beeinflusst wird (siehe auch *unabhängige Variable*).

Between-Subjects-Design Wenn die Probanden eines Experiments zufällig zwischen den Gruppen verteilt werden, wird von einem Between-Subject-Design gesprochen.

Cause of Effects Behandelt die Ursache von Auswirkungen.

Debriefing Vorgang der Nachbesprechung der experimentellen Untersuchung.

Effects of Cause Behandelt die Auswirkungen einer Ursache.

Einfaktorielle Experimente Nach der Anzahl der unabhängigen Variablen werden einfaktorielle und mehrfaktorielle Experimente unterschieden. Bei einfaktoriellen Experimenten wird eine unabhängige Variable manipuliert (siehe auch *mehrfaktorielle Experimente*).

Elimination Die Elimination ist eine Technik, die dazu dient, mögliche Störvariablen vollständig auszuschalten bzw. zu eliminieren. Das Ziel der Elimination ist es, dass auf die Versuchspersonen neben der unabhängigen Variablen möglichst keine weiteren Faktoren einwirken.

Experiment Eine methodisch angelegte Untersuchung zur empirischen Gewinnung von Informationen bzw. Daten, die das Ziel verfolgt, mögliche Kausalzusammenhänge zu überprüfen.

Externe Validität Inwieweit das Experiment die tatsächliche Realität abbildet, wird mit der externen Validität beschrieben. Die externe Validität (auch Allgemeingültigkeit, Verallgemeinerungsfähigkeit oder ökologische Validität) ist ein Indikator dafür, inwieweit sich die erzielten Ergebnisse des Experiments generalisieren lassen, genauer gesagt, inwieweit diese auf die Realität übertragen werden können und eine Allgemeingültigkeit für sich in Anspruch nehmen. Das heißt, sie bezeichnet die Übereinstimmung von tatsächlichem und intendiertem Untersuchungsgegenstand. Die externe Validität lässt sich aufteilen in Replikation, Robustheit und Meta-Analyse (siehe auch *interne Validität*; *Validität*).

Interne Validität Die interne Validität (auch Ceteris-paribus-Validität) sagt etwas darüber aus, inwieweit durch die experimentelle Variation das gemessen wird, was gemessen werden soll. Das heißt, als intern valide gilt eine experimentelle Untersuchung dann, wenn ein signifikanter Unterschied zwischen Versuchs- und Kontrollbedingung eindeutig auf die Manipulation der unabhängigen Variablen zurückzuführen ist. Die interne Validität lässt sich aufteilen in die statistische, kausale und Konstruktvalidität (siehe auch *externe Validität*, *Validität*).

Kausalität Kausalität bezeichnet den Zusammenhang zwischen einer Ursache und ihrem Effekt bzw. ihrer Wirkung. Als Effekt wird das Ausmaß des Unterschieds zwischen der Kontroll- und der Experimentalgruppe bezeichnet, der auf das Treatment zurückzuführen ist.

Konfundierung Die Effekte von Störvariablen können unsystematischer oder systematischer Art sein. Wenn die Ausprägungen der Störvariablen nicht mit denen der unabhängigen Variablen X zusammenhängen, ergibt sich eine Überlagerung mit den durch die unabhängige Variable verursachten Effekten. Systematische Fehler treten auf, wenn die Ausprägungen der Störvariablen nicht unabhängig von denen der unabhängigen Variablen Y sind. Es wird in diesem Zusammenhang von einer Konfundierung der Variablen gesprochen.

Konstanthaltung Konstanthaltung ist eine weitere Technik zur Kontrolle von Störfaktoren. Um sicherzustellen, dass der beobachtete Effekt auf die Variation der unabhängigen Variablen zurückgeht, wird versucht, alle anderen Faktoren konstant zu halten.

Kontrolle In der experimentellen Forschung spielt die Kontrolle durch den Forscher für den Erfolg eines Experiments eine erhebliche Rolle. Zum einen werden die zentralen erklärenden Variablen, die manipuliert werden, kontrolliert.

Zum anderen erfolgt die Kontrolle der Störfaktoren in der Regel über die Randomisierung der Teilnehmer sowie über Parallelisieren, Elimination und Konstanthaltung.

Mehrfaktorielle Experimente Bei mehrfaktoriellen Experimenten werden mehrere unabhängige Variablen gleichzeitig manipuliert (siehe auch *einfaktorielle Experimente*).

Multivariate Experimente Nach der Anzahl der betrachteten abhängigen Variablen wird in der experimentellen Forschung zwischen univariaten und multivariaten Experimenten unterschieden. In multivariaten Experimenten werden mehrere abhängige Variablen erhoben (siehe auch *univariate Experimente*).

Objektivität Unter Objektivität eines Experiments wird die Unabhängigkeit der Versuchsergebnisse von den Rahmenbedingungen verstanden, das heißt, eine Untersuchung sollte unabhängig von den räumlichen Bedingungen und den Versuchsleitern zu denselben Ergebnissen führen. Objektivität ist das Ausmaß, in dem ein Untersuchungsbefund in der Durchführung, Auswertung und Interpretation vom Versuchsleiter nicht beeinflusst werden kann, bzw. liegt vor, wenn mehrere Forscher zu den gleichen Ergebnissen gelangen. Es ist zwischen Durchführungs-, Auswertungs- und Interpretationsobjektivität zu unterscheiden.

Operationalisierung Ist die Angabe, wie einem theoretischen Begriff beobachtbare Indikatoren zugeordnet werden. Indikatoren sind dabei beobachtbare Sachverhalte, die die Begriffe in der Realität möglichst genau abbilden. Demnach werden also Anweisungen ausgearbeitet sowie Messungen für einen bestimmten Begriff vorgenommen.

Parallelisierung Verfahren zur Bildung von Gruppen, die hinsichtlich eines oder mehrerer Störfaktoren homogen sind.

Randomisierung Zufällige Aufteilung der Probanden auf die verschiedenen experimentellen Bedingungen: die Experimental- und Kontrollgruppe.

Random Assignment Random Assignment bezieht sich auf die zufällige Aufteilung der Teilnehmer auf zwei Gruppen (siehe auch *Random Selection*).

Random Selection Random Selection bezieht sich auf die zufällige Ziehung der Probanden aus einer Gesamt- oder Zielpopulation (siehe auch *Random Assignment*).

Reliabilität Die Reliabilität ist ein Maß für die formale Genauigkeit bzw. die Zuverlässigkeit wissenschaftlicher Messungen. Sie gibt an, ob ein Messergebnis bei einer erneuten Untersuchung unter den gleichen Umständen stabil ist bzw. zu gleichen Befunden führt.

Replikation Wiederholung einer Untersuchung zu unterschiedlichen Zeitpunkten mit unterschiedlichen Versuchspersonen (beispielsweise durch Variation der Nationalitäten, des Alters, des Geschlechts, der religiösen Zugehörigkeit), mit Spezifikationen der Versuchsbedingungen und der Entscheidungsumgebungen sowie mit Adaption bestehender Forschung, um einen kumulativen wissenschaftlichen Fortschritt zu erzielen.

Störvariable (auch Drittvariable) Störvariablen sind Faktoren, die im Ablauf eines Experiments unkontrolliert auftreten können und die abhängige Variable beeinflussen. Dabei ist zwischen personen- und situationsgebundenen Störvariablen zu unterscheiden. Effekte von Störvariablen können unsystematischer oder systematischer Art sein.

Treatment Ein Treatment, abgeleitet aus dem englischen Wort für „Behandlung", bezeichnet in der empirischen Sozialforschung eine Art Maßnahme, der die Experimentalgruppe in einem Experiment ausgesetzt wird, um nach dem erfolgten Treatment Aussagen über vorab formulierte Hypothesen treffen zu können. Treatments dienen dabei sowohl der Hypothesentestung als auch der Hypothesengenerierung.

Unabhängige Variable Die manipulierten Variablen eines Experiments werden als unabhängige Variablen bezeichnet und repräsentieren bezüglich der mit einem Experiment intendierten Aufdeckung eines Kausalzusammenhangs eine potenzielle Ursache (siehe auch *abhängige Variable*).

Validität Validität (lat. „validus" = „kräftig", „wirksam"; engl. „validity" = „Gültigkeit") ist eines der Gütekriterien für Messinstrumente bzw. für die Belastbarkeit einer Untersuchung. Validität bezeichnet im Kontext der experimentellen Forschung den Grad der Wahrheit über die untersuchte Kausalbeziehung. Sie ist von zentraler Bedeutung dafür, ob sich die Ergebnisse der Untersuchung verallgemeinern lassen (siehe auch *externe Validität; interne Validität*).

Variable Als Variablen werden im Rahmen eines Experiments diejenigen Größen bezeichnet, die sich während der Durchführung verändern können und nach ihrer Rolle bzw. Funktion innerhalb des Experiments unterschieden werden (siehe auch *abhängige Variable; unabhängige Variable*).

Univariate Experimente Dabei handelt es sich um eine Experiment, bei dem eine einzige abhängige Variable erhoben wird (siehe auch *multivariate Experimente*).

Within-Subjects-Design Wenn eine Person unter zwei unterschiedlichen Rahmenbedingungen untersucht wird, bezeichnet man das Design als Within-Subject-Design.

The manufacturer's authorised representative in the EU is Springer Nature Customer Service Centre GmbH, Europaplatz 3, 69115 Heidelberg, Germany. If you have any concerns regarding our products, please contact ProductSafety@springernature.com

Printed and bound by CPI Group (UK) Ltd, Croydon, CR0 4YY

23/03/2026

02076739-0010